暨南经济文丛

风险投资与创业企业融资研究

尹福生◎著

暨南大學出版社
JINAN UNIVERSITY PRESS
中国·广州

图书在版编目（CIP）数据

风险投资与创业企业融资研究/尹福生著．—广州：暨南大学出版社，2016.6
（暨南经济文丛）
ISBN 978－7－5668－1775－4

Ⅰ．①风…　Ⅱ．①尹…　Ⅲ．①风险投资—研究—中国②企业融资—研究—中国　Ⅳ．①F832.48②F279.23

中国版本图书馆CIP数据核字（2016）第049746号

风险投资与创业企业融资研究
FENGXIAN TOUZI YU CHUANGYE QIYE RONGZI YANJIU
著　者：尹福生

出版发行：暨南大学出版社（510630）
电　　话：总编室（8620）85221601
营销部（8620）85225284　85228291　85228292（邮购）
传　　真：（8620）85221583（办公室）　85223774（营销部）
网　　址：http：//www.jnupress.com　http：//press.jnu.edu.cn
排　　版：广州联图广告有限公司
印　　刷：广东广州日报传媒股份有限公司印务分公司
开　　本：787mm×1092mm　1/16
印　　张：12
字　　数：228千
版　　次：2016年6月第1版
印　　次：2016年6月第1次
定　　价：32.00元

前 言

随着我国资源环境约束日益强化，要素的规模驱动力逐步减弱，传统的高投入、高消耗的粗放式发展难以为继，经济发展进入新常态，需要从要素驱动、投资驱动转向创新驱动。推进“大众创业、万众创新”，就是要通过结构性改革、体制机制创新，消除不利于创新创业发展的各种制度束缚和桎梏，支持各类市场主体不断开办新企业、开发新产品、开拓新市场，培育新兴产业，形成小企业“铺天盖地”、大企业“顶天立地”的发展格局，实现创新驱动发展，打造新引擎、形成新动力。

作为支持创业的创新投资制度，风险投资以其投资行为的独特性及其与高成长性企业的特殊关联性在我国近年来的经济实践中得以迅速发展，与这种投资行为相伴而生的是一种新兴的资本市场形态，即风险资本市场。在创业企业创新和成长过程中，风险投资发挥着不可或缺的重要作用。风险投资以其投资行为的独特性及其与创新型、高成长性企业的特殊关联性而得以发展。这种由传统资本市场演进而来的旨在为成长型中小企业进行股权融资的市场，有着迥异于传统资本市场的特点。风险资本市场的建立和完善，势必对国家“大众创业、万众创新”战略的实施、经济结构转型和资本市场的创新发展起推进作用。可以说，风险资本的规模，决定了一个国家创新创业的成长速度。因此，我们必须依据经济学基本理论，参考并合理借鉴当代西方经济学对此问题的若干研究方法及观点，系统归纳和分析与风险投资相涉的若干关联性问题，对风险资本市场自身特点及运行规律进行探究，借鉴国外风险投资发展的先进经验，特别是在微观领域的先进经验，分析我国风险投资发展过程中存在的问题及原因，并在此基础上多维度地寻求适合中国社会主义市场经济的风险资本市场的价值定位、目标选择与发展路径。最后，提出中国资本市场新体系的构建思路和建议。

除第1章“导论”外，本书的论述分四部分逐层展开。其基本线索是：风险投资的宏观理论归纳（概念、内涵及运行机制）—风险投资的微观理论分析（信息不对称、双层委托代理、治理结构）—风险投资的国际比较分析—我国发展风险投资的模式选择和支持环境营造。

第一部分为风险投资的基础理论部分。第2章阐述了风险投资的定义和内在属性。首先通过回顾、梳理中外学者和有关组织对风险投资的定义，从投资体系的角度给出自己的表述，即风险投资是一种支持创业的投资制度，是通过对具有高成长性的新兴企业进行权益性投资，并以一定的方式参与所投资的企业或项目的管理，最终通过股权的转让获取高额资本收益的一种投资方式。然后在分析风险投资与传统的产业投资异同的基础上，阐述了风险投资的内在属性和特征，指出风险投资是一种支持创建企业的创新投资制度，不仅提供企业创立和发展的资金支持，还提供增值服务。它实质上是与创业相联系的资本经营过程，是未来大企业的培育机制。

第3章对风险投资制度的生成和演进进行了分析。风险投资的生成和发展是一个渐进过程，这里把这个过程分成生成和演进两个阶段。其中，风险投资制度的生成着重论述的是从无到有的过程，即从传统资本市场衍生出风险投资制度；风险投资制度的演进着重讨论的是风险投资制度从产生到进一步发展的过程。风险投资制度是为响应传统资本市场在风险企业融资方面的制度缺陷所引致的获利机会而出现的创新制度，是从传统资本市场衍生的投资制度。风险投资制度是不断演进变化的，经历了从“非组织化的风险投资”（天使资本）到“组织化的风险投资”（公司制和有限合伙制）的过程。

第二部分仍注重对风险投资理论的挖掘，侧重对微观运行机制进行分析。一个完整的风险投资周期，包括筹资、投资和退资过程，本书用较大的篇幅来讨论。第4章和第5章重点讨论了风险投资中的双层委托代理及信息不对称问题，并分析了风险投资机构和创业企业降低代理风险的相应制度安排和治理机制；第6章分析了风险资本的退出机制。风险资本的退出是风险投资周期的最后一个阶段，它对风险投资周期的其他阶段的正常运行极其重要，成功的退出是确保投资者获得有吸引力的回报从而筹集新资本的关键。拥有一套完善的风险投资退出机制，是一个国家的风险投资体系高效运作、持续发展的保证。该章结合欧美等国风险资本退出的情况，比较了IPO、股份转让、公司清算等转让方式的效率，认为在中国尽管IPO方式是最吸引人的方式，但鉴于我国多层次资本市场并未完善，企业上市存在较大障碍，IPO方式未必是现实的选择，因此一味强调要克隆纳斯达克（NASDAQ）式的二板市场，而不加强基本制度建设，难保不重犯中国期货市场发展中的错误。因此，股份转让才是现阶段中国的现实选择。

第三部分对国内外风险投资的发展情况进行了比较和综合分析。第7章首先通过对美国、欧洲及亚洲一些国家和地区的风险投资发展现状的总体描述，比较和归纳了国外的成功经验；第8章分析了中国风险投资的发展历程和现状，总结了成功的经验和失败的教训，并对我国风险投资不甚成功的原因进行了探讨。在此基础上还对中外风险投资的发展进行了比较，从中得到了一些可资借鉴的经验。

第四部分是对我国风险投资发展模式的正面探讨。第9章在理论分析和借鉴国外成功经验的基础上，结合中国实际情况，指出我国发展风险投资的总体目标是培育一个以市场为导向，以契约为基础，以民间资本为主体的风险投资体系。基于我国经济和法规的现实，风险投资在现阶段应支持有成长潜力的中小企业的生成和发展，资本来源仍是企业、富有个人、外资和政府四个方面，风险投资通过并购和IPO两种方式退出。第10章首先分析了政府在风险投资发展中的作用。在此基础上又分析了我国风险投资发展的支持环境。风险投资是一种高风险的投资，具有极大的外部性和不确定性。风险投资的外部性和不确定性必然导致市场失灵，这就要求政府采取适当的措施，纠正风险投资领域的市场失灵。因此，政府首先要为风险投资的发展营造一个良好的外部环境，包括法律、政策、制度、人文、市场等方面，这不仅是我国风险投资顺利运作的必要条件，也是我国风险投资业健康发展的制度保证。

尹福生

2016年4月

目录
CONTENTS

第1章

导　论

1.1　风险投资的意义

每一次产业革命的发生，总是源于技术创新，兴于创新创业，成于资本创新。一个国家通过制度、机制、工具创新，把尽可能多的社会资本变为创新创业资本是产业革命发生的关键。

对中国而言，转变经济发展方式已经成为国家经济发展的基本方针，调整经济结构是提升国民经济整体素质和抗风险能力、在后国际金融危机时期赢得国际经济竞争主动权的根本途径。金融是现代经济的核心，资本市场作为现代金融体系的重要组成部分，其发展对于未来中国经济社会具有系统性的影响。在新的经济转型阶段，经济从原来较多依靠资源的投入带动增长，转向更多依赖技术的进步，即经济增长呈现越来越明显的创新依赖趋势，更多是采用“熊彼特增长”方式。而创业企业正在成为不可忽视的创新主体，对一国的经济增长和就业都具有重要影响。但是技术创新和创建企业都是有风险的，因而“需要一个运行有效的、能够对技术进步形成有效的风险分散和激励的资本市场，这既包括风险投资等，也包括创业板等市场，还包括灵活运用现有的资本市场的机制来实现这种金融的功能”（巴曙松，2009）。

在一个经济社会中，以创新和增长为本的创业企业不断涌现非常重要。这类企业代表了经济社会中最为重要的力量。它们创造新产品，运作新动态，提供新就业机会，开辟新市场，创造新财富。但此类企业主要是知识型或受技术驱动的，它们立足于无形资产，缺乏固定资产，没有完整的文件记载，资金问题是困扰其成长的最大瓶颈。同时，它们缺乏企业发展所必需的能力、资源和交际网络。在这个高速成长的创业领域，需要有一个高效的风险资本市场来提供资本支持和增值服务。风险投资对初创企业和高成长性企业有催化剂般的影响，促使政府将其作为一个主要因素来推动特定地区的发展，建立以科技为导向的经济发展模式。在创业企业创新和成长过程中，风险投资发挥着不可或缺的作用。风险投资以其投资行为的独特性及其与创新型、高成长性企业的特殊关联性，在以美国为代表的经济实践中得以迅速发展。与这种投资行为相伴而生的是一种新兴的资本市场形态，即风险资本市场。这种由传统资本市场演进而来的旨在为成长型中小企业进行股权融资的市场，有着迥异于传统资本市场的特点。风险资本市场的建立和完善，势必对国家“大众创业、万众创新”战略的实施、经济结构转型和资本市场的创新发展起推进作用。可以说，风险资本的规模，决定了一个国家创新创业的成长速度。因此，依据经济学关于资本及资本市场的经典论述，参考并合理借鉴当代经济学对此问题的若干研究方法及观点，系统归纳和分析与风险投资相关的若干关联性问题，对风险资本市场自身特点及运行规律进行探究，并在此基础上多维度地寻求适合中国社会主义市场经济的风险资本市场的价值定位、目标选择与发展路径——构成了本书研究的逻辑起点。

中国的风险投资经过二十年的艰难探索，现已取得了一定进展。1998 年全国政协提出“一号提案”以及国务院对《关于建立我国风险投资机制的若干意见》的适时转发，提高了人们对风险投资紧迫性的认识，开始营造一个较为良好的风险投资氛围。风险投资作为推动新企业创建、中小企业成长、高新技术产业发展以及提升整体经济发展水平的重要力量，逐步受到国内各方人士的关注和重视。各级地方政府也陆续出台了一些促进风险投资事业发展的优惠政策，并先后投入了相当数量的政府示范和引导资金，启动了风险投资事业，并积累了不少宝贵经验。近几年，风险投资机构发展较快，规模不断扩大。民间及境外风险资本参与创业投资活动的积极性有所提高，其投资的比重正在稳步上升。据有关部门调查，我国风险投资机构在 1996 年仅有 24 家，到 2013 年增加到 1 408 家，增加了约 59 倍；风险资本总量从 1996 年的 47. 1 亿元增加到 2013 年的 3 573. 9 亿元，增长了约 76 倍。与此相呼应的是，旨在促进中国风险投资业发展的讨论和呼吁日渐高涨，正在引起社会的关注和重视，引导人们把中国风险投资事业不断地推向新的发展阶段。但是，中国的风险投资在发展中还存在着不少问题，如规模太小，政府投资比例偏高而民间资本和外资参与不足，政府缺乏对风险投资者及其创投企业的有效支持和适当优惠，风险投资的高素质的管理和科技人才严重匮乏，不够规范的中介服务机构难以在投资者与创业项目之间架起便捷的交流渠道等。尤为重要的是，风险投资的退出机制和渠道并不完善。同时，传统经济体制下的银行主导型融资制度在当前体制转轨期日益暴露出诸多弊端，科技成果不能向现实生产力顺利转化已成为中国经济发展的一个战略瓶颈，而资金投放严重不足是造成这一事实的重大原因，尤其是中国正处于经济转型的重要节点。企业的融资方式正在由以银行为主的间接融资方式向以资本市场为主的直接融资方式转变，加上“大众创业、万众创新”国家战略的提出，资本市场和风险投资出现了前所未有的发展契机。诸如此类现实问题就构成了本研究的历史起点或现实依据。

由此可见，有必要重新强调和审视风险投资对于促进核心经济发展所具有的深远意义，有必要从发展中国家经济增长模式的目标定位与路径选择的视角考察风险投资的复合功能，有必要从制度经济学等现代经济学的新视域反思我国传统融资制度的弊端及资本市场的制度创新。

研究风险投资的现实意义，可从风险投资与中国经济发展、风险投资对创新创业的支持、资本市场的制度创新关系等角度进行阐述：

（1）面对21世纪的知识经济和经济全球化的挑战和机遇，风险投资可以促进中国高新技术产业的发展，促进中国传统产业结构的调整（升级换代），更好地提高整体国民经济实力和国际竞争力，并在客观上推动中国经济更快地与世界经济接轨。在当今知识经济时代和经济全球化时代，科技进步和创新能力是一个国家综合国力竞争的焦点。而风险投资作为科学技术和金融的有效结合，正是推动科技进步、促进科技成果转化并进而产品化、产业化的最为基础、最为活跃的助推器，同时也是转变经济增长方式、培育新的经济增长点的重要力量。风险投资的被重视程度及其发达程度，直接决定着一个国家或一个地区科技进步以及高科技产业发达的程度。风险投资可促进科技和生产的结合，促进科技成果产业化，是科技成果转化的助推器；科技产业通过促进产业升级和经济增长模式的转变，不仅有助于突破当前改革中遇到的经济增长速度放慢、失业人数增加的困境，而且有利于改变中国在国际市场上的分工状况和贸易地位。

（2）风险投资是未来大企业或新产业的孵化和培植机制，为“大众创业、万众创新”提供权益资本投资支持，为具有发展潜质的创业企业从孵化、发育到成长的全过程提供直接融资服务。为促进我国创业企业的兴起、成长和多种经济成分的企业发展创造有利条件。通过对风险投资的价值定位和目标选择来区分投资主体的角色功能，对于规范、调适和改进政府在风险投资中的功能有一定的现实参考价值。

（3）风险投资为有风险投资意愿和能力的人提供投资机会，这将为把中国巨大的资本潜能转化为现实性社会资本，提供一种合理、有效的融资制度。

（4）风险资本市场促进证券市场的规范化，推动企业治理结构的完善。现代风险投资不仅为创业企业提供融资服务，而且为其注入丰富的管理内涵，成为知识经济时代有着广阔发展空间的金融创新工具和金融服务形式。通过风险资本市场的金融创新，可以培育和发展投资中介，各中介机构通过整合风险投资企业所需的各种物质要素和信息要素，又可加速高科技成果、人力资源和资本的有效结合。风险资本市场这一融资制度在资金导向机制、优化配置机制、产业成长机制、风险分担与补偿机制等方面的创新，都将有利于中国资本市场体系的创新、完善和发展。

1.2 国内外关于风险投资的研究概况

国外关于风险投资的研究动态：风险投资这一现象由来已久，独立的专业风险投资市场早在20世纪40年代就建立起来，不过直到风险投资行业在20世纪80年代迅速发展，该领域才真正引起学者们的兴趣，其背后的原因是当时风险投资是相当不起眼的产业，甚至到20世纪80年代，美国的风险投资行业还没有超过几十亿美元，只是一个规模很小的市场，没有人想到它将成为推动创新、促进创业的重要因素。对风险投资的理论研究，国外开始于20世纪80年代，90年代后得到了长足发展，取得了丰硕成果，而且主要集中在美国，来自其他国家的研究很少，这与风险投资在美国成功实践而在其他国家不甚成功有很大关系。其代表人物有：百森商学院的William Bygrave、哈佛商学院的William Sahlman、纽约大学的Ian Macmillan、圣克拉拉大学的Tyzoon Tyebjee和Albert Bruno，以及本身就是风险投资家的Kenneth Rind、William Wetzel等。他们关于风险投资的理论研究归纳起来集中在以下几个方面：风险投资与风险资本市场，风险投资的筹集、投资和退资路径，风险投资的组织形式，风险投资家的作用，风险投资中的契约机制和创业企业控制，项目投资评估、决策及管理，风险投资的外部环境及对经济发展的作用等。

国内关于风险投资的研究动态：国内尚处于起步阶段，主要包括对风险投资的基本认识和国外经验介绍、国内外风险投资发展比较、发展风险投资的初步设想及相关对策、风险投资的投资理论探索等。

20世纪80年代，从事高科技发展研究的专家学者首先认识到发展高科技产业投资的重要性。浙江大学的马国庆研究了建立中国风险基金的必要条件，并分析了中国高技术风险基金发展的主要障碍因素；西安交通大学的汪应洛研究了中国高技术产业化的风险机制和决策机制，提出了建立风险投资公司及其运作方式的构想。

20世纪90年代中期以来，风险投资渐成中国社会经济中讨论的热点。成思危（1997）比较分析了国外风险资本的组织发展模式、政策和经验；王国刚、刘曼红、王奇松等（1998）全面阐述了风险投资对发展中国高科技产业和促进企业科技进步的作用，系统论述了中国风险投资的建设体系和相关措施等问题；杨峰等人（1998）对美国和德国的风险投资业进行了比较研究，试图说明建立与风险投资发展相适应的公司治理机制和公司创新机制的重要性；齐晓安等（1998）对高技术风险投资发展进行了中外对比研究，提出了中国发展风险投资的对策；辜胜阻等（2001）研究了政府在推动风险投资发展中的作用。

1.2.1 研究概况

风险投资及风险资本市场的研究，主要集中在对风险投资产生的背景、影响因素及不同模式等方面。

风险投资产生于美国，而且在美国发展得最为成功，风险资本市场最为活跃。经济合作与发展组织（OECD）认为，这是因为美国具有发展风险投资的良好氛围，包括：①对待创业及创业失败的宽容的社会态度，公众始终对企业家有着良好的评价，且美国人具有强烈的冒险精神和创新意识；②美国有成熟的资本市场，公众有持股传统，发达的股票市场的存在繁荣了金融市场；③市场体系完善，政府极少行政干预，只在重大制度方面发挥作用，包括个人税收体系的调整和所得税的减免改革等经济政策。

Bygrave 和 Timmons（1992）研究发现，一个国家或地区风险投资业的发达程度取决于下面一些基本条件：①有完善的法规保护风险投资者的利益，减少风险投资的法律风险。②有优惠的税收政策降低风险投资的市场风险，以增加风险投资的预期收益。Friedman（1989）用实证的方法证明，美国投资收益税从1969年的49%降到1981年的20%，对风险资本的供给量有明显的刺激作用，尤其是在风险投资业发展的初期。③有活跃的向高科技企业倾斜的证券市场来加速风险投资的回收，以提高风险投资的扩张速度。活跃的证券市场能极大地刺激风险投资的发展。④有宽松的投资政策来放松各类基金对风险投资的限制，以增加风险资本的供给。⑤有健全的会计审计制度来保证风险企业的财务状况及时准确地公开，以增强投资者的信心。

克拉克（1987）通过比较美国、英国和日本的风险投资活动，认为由于文化和观念的差异，导致风险投资模式的不同：英美是市场导向的风险投资模式，而日本则是银行为主导的模式。Lerner（1994）研究认为，由于技术含量、资金存量和政策环境的不同，风险投资的发展模式也不一样，从对环境的依存性看，风险投资发展大体上有四种模式：一是以“官助民营”的私有风险投资机构为主体的美国模式；二是以大公司、大银行为主体的日本模式；三是以“大企业联合、政府参与”的国家风险投资行为为主体的西欧模式；四是新兴工业化国家和地区的“两条腿走路”模式。

Bernard S. Black 和 Ronald J. Gilson（1997）通过系统地比较以银行为中心的资本市场和以股票市场为中心的资本市场对风险投资体系的影响，认为发展良好的证券市场和 IPO（Initial Public Offerings，股票首次公开上市）及活跃的私有养老金投资是风险投资重要的资金来源，风险投资在以股票市场为中心的体系中具有更强的生命力。他们还解释了美国风险资本市场的两个典型特点：相对迅速的退资及通常采用 IPO 实现退资。

1.2.2 风险投资的资本来源和退出研究

Bernard S. Black 和 Ronald J. Gilson（1990）等的研究表明，在 20 世纪 80 年代以后的美国，养老基金和保险基金成为风险资本的主要来源，占风险资本的 60%；欧洲的风险资本是以银行和政府机构为主，其次是养老基金、保险基金、私人资金；日本由于不允许养老基金进入风险投资领域，其风险投资来源主要是大银行、政府机构和大公司；中国台湾则是以商业基金为主，约占整个风险资本的六成。风险投资来源的不同在某种程度上反映了不同国家或地区的政策导向差异。

风险投资的成功退出是实现风险资本增值的基本前提，是风险投资在时序上和空间上不断循环的保证。成功的退出对于确保投资者获得有吸引力的回报，从而筹集新资本至关重要，且对风险投资周期其他阶段的正常运行也极其关键，因此对这个问题的研究在学界一直受到高度重视。

Willian D. Bygrave 和 Jeffry A. Timmons（1992）通过对 1979 年至 1988 年美国风险投资支持的 IPO 发行的企业的获利情况进行实证分析发现，采用 IPO 发行股票上市而退出的风险投资，其获利的高低程度与其投资的创业企业的时间早晚有很大关系：投资创业企业越早，获得的投资回报越高，反之则投资回报越低。Wright 等（1992）研究了风险投资变现及交易的时间和交易方式等问题，风险投资的流通变现直接影响到风险资本市场的形成和发展。Jain 和 Kini（1995）将由风险资本支持的上市企业和非风险资本支持的上市企业进行了比较，发现上市交易三年后，前者的业绩更好，并且优良业绩和风险投资的监管质量呈正相关。

Grinblatt 和 Hwang（1989）提出了风险投资首次公开发行的信号模型。他们认为，在首次公开发行时向外部人员传递企业质量的信号涉及风险投资家和其他内部人员所保留的股份比例及股价低估的程度。Chishty 和 Muhammad Rezaul Kaiser（1991）的实证分析证实了模型的结论。由于内部人员具有信息上的优势，外部人员对内部人员发售新股持消极态度，加上用于消除这些“顾虑”的成本，导致创业企业在首次发行时不能得到比其他投资机会更高的净现值。也就是说，采用首次公开发行退出不一定是实现高额资本增值的最佳选择。Lin 和 Timothy Hsiang 通过研究证实了类似观点：有信誉的风险投资公司，尤其是在风险投资行业历史较长的公司出售股份的能力更强。

尽管人们厚爱通过公开上市方式退出风险投资，但 Wright 等（1992）的研究结果显示：风险投资在选择退出时间和方式上是非常灵活的，在实践中，出售给第三者是一个最普遍被采用的重要退出方式，也是最实际的一种退出方式。Relander（1993）通过对欧洲风险投资的退出状况的研究，得出同样的结论——出售给第三者是最普遍采用的退出方式。

综合他们对风险投资退出问题的研究可以发现，他们的目光主要集中在对单个投资组合的研究及退出方式的比较上，对哪些因素影响风险投资退出方式的选择及两种退出方式对风险投资增值的差异等问题着墨不多，这些问题有进一步研究的必要。

1.2.3 风险投资的组织形式研究

很多研究是从如何避免由于投资者和风险投资家信息不对称而产生的道德风险和逆向选择的角度来分析风险投资的组织形式的。Lelandand Pyle（1977）认为，金融市场上信息不对称所导致的逆向选择和道德风险会使金融市场失灵，信息不对称是解释金融中介存在性的一个基本原因。Diamond（1984）认为，金融中介是通过充当被委托的监督者来克服信息不对称问题的。

风险投资中存在严重的信息不对称问题，存在于投资前的项目选择、投资中的合同签订和投资后的监督控制各个环节中。风险投资基金的投资管理人员通常都对特定行业具备相当充分的专业知识和经验，他们所拥有的专业技能与经验积累使他们在投资项目的选择、管理、监督等方面具有显著的比较优势，能够成为投资者的代理人。他们通过投资前对项目进行深入、尽职的调查和投资后的监督控制，可以降低信息成本，减少信息不对称，从而有效地解决投资管理过程中可能产生的逆向选择和道德风险问题。

Sahlman（1990）认为，投资者和风险投资家由于信息不对称，致使二者之间的合约必须建立在有效的激励机制的基础上，而有限合伙制则是合适的制度。他通过观察和研究发现，20 世纪 80 年代后，美国风险投资机构的典型组织形式是有限合伙制，这在很大程度上是因为养老基金、大学和慈善机构等投资者为免税实体，这一结构保证了它们的免税地位。他从实证的角度指出了比较常见的有限合伙制的报酬机制，即有限合伙人提供 1% 的资本但分享 20% 的资本利得。

Hellmann（1998）、Bernard S. Black 和 Ronald J. Gilson（1998）等指出，由于信息不对称，风险投资家和资本提供者之间存在一个学习过程，成功的首次公开发行成为反映风险投资家能力的一个信号。首次公开发行机制也成为风险投资家与资本提供者之间的信号传递机制。在这个意义上，也可以较好地理解为什么有限合伙制成为风险投资机构主流的组织形式。

1.2.4 风险投资中的契约安排和创业企业风险管理研究

由于风险投资是一种长期的股权投资，不同于流动性强的公开市场投资，其所投资的企业比常规企业具有更大的风险性，因此，风险投资公司与创业企业之间的契约安排显得尤为重要。这方面的研究成为风险投资微观层面研究中最为活跃的部分。

Yuk-shee Chan（1990）基于对风险投资不对称信息及由此产生的学习过程等问题的分析，提出了一个风险投资家和创业企业家的两期代理模型。他认为，风险投资公司和创业企业之间存在信息不对称，会发生道德风险，两者之间学习过程的存在使得契约具有明确的条款，保证风险投资家具有控制权的让渡能力。Mitchell 等（1995）认为，风险投资家不仅将股本资金注入创业企业，而且将自己的专业技能也注入其中（提供管理增值服务），这样既有助于企业的健康发展，也有利于保护自己的投资并确保创业企业朝着风险投资公司的投资目标发展，即快速获得较高的投资收益。

与 Yuk-shee Chan 不同，Jeffrey J. Trester（1998）认为，在缔约时创业企业家和风险投资家之间的信息是对称的，不对称信息是后来才发生的。因此，在早期融资阶段，可转换优先股是主导的合约形式，而在项目的后期，不对称信息的减少使得债权和普通股较多地使用。Dirk（1998）从贝叶斯后验估计的角度，提出了一个动态的风险投资模型。对于风险收益不确定的投资项目，由于风险投资家和创业企业之间的不对称信息，使得事后的道德风险成为可能。随着时间的推移，项目的相关信息逐步被揭示，风险投资家就可以修正对项目前景的预估，并决定是否继续投资，即该过程本身是一个内生的基于贝叶斯估计的动态模型。尽管 Chan、Trester 、Dirk 等人在信息不对称存在的时间先后上有不同看法，但他们均认为，投资时风险投资家采用的多轮次投资方法，可以较好地解决不对称信息和控制投资风险问题。

Sahlman（1990）研究表明，阶段性投资原则、可转换的投资工具、价值补偿及通过合约约束创业企业等不同激励机制有助于创业企业家提高经营效益和披露准确信息。Paul A. Gompers（1993）指出，风险投资者在不同轮次的投资中保持相同的权益份额，可以较好地规避道德风险，他以美国的 794 家创业企业为样本实证了分阶段投资的风险控制作用。他认为，获得创业企业未来预期收益的相关信息，是风险投资家做后续投资决策的重要依据。有的学者（Admati 等）认为，创业企业的治理结构也是对创业企业进行监控的重要手段。

1.2.5 风险投资项目评价和决策行为研究

投资项目评价的优劣，直接影响着投资决策的科学性，关系到投资项目的成败。因而，风险投资项目评价的理论和方法也一直受到理论界和实际操作者的重视，这方面的研究成果也较多。

风险投资对项目的选择与一般投资不同，它更强调创业企业的人员素质，对产品和技术的新颖性、独占性更为重视。Vance H. Fried 和 Robert D. Hisrichz（1994）通过实证分析，得出投资项目评估的三个一般原则：项目的生存性和新颖性，管理能力、经验和管理团队的互补性，高收益和退出的可能性。Muzyka（1995）等人强调了上述原则的综合运用，并且强调风险投资家即使不能满足所有的融资和交易条件，也宁肯选择具有优秀的管理团队、合理的融资和产品等市场特征的投资机会。

T. T. Tyebjee 和 A. V. Bruno（1984）通过实证分析，得出一个风险投资的项目评估模型，列出项目评估的五大指标：市场吸引力（市场规模、市场需求、市场增长潜力、市场易接近性等）、产品独特性（专利保护、边际利润、技术技能等）、管理能力（管理、营销、财务等方面的技能）、兑现能力（退出机会、并购潜力）、环境威胁抵抗能力（竞争进入障碍、过时保护、贸易圈保护等）。有的学者（Asnit 等）指出，无论何时进行风险投资，采用什么标准筛选项目，风险投资机构总会面临逆向选择，逆向选择的存在可能导致对投资项目的选择做出错误的判断。他们指出，一般能力较差的创业企业家可能会接受能力较强的创业企业家不愿接受的报价。为了减少逆向选择，风险投资家较多采用分阶段投资原则，并且借助中介机构的作用。此外，Bruno 和 Tyebjee（1995）、Norton 和 Roure 等通过对美国风险投资实际情况的考察，认为虽然风险投资机构试图采用一定的统一标准，但实际运作时，在创业企业的不同阶段，投资项目的筛选标准是有差别的：早期阶段看重创业企业家的性格、经验及产品的市场成长性，晚期阶段更关心产品的市场接受程度。还有的学者对创业企业/项目的评估定价问题进行了研究，主要的方法是贴现现金流量法和投资分析法，对于晚期项目主要采用投资分析法，无论采用什么方法，均是以项目将来的可能业绩为基础（Wright 和 Robbie，1987）。这些研究成果被广泛应用于实际操作中，取得了较好的效果。

关于风险投资家的作用问题的研究也受到学者们的重视。Mull 和Frederick Hobert（1990）提出了风险投资家的理论模型，即风险投资家作为具有特质的金融中介，不仅提供风险资本，还提供增值服务，这样做有助于保护自己的投资并确保公司获得快速的高于平均水平的投资回报。还有的学者研究了风险投资对产业创新和经济发展的影响（Samuel Kortum 和 Josh Lerner，1998），风险资本市场与成长型中小企业融资的关系（Allen N. Berger 和 Gregory F. Udell，2000）等问题，限于篇幅，在这里就不展开分析了。

总体而言，国外对风险投资的研究是从微观运行机制开始逐步扩展到宏观领域的，这是因为国外特别是美国的风险投资业内生于资本市场，是一种市场化的行为，是从少数富有的个人进行天使投资开始到组织化的风险投资的产生，再到一个行业的产生。而在我国，风险投资业是管理层为了发展高新技术产业而推动的，不是市场自发形成的，因而国内研究更多地集中在对发展风险投资必要性的讨论上，以及对风险投资模式的介绍等方面，对风险投资尤其是风险资本市场并没有进行系统的理论研究，对产生于发达国家的风险投资制度在中国这样的转型中国家是否可以直接移植，以及需要什么样的制度环境与之相配等问题的研究尤显不足。

尽管如此，由于风险资本市场在现代经济中扮演了十分重要的角色，它正吸引着越来越多的学者对其进行研究。同时，现实经济生活中，风险资本市场正在一定范围内发展，产生了对理论和实证研究愈来愈大的需求。进入21世纪，深圳交易所及国内部分券商等机构加快了对风险资本市场及其运作机制的研究，如通过阐述风险基金组织形式、风险资本市场结构、上市和上柜交易机制等，考察了各国立法实践中形成的不同的风险投资基金制度对风险基金运作成本和代理成本的影响，分析了风险投资基金的结构与制度。

综合上述，国内外对风险资本市场的研究取得了很大的进展，其成果初步体现在分析探讨了以下几个方面的问题：①风险资本的功能和作用；②风险资本家干什么、怎么干；③风险资本家在多大程度上取得了成功；④风险资本与发行上市过程；⑤风险资本家与企业家的合同连接；⑥风险资本家与投资者的合同连接；⑦风险资本的退出策略与价值最大化；⑧可供选择的治理结构。这些高度专业化的研究成果，推动了现代金融学的发展，为全面、系统分析风险资本市场奠定了良好的基础。

1.3 研究方法和框架结构安排

1.3.1 研究方法

其一，基于经济学的一般原理，合理借鉴现代金融学中反映现代市场经济运行一般规律的有关资本理论，从风险投资理论这一视角来对作为生产要素之一的资本、作为现代市场经济赖以运行的机制和手段的资本运动，以及经济发展过程中的资本障碍和资本作用机制等问题作一延展性的思考和探究。

其二，将发展经济学中的经济增长模式理论与新制度经济学中的制度变迁理论引入风险资本市场生成的系统研究中，对风险投资制度生成的诱因给出制度经济学的解释，进而揭示中国风险投资兴起的背景，并用技术创新的外部性给出风险投资产生的必要性解释，用契约理论阐释其生成的合理性。

其三，运用分工理论和交易费用理论对风险投资制度的演进逻辑进行研究，分析风险投资组织制度和创业企业的治理机制。

其四，通过对国外风险投资的模式及效率进行共时性比较分析，系统地研究风险投资的发展模式问题及效率问题，并通过对我国投资发展的历时性研究，系统地探讨风险投资发展的制度基础和支持环境及风险投资的复合功能，进而对我国风险资本市场的发展作前瞻性的预测分析，提出中国风险资本市场演进的目标定位及路径依赖。

其五，综合运用规范分析与实证分析的方法，对我国风险投资发展的必要性与可行性、我国风险投资业发展的现状及制约因素进行剖析，同时对国内外风险投资的运作过程进行对比分析。并充分考虑到我国社会、经济发展的实际，在现有的法律框架下，构建我国风险投资发展的过渡模式与目标模式。

其六，宏观分析和微观分析相结合。由于风险投资的发展既涉及国家的宏观政策和外部环境，又涉及风险投资机构和创业企业内部的微观运行机制问题，因此，本书在不同层次上展开研究，主要体现在：从宏观角度对我国风险投资的发展模式和外部环境进行研究，从微观层次上对风险投资的组织制度、治理机制、运作过程进行分析。

由于风险投资的历史不长，即使在其发源地美国也只有70余年历史。风险投资特殊的投资对象和投资方式以及由此产生的结果，使这个市场涵盖了社会、技术、经济甚至政治在内的多重因素，因此对其的深入研究必将关涉经济学之外的其他相关学科的若干观点和研究方法。

相对而言，本书更多的是一种理论思维而非实证分析，更多的是试图提供一种研究中国风险资本市场的逻辑观点而非规范的分析框架，更多的是试图提出问题以及探寻这些问题背后的成因而非拿出具体的解决方案。

1.3.2 框架结构安排

本书除第1章“导论”外，拟分为四部分。

第一部分为风险投资的基础理论部分。第2章介绍了风险投资的定义和内在属性。首先通过回顾、梳理中外学者和有关组织对风险投资的定义，从投资体系的角度给出自己的表述，即风险投资是一种支持创业的投资制度，是通过对具有高成长性的新兴企业进行权益性投资，并以一定的方式参与所投资的企业或项目的管理，最终通过股权的转让获取高额资本收益的一种投资方式。然后在分析风险投资与传统的产业投资异同的基础上，阐述了风险投资的内在属性和特征，指出风险投资是一种支持创建企业的创新投资制度，不仅提供企业创立和发展的资金支持，还提供增值服务。它实质上是与创业相联系的资本经营过程，是未来大企业的培育机制。

第3章对风险投资制度的生成和演进进行了分析。风险投资的生成和发展是一个渐进的过程，在本书中，笔者把这个过程分成生成和演进两个阶段。其中，风险投资制度的生成着重论述的是从无到有的过程，即从传统资本市场衍生出风险投资制度；风险投资制度的演进着重讨论的是风险投资从产生到进一步发展的过程。风险投资制度是为响应传统资本市场在创业企业融资方面的制度缺陷所引致的获利机会而出现的制度创新，是从传统资本市场衍生的投资制度。风险投资制度是不断演进变化的，经历了从“非组织化的风险投资”（天使资本）到“组织化的风险投资”（公司制和有限合伙制）的过程。

第二部分仍注重对风险投资理论的挖掘，但侧重于对微观运行机制进行分析。一个完整的风险投资周期，包括筹资、投资和退资过程，本书用了较大的篇幅来讨论。第4章和第5章重点讨论了风险投资中的双层委托代理及信息不对称问题，并分析了风险投资机构和创业企业降低代理风险的相应制度安排和治理机制；第6章分析了风险资本的退出机制。风险资本的退出是风险投资周期的最后一个阶段，它对风险投资周期其他阶段的正常运行极其重要，成功的退出是确保投资者获得有吸引力的回报从而筹集新资本的关键。拥有一套完善的风险投资退出机制，是一个国家的风险投资体系高效运作、持续发展的保证。该章结合欧美等国风险资本退出的情况，比较了IPO、股份转让、公司清算等转让方式的效率，认为在中国尽管IPO是最吸引人的方式，但鉴于我国多层次资本市场并未完善，IPO未必是现实的选择，因此一味强调要克隆纳斯达克（NASDAQ）式的二板市场，而不加强基本制度建设，难保不重犯中国期货市场发展中的错误。因此，股份转让才是现阶段中国的现实选择。

第三部分对国内外风险投资的发展情况进行了比较和综合分析。第7章首先通过对美国、欧洲及亚洲一些国家和地区的风险投资发展现状的总体描述，比较和归纳了国外的成功经验；第8章分析了中国风险投资的发展历程和现状，总结了成功的经验和失败的教训，并对我国风险投资不甚成功的原因进行了探讨。在此基础上还对中外风险投资的发展进行了比较，从中得到了一些可资借鉴的经验。

第四部分是对我国风险投资发展模式进行的正面探讨。第9章在理论分析和借鉴国外成功经验的基础上，结合中国实际情况，论述了我国发展风险投资的总体目标是培育一个以市场为导向，以契约为基础，以民间资本为主体的风险投资体系。基于我国经济和相关法规的现实状况，风险投资在现阶段应支持有成长潜力的中小企业的生成和发展，资本来源仍是企业、富有个人、外资和政府四个方面，风险投资通过并购和IPO两种方式退出。

第 10 章首先分析了政府在风险投资发展中的作用，在此基础上又分析了我国风险投资发展的支持环境。风险投资是一种高风险的投资，具有极大的外部性和不确定性。风险投资的外部性和不确定性必然导致市场失灵，这就要求政府采取适当的措施，纠正风险投资领域的市场失灵。因此，政府首先要为风险投资的发展营造一个良好的外部环境，包括法律、政策、制度、人文、市场等方面，这不仅是我国风险投资顺利运作的必要条件，也是我国风险投资业健康发展的制度保证。

1.4 小 结

一直以来，国内理论界和一些实际工作者基于美国风险投资支持的高科技企业成功的示范及国家的政策指引，把风险投资与支持发展高科技产业的资本等同起来，并认为：因为风险投资追求的是高风险、高收益，高科技尽管风险大，一旦成功则收益颇丰，因此风险投资家应当把资金投向蕴藏着较大失败危险的高新技术领域，以期获得高资本收益；风险投资就是“支持创新者创业，帮助投资人投高科技之机”（成思危，2003），将风险属性理解为风险投资的本质属性。我们知道，任何投资都有风险，如果把追求高收益而承担高风险看成是风险投资的本质属性，那么它与投资于高杠杆的金融衍生品的投机资本就没有区别。风险投资之所以投资于创业企业，是看好创业企业的高成长性，是不是高科技并不是主要考虑因素，更不是因为其“蕴藏着较大失败危险”。本书认为，风险投资是与支持创建企业内在地联系在一起的，风险投资并不仅仅投资于正在从事高技术研究开发的创业企业，所有具有高成长性的企业都是它的投资对象。正是因为日益频繁的创业活动所产生的对风险资本的需求，构成了风险投资生成和发展的潜在动力。同时，风险投资作为一种新型投资制度，通过自身的制度创新，成为支持创业活动的独特资本力量。风险投资一开始就是作为支持创建企业的制度而产生的，离开“创建企业”这种特殊意义的“创业活动”，技术创新和发展高新技术就无从谈起了，风险投资也无从实现高收益。因此，风险投资支持创建企业和培育企业成长的目的是追求高收益，即通过资本注入和管理服务来支持创建企业、培育企业成长。获取高资本增值收益才是风险投资的本质内涵。

中小企业在经济发展中的作用日益明显，但中小企业在生成和发展早期的资金匮乏问题却日益突出。理论界把中小企业融资难归咎于银行的歧视，但实际情况是，中小企业外源融资的 70% 来源于银行系统，可见中小企业缺乏的是长期资本支持，即股权资本。基于自身的属性和法律的限制，银行难当此任。运用金融经济学中企业资本结构理论和信息经济学的方法，可以从理论上探讨为什么外部股权融资是中小企业融资方式的优先选择，特别是在中小企业发展的早期。正是中小企业具有的规模小、成长性好、市场竞争激烈的企业特征，加之传统的金融系统对其“理性歧视”，因而，低财务风险的股权融资而非债务融资，成为中小企业融资的现实选择。而风险资本作为股权融资投资制度，与中小企业有着天然的内在联系。

风险投资是一种特殊的投资方式，是一种包括融资、投资和参与管理在内的资本运营制度。风险投资的根本目的是资本增值，只要项目具有高成长性，能带来高收益，就可以投资。因此，看一个行业是否适合投资，主要是看其市场前景和成长性，而不是技术水平的高低，高技术并不必然带来高商业价值，只有那些能够带来现实的商业价值的科学技术才具有投资价值。至于所投资的对象是否重要，则是政府考虑的问题。可见，风险投资并不是必然与高风险的高科技相联系。在国家“科教兴国”的战略大背景下，我国的风险投资机构一味追求高新科技，如信息通信、生物工程、新材料、新能源等高科技领域，认为只有这些领域才能取得高收益。但是，从投资回报的角度来讲，我国还是发展中国家，高回报行业与美国等发达国家不一样；同时，我国的比较竞争优势在于具有成本优势，而不是技术优势。很多成功的企业并不是由于他们掌握了高科技源头，而是因为他们有高超的管理能力、有效的商业模式和低成本优势。如果只盯着高科技、高利润来寻找投资项目，将会坐失许多良好的投资机会。

我国作为一个同时具有发展中、转轨中和大国经济三重特征的国家，既面临一般发展中国家所必然面临的实现工业化等历史重任，又面临转轨中国家普遍存在的大量企业结构重组和二次创业等问题，还面临大国经济所不可缺少的自主创新和技术成果转化等问题。因此，我国风险投资的市场定位不能是简单的“拿来主义”，也不能人为地“赶进窄胡同”加以限制，更不能简单地等同于高新技术投资，而需根据具体而复杂的国情加以综合和创新。具体来说，我国风险投资应该主要定位于新兴中小企业（包括高新技术企业）、适用技术企业的初次创业以及具有一定体制和经营管理优势的民营企业、小微企业等的二次创业两个层面。

对于我国风险投资发展模式的探寻，本书以为，我国风险投资发展的总体目标模式是培育一个以市场为导向、以民间风险投资为主体、以契约为基础的完善的专业化风险投资体系。在风险资本的来源上，可行的选择是政府资金、企业、富有个人和外资，至于在国外起主要作用的养老金及保险公司资金由于法律限制，近期在我国难以从事风险投资。在风险投资机构组织模式上，通过对国外风险投资机构组织形式的比较，证明有限合伙制是最佳的风险投资组织形式，其完善的治理机构，可以较好地解决代理成本和激励约束机制问题。因此，从长期发展目标来看，我们应该积极探索有限合伙制组织形式。在政府政策方面，可以通过税费政策，避免对风险投资机构双重征税；在运行模式和治理机制方面，可以借鉴有限合伙的业绩相关的报酬机制、有限期限、分阶段投资的约束机制。与此同时，应尽快推动我国风险投资机构向有限合伙制转换，为政府基金逐渐退出、民间资本逐渐进入创造条件。

从学术研究的角度看，风险投资具有信息不对称性强、不确定性高、评估难度大等特点，这些特点与风险资本市场独特的运作方式相结合，为现代金融学提供了一个理想的研究对象。然而，对于风险资本市场的研究一直落后于市场本身的发展。总体而言，国内外学术界对风险投资理论尤其是风险资本市场的分析研究并未形成系统的理论体系，且缺乏必要的实证研究，目前还处于初级阶段。主要原因有二：其一是风险资本市场在理论上涉及多层面、多角度、多阶段，进行系统分析有相当大的难度；其二是在实践中缺乏可供利用的数据资料，实证分析难以进行。因此，到目前为止，有关风险投资的基础理论及相关延展性问题的研究仍不足，尚有较大空间可以发掘和填补。

第2章

风险投资的基本理论阐释

2.1 风险投资及其内在属性

2.1.1 风险投资概略

风险投资是一种具有长期历史的现象。每个人都可能有投资于高风险项目的倾向。无论是欧洲封建社会早期，还是东方的中国，我们都可以发现企业家从私人投资者处募集资金的案例。例如起源于15世纪末16世纪初欧洲人所进行的远洋探险的投资，最著名的例子就是当时的西班牙皇后资助哥伦布的探险，可以看成一次获利颇丰的风险投资。美国人于19世纪沿用了这个术语及其投资方式，资助了各种新兴工业，包括铁路、钢铁、石油及玻璃制品等。而标志性的例子是1946年美国人罗夫·弗兰德与乔治·迪罗特创办了“美国研究和发展公司”（American Research and Development Corporation），形成了第一个组织化和制度化的风险投资实体，标志着现代意义上的风险投资的产生。尽管已有半个多世纪的发展，但迄今为止，国内外对这一概念并没有统一的阐述。本书通过回顾和梳理中外学者和有关组织关于风险投资的定义，从投资体系的角度归纳出风险投资的定义。

“风险投资”一词系由英文“Venture Capital”翻译而来，在我国纯粹是一个“舶来品”，因此一开始其译名就争议颇多，国内有的将“Venture Capital”译为“风险投资”或“风险资本”，理由是在中国“由于经济体制、市场机制的缺陷，中国的投资业风险极大，更有必要强调风险投资中的风险管理机制”，因而将其译为“风险投资”正说明其风险性（成思危，1997）。在新加坡及中国台湾、香港等其他华语地区则将其译为“创业资本”，国内学术界一部分学者认为，只有将“Venture Capital”译成“创业资本”或“创业投资”，才能真正揭示其本质内涵和特征（王国刚，1998；刘建钧，1998）。但无论是译成“风险投资”还是“创业投资”，其表达的内涵是相同的，“风险投资”这一名称已为国内公众所普遍采用，本书沿用此译法。（为了表述上的方便和兼顾习惯的说法，在本书中有时称“风险投资”，有时称“风险资本”，所表达的意思相同。）

关于风险投资，中外学者和国际组织从不同的角度给出了自己的定义，达二十多种。极具代表性和影响较大的有以下几种：

经济合作与发展组织 1996 年发表的《风险投资与创新》的研究报告认为，“风险投资是一种向极具发展潜力的新建或中小企业提供股权资本的投资行为”。

欧洲风险投资协会（European Venture Capital Association，EVCA）的定义是：“风险投资是一种由专门的投资公司向具有巨大发展潜力的成长型、扩张型或重组型的未上市企业提供资金支持并辅之以管理参与的投资行为。”

美国风险投资协会（National Venture Capital Association，NVCA）认为，“风险投资是由职业金融家投入到新兴的、迅速发展的、有巨大竞争潜力的企业中的一种权益投资”。

美国经济学家 Douglas Greenwoody 认为，“风险投资是准备冒险的投资，它是准备为一个有迅速发展潜力的新公司或新发展的产品经受最初风险的投资，而不是用来购置与这一公司或产品有关的各种资产的投资”。

美国学者 Lind 从风险投资的特点出发给出了新的定义，即从事风险投资的行为必须具有以下特征：①创立新事业或挑战、扩充现有事业；②投资于高风险、高利润的地方；③投资前需要审慎地分析调查；④使用不同的投资工具于不同的投资活动上；⑤进行中长期投资；⑥直接参与投资事业的经营，提供管理增值服务；⑦力图使资本最大化，风险投资者的报酬来自于投资事业或对经营者的资本利得。

美国学者 Riggs 认为，风险投资“通常是对所投资的对象没有长期持有的打算，仅是在其所投资的事业有所发展后，立即将股权出售，而将投资所得再进行另一次的投资”。另一位美国学者 Amrer 认为，“对资金所有者来说，风险投资是将其资金投于具有高风险的企业，所以此项投资可能一去不回，也可能成百倍地回收。投资是长期的，且是以股权方式参与投资。所投资的对象除了具有高度的风险外，往往是新的快速成长的事业，风险投资期望能从中获得巨额利润”。

Lerner 和 Gompers（1999）把风险投资定义为“致力于对私有高成长性企业进行权益资本或权益资本联结（Equity-linked）投资的独立经营的专门资本集合”。

国内学者和相关组织也对这个问题进行了探索，比较有代表性的观点有两种：一是成思危（1997）的解释。他认为：“所谓风险投资，是指把资金投向失败风险很高的高新技术及其产品的研究开发领域，以期成功后取得高资本收益的一种商业投资行为。”二是我国科技部、国家计委等七部门联合制定的《关于建立风险投资机制的若干意见》把风险投资定义为："风险投资是指向主要属于科技型的高成长性创业企业提供股权资本，并为其提供经营管理和咨询服务，以期在被投资企业发展成熟后，通过股权转让获得中长期资本增值收益的投资行为。"

上述阐释，从不同的角度或侧面反映了风险投资的内涵和特征。归纳起来有以下几点：一是风险投资是对未公开上市的中小企业的投资，这些中小企业必须是新兴的、有巨大成长潜力的企业；二是风险投资是长期投资，是以权益资本方式参与，且不以控股为目的；三是风险投资必须投资于风险高的项目，目的是获得高的资本增值收益；四是风险投资除了提供资金外，还提供管理增值服务，协助新企业成长。国内的定义明显受到国家经济政策的影响，均把风险投资作为发展高新技术产业的支持制度，实际上限制了风险投资的外延。

笔者认为，风险投资是一种特殊的投资方式，是一种包括融资、参与管理和投资在内的资本运营制度，应从投资体系的角度把握其内涵。因此，本书将风险投资定义为：风险投资是指个人或机构通过一定方式筹集资本，以股权投资的方式将其投入具有高成长潜力的未上市的创业企业中，并通过提供管理服务参与企业的经营，以期获取企业创业成功后的高资本增值的一种资本投资方式。风险投资本质上是一种支持创建企业的创新投资制度。

2.1.2 风险投资的内在属性

风险投资是金融业的一种制度创新，是企业融资的具体形式，作为支持创建企业、培育企业的投资制度，与以传统产业为投资对象的一般投资有着显著的差别，与从事股票、期货等金融衍生品方面的高风险投资也有着本质的不同，也有别于传统商业银行的信贷投资（见表2－1和表2－2）。

表2－1 风险投资与一般投资的比较

<table>
<tr><th colspan="2">比较内容</th><th colspan="2">风险投资</th><th colspan="2">一般投资</th></tr>
<tr><td rowspan="3">风险</td><td>技术</td><td>创新型</td><td rowspan="3">风险大</td><td>成熟型</td><td rowspan="3">风险小</td></tr>
<tr><td>市场</td><td>潜在市场</td><td>现时市场</td></tr>
<tr><td>管理</td><td>变化大</td><td>变化小</td></tr>
<tr><td rowspan="2">资产</td><td>无形资产</td><td>大</td><td rowspan="2">无法抵押</td><td>小</td><td rowspan="2">可以抵押</td></tr>
<tr><td>有形资产</td><td>小</td><td>大</td></tr>
<tr><td>信誉</td><td>历史记录</td><td>无</td><td>无担保</td><td>有</td><td>有担保</td></tr>
</table>

表 2-2 风险投资与银行信贷的比较

比较内容	风险投资	银行贷款
金融性质	权益资本	借贷资本
融资条件	无资产抵押	有资产抵押
风险程度	高风险	低风险
流动性	流动性低	流动性高
考核重点	无形资产、企业成长性	有形资产、资金安全性
资金管理	参与企业管理	不参与企业管理
融资期限	长期	中、短期
收益特征	收益来源于资本增值，收益率不稳定	收益来源于利息，固定利率
融资成本	相对昂贵	相对便宜

通过表 2-1 和表 2-2 的比较分析，我们可以将风险投资的本质特征归纳为以下几点：

（1）风险投资的对象主要是有良好成长前景的项目或创业企业。这些企业或者拥有一项新技术，或者开发出一种新产品，或者是发现了一种新市场机会，或者是创造出一种新营销模式等，这些创新成果具有巨大的潜在商业价值。风险投资是追求高资本增值收益的投资形式，一些市场相对稳定、产品相对成熟，且只有一般平均利润的行业，风险资本往往甚少光顾；而具有创新理念的项目或创业企业，因其具有市场的开创性，产品具有垄断性并能获取垄断利润，往往比较受风险投资者青睐。

发达国家风险投资发展的实践表明，风险投资主要集中在高新技术产业，如电子信息产业（包括软件、计算机和网络设备、通信产品）、生物技术等。据统计，美国 1990—1996 年的风险投资约 13% 投向了办公和计算机领域，27% 用于交通运输及电子领域，28% 用于药品及生物领域，14% 用于专业和科研仪器，8% 用于化学品及石油提炼、橡胶品等领域，只有约 10% 用于低技术领域（P. A. Gompers 和 J. Lerner，1999）。

（2）风险投资以股权的方式为项目或创业企业提供资本支持，是一种中长期投资，它不以企业分红和经营具体产品为目的，而是着眼于未来企业资本增值，并以整个创业企业为经营对象，支持创建、培育企业，待企业成熟后，通过上市或股权转让等方式获得高资本增值收益。风险投资家发现一个有成长潜力的项目后，往往在企业初创时期投资入股，取得相应股权，一般耗时 3~7 年，通常经历 5 个阶段，即种子阶段、初创阶段、幼稚阶段、扩张阶段和成熟阶段，这5个阶段大体上与企业成长的生命周期相吻合，这也是风险投资适合培育创业企业的理由之一。在此期间通过对有成功希望的项目追加投资，继续扶持和培育企业，待创业企业成功后，再通过上市或转让股权等方式收回投资，并带着巨额利润去寻找新的风险投资机会，开始新一轮风险投资循环。

（3）风险投资不仅为创业企业提供资本支持，还为创业企业提供管理和资本运作服务。这一方面可以弥补企业在创业管理上经验的不足，另一方面有利于避免风险投资的高风险。由于风险投资家完全把资本押在创业企业的成功上，没有任何担保或抵押，因此，风险投资家往往十分关注创业企业的发展。他们不仅在投资前对项目进行严格的评审，而且在投资后，十分关心创业企业的经营活动，为创业企业提供从产品开发到开拓和占领市场，直至企业上市，从经理人员的选拔到机构的组成等全方位的增值管理服务。特别是风险投资家具有丰富的金融知识和资本运作经验，创业企业家在技术上较为擅长，两者相互补充，优势互补，对创业企业的发展甚为有利。

（4）风险投资是专业化、知识化和信息化的投资，因此人的因素显得尤为关键，在某种意义上，风险投资实际上是对人的投资。风险投资对人的重视，是和它对于智力资本和无形资产的重视密切相关的。有人说，风险投资是创新、资本和智力（innovation，capital and brain）的结合，这的确道出了风险投资的精髓。在企业创业过程中，有两类关键人物：一是创业型企业家，他们勇于创新，敢于承担责任，并具有创业精神，同时他们可能是企业核心技术的发明者；二是管理型企业家，是一些具有专业管理技能并实际经营企业的职业经理阶层，具有解决企业经营管理中各种问题的知识和经验，并能够使企业价值不断增长。

（5）风险投资不仅是一种中长期投资，而且是一种高风险投资。风险投资主要投资新兴的中小企业，不仅要面对由于信息不透明和不对称而产生的道德风险，而且企业在成长过程中还要面临技术风险、市场风险、管理风险、信用风险，以及能否成功退出等多种不可预测的风险。从发达国家的实践来看，种子阶段的成果能够为初创阶段所采用的比例大约只有10%，初创阶段成功过渡到幼稚阶段的概率也仅有20%，再进入扩张阶段的比例为30%。

总之，风险投资是以未做留置与抵押担保的风险性权益资本的方式进行的投资，是一种集资金融通、企业创建和培育、企业管理、市场拓展、资本运作等因素于一体的综合性的经济活动，是实业投资和金融投资的结合，是投资行为和管理行为的结合，是金融资本和智力资本的结合，是一种适应现代经济发展特点的创新投资制度。

2.1.3 风险投资的分类

风险投资是企业融资的具体形式，与企业不同的发展阶段相适应，风险投资有不同的表现形式，大体可分为：机构化风险投资、企业风险投资和个人风险投资（Landstrom，2007）。

1. 机构化风险投资

机构化风险投资是专业化的、独立的风险投资，是对非上市的新创企业或高成长性企业长期进行的、以股权方式进行的专业投资，其主要回报是最终资本收益及作为补充的分红。机构化风险投资由专业人才组成，其资金主要从养老基金、保险公司、银行和其他金融机构筹集，然后投资于创业企业，最终以股权退出作为实现资本回报的收益。

现在这种风险投资采取很多种组织形式，独立的有限合伙公司、附属于金融机构或财团的风险投资基金、政府风险投资组织，其中有限合伙制是最主要的、占据主导地位的风险投资组织形式。

从资金募集、投资行为、退出方式等方面来看，机构化风险投资经常被认为是“私募股权”的同义词，其实二者有很大不同。机构化风险投资主要是针对新创企业、增长驱动型企业的股权投资，侧重投资企业发展的初期，其投资原则是“宁愿做错，也不错过”，因而风险更大；而私募股权，其投资涵盖企业发展的各个阶段，尤其是企业发展的成熟阶段，其投资原则是“宁可错过，也不做错”，除此以外，它还会以管理层收购、并购、重组等形式涉入已经发展完备的企业。

2. 企业风险投资

机构化风险投资其实就是一个非金融企业的金融中介，把资金拥有者和资金需求者链接起来。企业风险投资与机构化风险投资的主要差别就在于资金的提供者：企业风险投资的资金是由主体公司提供，而机构化风险投资的资金是由金融机构筹集。

企业风险投资经常被视为主体企业的一种战略性的工具，其投资方向或者是为了促进新事业的发展，或者是为了创新性技术的开拓。其投资主要有两种形式：其一是外部管理投资，即大型企业有独立管理的风险投资基金，如联想集团设立的联想风险投资基金，其以股权形式投资各类创新企业；其二就是内部管理投资，企业通过自己内部的组织来进行投资，这类投资往往是临时性的一次性投资，而且投资业务往往与自己的业务相关，是企业发展的战略投资或战略联盟。

3. 个人风险投资

这类投资经常被归为“非正式风险投资”，又称为“天使投资”，由向创业企业投资的富有个人所操控，资金主要来自其个人的积蓄，而不是机构或其他投资者。

非正式风险投资从狭义到广义来区分，有天使投资（投资与自己家庭有关联的创业企业）、非正式风险投资（投资与自己家庭毫无关系的创业企业）。

4. 三种风险投资的比较

机构化风险投资、企业风险投资和天使投资三种风险投资之间有相似与不同。通过表2-3的比较，我们发现，不同的风险投资形式为企业提供了既互相补充又有所重叠的资金来源：互相补充是指投资企业的不同发展阶段，且资金额度也存在差异；重叠是指各个领域投资人的目标范围广泛，并非拘泥于某一种形式。

表2-3 机构化风险投资、天使投资和企业风险投资的特征比较

	机构化风险投资	天使投资	企业风险投资
资金来源	合伙人的投资（主要是机构投资者）	自有资金	企业投入的资金
组织形式	有限合伙制	个人	附属大公司的子公司
投资目的	高额回报	高额回报/个人价值	战略布局和高额回报
监管方式	大额投资、尽职调查、分段投资、正规控管方式	小额投资、有限调查、不正规控管方式	大额投资、详尽调查、分段投资、公司监管

资料来源：Mason和Harrison（1999a）、Hans Landstrom（2005，2006）等。

2.1.4 风险投资与风险投资家

风险投资家是投资者和企业家之间的中介，是风险投资的灵魂，直接决定了风险投资的运营业绩。由于创业企业发展的高度具有不确定性，风险投资家必须积极介入创业企业的运作管理中，对投资进行监督；同时，风险投资家通过其极高的专业素质，使得创业企业的价值增大。

风险投资家（包括风险投资管理人）必须富有创新精神，有较高的综合素质和业务能力，并且对资本市场和产业发展趋势有明确的判断和分析，能够及时发现和控制运营风险。

1. 风险投资家的专业经验和知识，是风险投资成功的重要前提

创业企业的成活率较低，风险投资管理者面对的企业时刻都有破产的可能。美国华盛顿工业研究院曾做过研究，发现大约4 000个技术创新才可能形成4个近似合理的新产品开发计划，而4个新产品开发计划是得到一个成功

的有市场前景的产品的最低要求。

因此，风险投资家要在众多的申请项目中，根据项目的市场潜力、竞争状况、产品性能及创业团队的管理能力挑选出优秀项目，就必须具有相关的专业知识和管理经验，或者公司具有由技术专家组成的投资评估委员会，才能对所有投资项目的发展潜力做出科学分析评估，从中选择发展潜力最大的投资机会。

2. 风险投资家同时应该是资本运营家，必须精通和熟悉财务金融管理

创业企业的产品和市场有极强的不确定性和信息不对称性，传统的金融体系对其存在“歧视”。在创业企业发展过程中，企业前期的现金流可能为负，需要及时追加资金投入。不仅初期融资困难，后续融资更困难，因此，风险投资家的融资能力对创业企业来说非常关键。

创业企业经营过程中，有效的财务监控、规范的财务管理是控制投资风险的重要手段，如创业企业在阶段性投资决策中追加投资或中止投资，以及企业的上市、购并等产权交易问题，都需要风险投资家具备灵活的财务决策能力。

3. 风险投资家必须具有团队管理经验

现代技术变革发展十分迅速，面对众多的专业领域，风险投资家的精力和能力毕竟是有限的，所以风险投资家需要具备团队精神，通过科学管理的激励机制，建立一个专业互补和分工合作的强有力的领导班子。管理团队是风险投资公司的核心组织，同时也可以为创业企业提供各种管理服务和业务网络资源。

2.2 风险投资的功能

风险投资作为一种支持创业的投资制度，在推进企业生成和发展、支持科学技术产业化及促进经济结构调整和经济发展方面起着独特的作用。

2.2.1 支持中小企业的生成和发展，是企业的孵化器

一个经济社会要保持活力，必须有充满生机的创业活动。创业企业家可以视作创新和发展的引擎，以及经济和社会福利的提供者（Schumpeter，1934）。创业初期，特别是企业生命周期的早期阶段，企业想要开发出革命性的产品，就需要大量的资本支持，而处于此阶段的企业由于产品、市场、技术存在较大的不确定性，加上科技类企业的轻资产的特征，传统金融体系难以光顾。因此，风险投资就成为具有吸引力的资金来源（Tyebjee 和 Bruno，1984）。1945 年 11 月，波士顿联邦储蓄银行行长 Ralph E. Flander 曾呼吁保险

资金对新生企业进行股权投资。他说："我们不能总是寄希望于衰老中的大企业。我们需要新的商业力量和经济活力。如果幼小企业不能持续诞生，我们就无法维持美国的企业发展、就业增长和经济繁荣。因此，有必要将巨额保险基金中的小部分嫁接到那些具有新创意的幼小企业中去。"于是，1946年6月6日，世界公认的第一家风险投资机构——美国研究和发展公司（American Research and Development Corporation，简称ARD）成立了。此后，在政府政策的扶持下，大量的风险投资公司不断发展，成为美国新经济的重要推动力量。在美国，有近80%的新技术企业是在风险投资的支持下或按照风险投资模式发展起来的。这些企业已成为美国经济增长的重要源泉。我们熟知的大企业如国际数据设备、联邦快递、英特尔、微软、苹果等，都是风险投资"孵化"的产物。可以说，如果没有风险投资（包括天使投资），当今世界上很多著名的大公司都不会诞生，尤其是互联网科技公司，比如谷歌、Facebook等大公司的存在。在美国硅谷，大量的创业项目伴随着大量的投资资金，如果没有这些投资者，就不会有大量的创业公司存在；如果没有风险投资，就没有这些企业的今天。我们知道，新技术企业发展初期，资产规模小、无形资产大、不确定性强及信息不对称等内生障碍，使得传统金融体系很难给予支持；而慢节奏的通过自我积累逐步创业的方式，无法适应现代经济发展的要求。新兴的创业企业只有借助于外源资本的支持，迅速完成创业历程，才能赢得竞争优势。新兴中小企业的不断出现及其层出不穷的创新，要求适应其特点的资本形式与之配合。一方面，由于中小企业的不确定性及面临激烈的竞争，因而需要低财务杠杆的融资制度，权益性的融资是其首选；另一方面，由于新兴中小企业信息不对称和激励机制问题比一般企业更加突出，因而需要专业人士对市场潜力进行评估，对投资进行积极监管。此时，风险投资以创新的投资方式适应了上述要求，发挥着金融市场"补缺"的功能，支持中小企业的生成和发展。据统计，截至2000年底，在美国NASDAQ上市的企业中，由风险投资孵化的企业占20%，这些创业企业的市值占全部上市企业市值的32%。在美国硅谷，平均每天诞生11家企业，每天诞生62个百万富翁，这些都是风险投资创造的神话。可见风险投资的孵化功能极其显著。正是由于风险投资对于创业和经济增长做出的贡献，美国得以保持知识创造、科技创新和商业化的领导地位。可以说，风险投资在促进企业生成、高速成长方面扮演了核心角色（Reynolds等，2004）。

同时，风险投资整合各种资源为成长中的中小企业提供全方位服务。风险投资主观上是追求资本的高增值，客观上必须借助于企业的高速成长，因此在提供了资本支持的同时，还提供增值的管理服务。风险投资家通过其丰富的经验、专业能力及社会网络，推动企业的健康发展。创业企业一旦成功，风险投资的孵化使命即告完成，风险投资通过资本市场退出，形成更大的投资能力，去寻找新的投资机会，形成一种“投入—孵化—回收—再投入”的良性循环，从而促使新企业不断生成和发展。

2.2.2 风险投资促进了技术创新

风险投资通常是和获取创新技术紧密联系在一起的。风险投资已成为推动创新甚至是经济发展的重要力量。即使是在发达的经济体如美国，就业增长的主要推手就是小微型的、刚起步的公司，而且其中大部分的增长包括了技术创新（Tyebjee 和 Bruno，1984）。对于这些具有创新技术和高增长潜力的创业企业来说，风险投资是其资金的主要来源（Bygrave 和 Timmons，1992）。

所谓技术创新（Technological Innovation），是指企业应用新知识、新技术、新工艺，采用新的生产方式和经营管理模式，提高产品质量，开发新产品，提供新服务，占据市场并实现市场价值。科学技术对经济发展的作用主要是通过技术创新来实现的。熊彼特（J. A. Schumpeter）认为，大企业是技术进步最有力的发动机。这是因为，市场垄断地位是企业承受与创新相关的风险和不确定性的先决条件，大企业有较强的资金条件，因而大企业是技术创新的主力。与此相反，中小企业偏好理论认为，大企业的管理和控制程序烦琐，加上创新活动中的官僚主义，容易带来创新的报酬递减，且市场垄断力量会导致惰性和迟钝；而中小企业只有不断创新才能保持竞争优势，且中小企业机制灵活，更利于创新。因此，中小企业在创新中具有高于大企业的活力和动力。

大量的实证研究表明：创新强度与企业规模和市场控制力量没有显著的关系。美国学者 Patel 和 Pavitt 在 1992 年考察了企业规模与开发支出的关系。他们将世界上 660 个企业分成 16 个组进行研究。结果发现，在其中的 13 个组别里，创新强度与企业规模无显著的关系；只有在化工、矿产和汽车三大行业中，创新强度与企业规模成正相关。Acs 和 Audretsch（1990）通过对美国创新最多的行业中不同规模企业的创新数做了比较，证明在不完全竞争的市场中，大企业的创新优势比较明显，而在近于完全竞争的市场中，中小企业的技术创新表现出明显的优势，而且在新兴行业（如计算机等高新技术行业），中小企业表现出更大的优势。我们知道，风险投资绝大部分是投向中小企业，尤其是创新型中小企业。

关于风险投资与技术创新的关系，风险投资经常和基于技术创新的创业企业联系在一起。J. Lerner 和 S. Kortum 在一份研究报告中指出，在刺激创新方面，风险投资比传统公司的研究与发展支出更有效，风险投资的效率大约是公司研发的 3 到 4 倍。在 20 世纪 70 年代至 90 年代的大多数时期，风险投资额都很小，大约只有公司研发支出的3%，但风险投资所支持的创新份额在所有创新中占到了10%至20%。这和没有获得风险投资支持的技术创新相比，具有风险投资支持的创业企业和创新技术，更能迅速实现转型从而进入开发阶段，实现产品化和商业化（Landstrom，2004）。比如，风险投资参与生物技术、硬盘驱动、关系数据库、微型计算机等新型行业的开发和发展，在其发展过程中扮演了关键角色。没有风险投资的参与，这些行业将不会得到迅速发展。这再次表明风险投资在支持创新方面作用明显。因此，Lerner把风险投资称为“高能资金”。

2.2.3 风险投资推动了经济增长

西方经济增长动因理论认为，经济增长是一种非常复杂的社会经济现象，是诸多因素相互影响、相互作用的动态投入—产出过程，劳动、资本和技术三个要素缺一不可。在不同的经济时代，在生产力发展的不同阶段，三者在投入要素中的地位和作用各不相同。在自然经济时期，劳动是推动经济增长的主要因素；在产业革命时代，资本投入成为制约经济增长的主要因素；而在20世纪的知识和信息经济中，技术成为新生产力中最活跃、最具决定意义的因素。在发达国家的经济中，科学技术对经济增长贡献的份额已从20世纪初的5%~20%，上升到80年代的70%~80%。

风险资本主要是通过两个环节对经济增长产生推动作用的：一是前面所述的通过支持企业的不断出现，为经济增添新的血液和活力；另一环节是风险投资提供一套有效的资金配置方式，把高新技术、风险资本、人力资源及管理等有机结合起来，促进社会资源的市场化配置，使得科技与经济紧密结合，高新技术成果迅速转化为现实生产力，促进经济的发展。

风险资本对高科技企业和中小企业发展的推动作用使得其在就业和经济增长、技术创新等方面的地位较以往有显著提高。据1997年全美风险投资协会的调查，1991—1995年间，创业企业雇员平均年增长34%，同期，《财富》500强企业则每年降低4%；1992—1996年间，创业企业销售额年均增长66.5%，500强企业则仅增长了4.9%；创业企业人均销售额是500强企业的2倍多；在创新方面，风险资本支持的企业的R&D支出年均增长30%，是500强企业的3倍。

正是由于风险投资对经济有巨大的推动作用，许多国家想要模仿美国的成功经验，但成功者甚少。撒切尔夫人曾指出，欧洲在高新技术产业化方面落后于美国十年，并非是因为欧洲科技水平低，而是由于欧洲在风险投资方面落后于美国十年。日本在1996年对经济进行检讨时也认为，日本产业之所以不能顺利升级，其中一个重要原因就是日本促进科技转化的风险投资体系不健全，缺乏像美国那样的有效促进科技转化的机制。

2.3 风险投资的运作机理

风险投资的运作机理是指风险投资系统运行的一般规律，它覆盖了资金从投入到退出的全过程。

风险投资的运作机理可以用风险投资运作图（如下图所示）的形式概括。

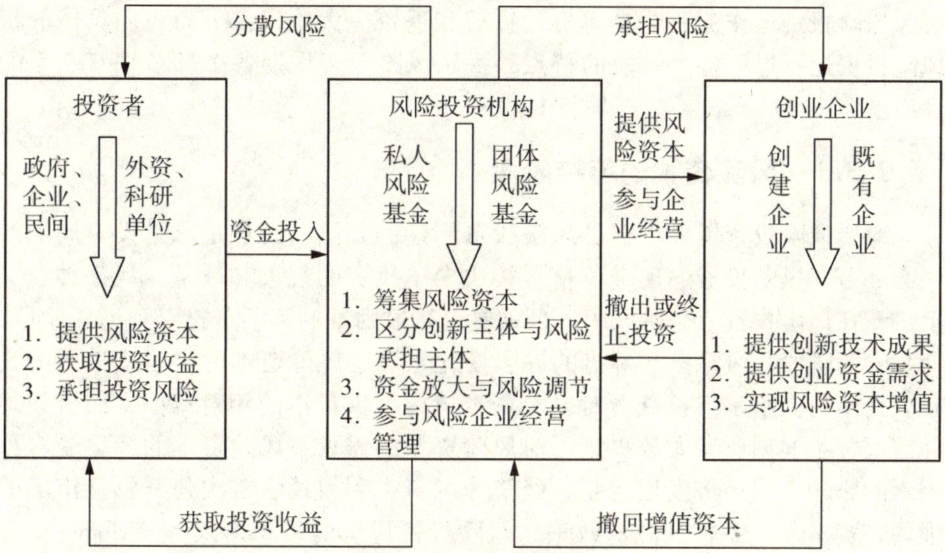

风险投资的运作机理图

风险投资的运作主要涉及投资主体（投资者）、投资对象（创业企业）与中介机构（风险投资机构）三个组成部分，三者在风险投资的运作过程中发挥着各自的作用。

投资主体是风险资本的提供者。它可以来自政府投资、企业投资、民间私人持有资金、科研单位自筹资金、商业银行贷款以及外国投资等。

创业企业是风险投资的接受者。它拥有具有商业前景的创意或成果，但缺乏将成果产业化的资金。一旦得到风险投资机构的资金支持，便可以实施成果的产业化，并通过市场运作，获得成果产业化的经济回报。

风险投资机构是沟通创业企业与投资者的“桥梁”。它向社会招募资金，同时经过严格的考察和筛选，采用不同的策略将资金投向创业企业，并积极介入创业企业的经营管理，待时机成熟时，再通过适合的方式，从创业企业撤回增值后的资金投资于其他项目，以实现风险资金的滚动增值。

一个典型的风险投资过程大约可分为如下六个阶段：筹措风险基金，寻找机会以供投资；寻找可投资的公司；筛选、评价交易；评估、谈判并达成交易；运作资本以求最大化；策划并实施退出。国内亦有学者将风险资本的运作过程分为融资过程、投资过程和退出过程。美国学者 Lerner 和 Gompers 认为："风险投资可被视为一个周期过程。该周期始于风险投资基金的筹集，经过企业投资、监控、增值各个阶段，然后风险投资家功成身退，将资本返还给投资者。随着新基金的筹集，这一过程又开始了新的循环。"（Lerner 和 Gompers，1999）要理解风险投资业，必须理解风险投资的整个过程。也就是说，风险投资运作流程包括筹资、投资和退资三大阶段。下面我们具体分析风险投资运行过程各个阶段的特点，揭示风险投资周期各个环节相互联系的性质。

2.3.1 风险资本的筹措阶段

筹措风险投资资金不但是风险投资周期的开始，而且是风险投资周期的中心环节，风险投资的现金流量直接决定了投资的规模和数量。从某种意义上讲，在风险投资三个阶段中，最重要也是最困难的，不是投资和退资阶段，而是筹资阶段。风险资本筹措的许多变化来源于风险资本的供给或需求的变动。资本的供给是指投资者对风险资本机构提供资本的相对意愿，而有设想并需要资本的创业者人数决定了对风险资本的需求。风险资本的筹集受多种因素的影响，如经济发展水平、经济体的资本利得税、首次公开发行市场的强弱、资本准入条件、政府政策、风险投资机构的组织形式等（Gompers 和 Lerner，2002）。

风险投资是一种流动性很小的中长期投资，这就要求它有一个长期的、相对稳定的资金来源。从理论上讲，风险资本的来源一般呈现多渠道、多元化格局，社会上的许多主体（包括政府、金融机构、企业和个人等）都可能是风险资本的潜在供给者，他们的资金通过多种方式汇聚到风险投资机构，这些机构通过一定的组织形式来管理风险资本。在美国，风险投资机构的主要组织形式是有限合伙制。首先，风险投资家凭借其良好的声誉和能力争取各种潜在的供给者来提供资金并组建有限合伙制的风险投资机构，在这种制度安排下，资金提供者是仅以其出资额为限对外承担有限责任而并不参与日常经营管理的有限合伙人（Limited Partner），而普通合伙人（General Partner）对外承担无限连带责任并负责企业经营管理。资金筹集一般通过两种途径：第一，私募设立，由风险投资公司吸收金融和非金融机构资金组成。私募可取得注册豁免，无须刊登招股说明书，采用自我管理的方式。第二，公募设立，直接向社会发行且可上市。公募程序复杂、严格，且要定期公开披露信息。合伙人的出资有两种形式：一种是基金制，即合伙人将资金集中到一起，形成一个有限合伙制基金；另一种是承诺制，即有限合伙人承诺将提供一定数量的资金，但起初并不注入全部资金，而只提供必要的机构运营经费，待有了合适的项目再按普通合伙人的要求提供其余承诺资金。这种出资方式对于有限合伙人来讲，可以降低投资风险；对于普通合伙人来说，则省去了确保资金保值、增值的压力。在组建有限合伙企业的过程中，风险投资家必须与出资者签订契约，就资金的投资范围、存续期限、约束激励等方面进行约定，保证风险资本家按照投资者利益最大化的原则运作。

2.3.2 风险投资的投资阶段

风险投资一般是向那些受传统金融渠道歧视的创业企业或成长中的中小企业提供资金支持。在具体的投资过程中，风险投资家不但按照严格的投资决策程序，运用科学的方法选择投资对象，而且运用阶段性投资和联合投资策略，履行参与企业管理和监督企业运作的职能。基于投资组合中企业发展阶段，有学者把风险投资阶段区分为“播种、起步、第一阶段、第二阶段、第三阶段和过桥融资”（Bygrave 和 Timmons，1984）。其中，播种、起步资本和第一阶段融资一般被视为早期阶段风险投资，这个时候，企业只是从创意到产品开发及试销产品，天使投资和风险投资是主要支持工具，资金一般较少；后续阶段包括后面几个阶段，企业产品市场不断扩大，需要扩大生产，占领市场，因此风险投资和私募基金成为主要的资本支持方式，资金需求量大。具体来说，风险投资大致可分为选择、协议和管理三个环节。

1. 企业或项目的选择

项目选择阶段是风险投资运作的起点，目的在于确保风险最小化、收益最大化。项目的选择不是看企业本身的业绩和担保能力，而是看企业通过制定必要的发展战略和获得必要的人力、物力资源后的潜在发展能力。它体现了风险投资的高智能性。投资的判断不是即期获利能力的反馈，而是基于成长性的长期获利能力的前瞻。这个过程的主要工作是获取、筛选和评估投资方案，并做出是否投资的抉择。如何获得众多优质的投资方案，并有效地进行评估，是这一阶段的关键，同时也是整个风险投资活动中最重要的部分。因为一旦接手一个先天有缺陷的项目，就算以后各阶段工作进行得再好，最后仍将面临非常高的失败风险。在选择好初步投资对象后，还要对这个具体对象做深入的调查研究工作，即“审慎调查”。

风险投资项目不同于传统企业的投资项目，风险投资家在选择投资对象时有独特的评估指标。美国风险投资协会主席根据美国的实验归纳出筛选项目的四大原则：①在看重企业拥有的高技术的同时，更看重的是企业未来的成长性；②企业一定要针对市场的需求开发新产品；③企业要明确不同发展阶段的资金需求状况并能利用各种方式筹措资金；④企业有合适的团队及合适的领导者。风险投资家非常看重团队的作用，如风险投资之父乔治·多里奥特所言，他更愿意投资拥有二流创意的一流团队，而不是拥有一流创意的二流团队（Timmons 和 Spinelli，2003）。风险投资家项目审查分析的次序一般是人、市场、技术、管理。具体来说：第一，创业者的素质是否过硬。如果创业者团队有较高的素质，有可以信赖的能力、经验、市场嗅觉和社会关系，那么他们会适应市场的变化，不断调节策略，调整思路，变换市场定位，完成项目的经营，使企业快速成长。第二，研究和开发的新产品是否具有广阔的市场前景和市场吸引力。因为任何一项新技术或新产品能达到风险投资家的获利目标，才可获得投资。第三，产品技术的不确定性和差别化程度。有些技术在生产过程中可能由于生产工艺问题难以产品化，因而对产品技术的优劣应严格甄别。第四，创业企业的管理能力。公司管理能力是一项重要考核指标，一流的管理加二流的产品比一流的产品加二流的管理更具优势，成功的可能性也更大。

风险投资机构每天面临上百件的项目申请，如何从众多没有或很少经营历史记录的项目中选择出有成长性和获利潜力的投资项目既是核心也是风险投资区别于其他投资形式的特色之一。一般的投资公司在审查项目时，重点放在财务分析与物质保证方面，投资收益率或净现值（NPV）是项目取舍的关键因素，其目的是降低投资风险，保证投入资本与收益的安全回收。而风险投资在选择项目时，财务指标居次要位置，因为大多数风险企业面对的市场是未知的，市场预测和财务预测的准确性难以保证，故创业企业的科技含量和企业的成长性及创业者的素质成为项目选择的首要条件。一般情况下，企业的创业者既是经营者又是技术拥有者，因此创业者的素质就成为企业能否得到风险资本的关键。

2．谈判和签订协议

风险投资机构在完成项目选择以后，就需要与拟投资企业进行实质接触并开展一系列的协商谈判，风险投资家基于对资本增值能力、资本流动潜力及风险企业未来资本需求的考虑，在投资方式、资产价格、投资数量等方面与创业企业谈判，最后形成有法律效力的合同文件，作为参与增值管理（Value-added Management）和退出的依据，这就完成了协议环节的主要工作。因为创业企业不同于成熟企业，在投资期结束前几乎不产生回报，且投资周期长，有更大的不确定性和更强的信息不对称性，又兼风险投资机构与创业企业的合作方式复杂，因此，在谈判阶段，把各种与双方利益相关的问题予以明确界定，有利于项目顺利实施。协商的重点一般在以下几个方面：

（1）投资形式和保障安排。风险投资追求的不是分红等形式的资本利得，而是高的资本增值，因而风险投资机构更多的是以权益资本的形式进行投资，通过企业成长后股权的转让实现资本增值。参股的形式包括普通股、有投票权的优先股或是可转换优先股等。不同的股权形式、股票的价格和数量都将影响风险投资机构和创业企业之间未来的收益及风险分摊。风险投资机构为了保障股权，协议中还有股权保障的安排，如技术折股价值的规定、董事会和监事会的席位分配、管理层的任免及财务管理等。

（2）资金投入、退出的时机和方式的选择。除了对创业企业首次投入的用于启动的种子资金外，风险投资机构还需与创业企业就未来不同发展阶段的增资进行协商，以及风险资本的回收年限、风险投资机构售股的时机和规范、创业企业上市的时机和方式等方面都要达成协议。

（3）参与经营管理的相关约定。风险投资家以能为创业企业增加价值而闻名，他们可以借助其知识和网络关系，增强和供应商及客户的关系；可以通过提供战略和营运方面的建议，帮助企业后续融资和首次公开发行等。可以说，管理增值是风险投资的重要特征，也是衡量一家风险投资机构在业界声誉的重要标志。风险投资机构参与创业企业决策及协助经营管理的范围与程度必须明确加以确认。

3. 投入资本参与管理

这个阶段是风险资本运作的实质阶段。在精心挑选好投资项目并与创业企业达成合作协议后，风险投资机构根据协议，需要提供资金，同时参与创业企业的经营管理，协助企业进行产品开发和市场拓展。这个阶段也是风险投资的管理服务尤显重要的一个阶段。风险投资家以能为创业企业增加价值而闻名，他们可以借助其专门的知识和门路去增强和供应商及客户的关系，可以通过提供战略和运营方面的建议或帮助雇佣关键的经理人去增加价值（Macmillan 等，1989）。这是因为大多数创业者是某一领域的专家，资金缺乏固然是束缚企业发展的一个重要因素，但其自身经营管理知识和经验的不足同样也阻碍着企业的进一步发展。风险投资家通常本身有过创建企业的经历，能够为企业管理经验不足的创业者提供重要的企业管理咨询服务。同时，风险投资家通过对多个所投资企业的参与管理，通常积累有较丰富的社会资源，在市场中有广泛的信息与社会关系。更为重要的是，风险投资机构往往拥有在市场研究、生产规划、营销管理、资本运作、财务法律等方面具有专长的人才，因而风险投资机构不仅可以为创业企业提供各种咨询和服务，帮助企业建立规范的管理体系，而且还可以为企业物色各种专业人才。风险投资机构一般通过以下几种方式来参与管理：第一，与创业者一起制定企业发展战略，包括行业选择和市场定位；第二，协助建立有活力的董事会和监事会，加强管理和监管；第三，进行资本运作和创业辅导。风险投资家利用其金融背景，在企业发展的过程中，不仅能为企业再融资，还能将自身的智力和资金优势与创业企业的技术优势加以整合，把低价值的风险企业培育成高价值的成熟企业。可见风险投资不仅发挥价值发现的作用，更表现出价值创造的能力。

2.3.3 风险资本退出阶段

风险投资的目的不是获取企业的利润分配或企业的控制权，而是精心运作，待企业成功后，通过股权转让获取高额资本增值回报。因此，风险投资只有成功退出，一个完善的风险投资流程才告完成，风险投资的资本增值目的才能实现。风险投资是以权益资本的形式进行投资运作的，因此其退出主要是以股权转让的方式实现。具体来说有三种方式：一是公开上市。创业企业在公开市场特别是创业板市场上市后，风险投资机构在市场出售其所持股份，收回投资并实现资本增值。对于风险投资来说，公开上市是最佳的退出方式，既能带来高的资本收益，又能带来“声誉”，有利于风险投资基金不断筹集。创业企业也很欢迎这种方式，因为公开上市使公司获得了利用证券市场持续筹资的能力。但在实践中只有少数项目能以这种方式完成，大量的是股权被创业企业回购或被其他企业收购。如果企业因为经营不善而破产，通过资产清算退出，则说明风险投资是以失败收场的，这是风险投资机构和创业企业最不愿看到的结果。

总之，风险投资作为一种独特的投资方式，是一种有别于普通投资的创新投资制度，在被传统金融系统“理性歧视”的领域发挥着补缺性的融资功能，在支持创建、培育发展企业等方面有着独特的作用。风险投资是以权益的形式投资企业，被投资企业必须具有高成长性。风险投资不仅提供资本，更为企业提供增值管理服务，这是风险投资区别于一般投资的主要特点。风险投资经过筹资、投资和退出的周期运行，达到风险资本的资本增值。从风险资本的运作机理可以看出，筹资是风险资本的起点，投资是风险资本的实质，退出则是一个完整投资周期的终点。

第3章

风险投资制度的生成与演进分析

风险投资产业可以被视为风险投资市场发展的自然结果。这个产业诞生于20世纪早期的美国，当时风险投资是针对富有家庭提供的财富管理服务，如洛克菲勒家族投资道格拉斯飞机公司和美国东方航空公司等，后来这些服务越来越专业化，并有专人管理此类投资，最终演变成独立的风险投资群体（Gompers 和 Lerner，2003）。

现在，风险投资已经成为一个重要的金融工具，在支持新企业的产生、发展及高科技产业的发展等方面发挥着日益重要的作用。风险投资制度的生成和发展是一个渐进的过程，本书中笔者把这个过程分为生成和演进两个阶段：风险投资制度的生成着重论述的是从无到有的过程，即从传统资本市场衍生出风险投资制度；风险投资制度的演进着重讨论其产生后进一步发展的过程。

3.1 风险投资制度产生的理论分析

3.1.1 产生的背景：经济增长方式的改变与新经济模式的提出

西方经济增长理论主要存在四种学说：资本决定论、技术进步论、人力资本论和特殊的知识与专业化的人力资本积累论。重视资本积累源于亚当·斯密的资本理论，他认为资本的积累是经济增长最主要的推动力，哈罗德－多马模型则是典型的表达形式。资本决定论是主导经济增长理论时间最久、影响最大的一种增长理论。

自20世纪50年代开始，经济学家在对美国经济长期发展进行实证研究时发现：在人均产出的增长中，有形资本和劳动力投入的增长并不占主要地位，有相当多的一部分来自其他因素，称之为“余值”和“无知的度量”。1956年，美国经济学家罗伯特·索洛发表了《对经济增长理论的一个贡献》一文，提出一种新的经济增长模型：$sf(k) = nk$（s代表储蓄率，k代表资本与劳动的比率，n代表人口自然增长率）。索洛对资本决定论提出了挑战并提出了一个强调技术进步对经济增长的作用的模型。他认为，经济增长不仅仅取决于劳动力投入和资本投入，技术进步也是一个重要因素甚至是决定性因素。但技术进步论仍然是以强调生产过程中“物”的因素为主而忽略了“人”的因素。为此，舒尔茨提出人力资本论来补充和发展技术进步论，认为由教育、卫生等方面的投资形成的人力资本可以产生“知识效应”和“非知识效应”，从而直接、间接地促进产出的增长。同时，人力资本可以产生递增的收益，能克服资本和劳动要素的边际效益递减问题而确保长期的经济增长。技术进步论和人力资本论从生产过程中的“硬件”和“软件”两方面强调了技术和人力资本对现代经济增长的巨大作用，但将技术进步作为外生变量和公共物品的处理与现实显然是不相符的。不过以索洛为代表的新古典经济增长理论通过实证指出，技术创新导致了发达国家6%以上的经济增长。与此相关的，保罗·克鲁格曼在其《亚洲奇迹的神话》（1994）中指出，亚洲经济的增长奇迹（主要指“亚洲四小龙”雁阵式的发展模式）实际上只不过是靠大量的投入来维持的，技术进步的作用微不足道，其增长方式是古典式的，因此增长是难以维持的。亚洲金融危机证实了他的看法，也更证实了技术创新和技术进步对经济增长的重要性。

20世纪80年代中期以来，罗默等人从新的角度研究经济增长问题，并在理论上取得新的突破，逐步形成了所谓“新增长理论”。该理论补充和发展了技术进步论和人力资本论，强调知识和人力资本是“增长的发动机”，推动增长理论进入了一个新的发展阶段。1986年，罗默发表了《递增收益与长期增长》一文，将构筑增长模型的出发点放置在使技术完全内生化的思路上，即探讨在人口或劳动力不增长（甚至负增长）的条件下经济增长能否发生。他根据均衡条件与人口或劳动力的自然增长毫无关系的结论，进而推导出完全内生化的技术进步的增长模型。在罗默模式中，特殊的知识和专业化的人力资本是经济增长的主要因素。他认为在这方面投入越多，技术进步越快。由于知识的非有限性、非独占性、可外溢和可复制性，使得知识一旦发现就可以被永久性使用，因而与传统的生产要素耗用规律完全不同，知识的使用具有外部经济效应和边际效益递增效应，从而可以弥补劳动力和资本的边际效益递减的影响。罗默批评了索洛模式关于技术进步与资本无关，经济增长在世界范围内趋同的观点，认为技术进步与资本积累有明显的相关性，经济增长在世界范围内呈现凸性的“差异性增长”。罗默的理论可以说是对新古典经济增长理论的修正和拓展，在许多方面对现实具有更强的解释力，罗默的研究成为新的主流经济增长理论的基础。

技术创新和科技进步是经济增长方式转变的前提。当今业已实现经济集约化的国家和地区，在其经济增长方式的转变过程中，都高度重视科技进步。据一些经济学家测算，美国在第二次世界大战后50年中生产率增长的1/3应归功于科学研究所取得的成果。从当今发达国家和新兴工业化国家的经验中我们可以看出，技术进步及其扩散程序是转变经济增长方式的核心，是实现经济增长的主要途径。

审视当前经济全球化的内在机制，我们不难发现，科学技术是经济发展的根本动力。在新经济模式下，人力资本成为最重要的资本，创造性的理念成为最重要的企业资源。在实际经济中，中小型科技企业是高新技术产业的主力军。中小企业（创业企业主要是中小企业，而且是比较特殊的中小企业，所有中小企业的融资问题，创业企业都存在，且表现更为明显，因此本书中这两个概念经常轮换使用，仅是为了表述上方便）在各国经济增长和社会发展中的地位日趋重要。如美国虽然是以大企业为主导的国家，但是中小企业在结构转变、技术创新、增加就业、减轻经济周期波动带来的影响等方面都起到了举足轻重的作用。美国的新经济形态及其资本市场发展的新动向也为我们提供了有益的启示。美国的新经济形态与小企业的治理结构密切相关。一般意义上的常规大型企业已经不再是经济的新增长点（像波音、福特等几代人经营的企业）。新型企业多是小型的，没有固定的治理结构，应变能力强，并通过企业不断地更迭来维持经济持续地增长。因此可以推断将来不会再需要有现在这样大规模的资本市场。因为过去整个资本市场的发展都是为了解决传统大企业治理结构的矛盾，满足福特、洛克菲勒等想把企业做大的需要。而从现在美国部分企业的发展情况来看，发展大企业的微观基础已不复存在，因而不再需要靠传统的资本市场和衍生交易品去发展企业。大量的技术创新的可能性产生了对风险投资的强大需求，而风险投资也由此发展壮大，并极大地推动了技术创新的产生和发展。

3.1.2 产生的必要性：新企业的生成诱因和融资困境

在传统经济社会，创建企业通常是通过创业者自有资本的缓慢积累来实现的，待企业发育成熟后再通过向银行借款或公开发行股票等方式获得外源融资。但是在新经济条件下，随着科技进步的加快，市场机会稍纵即逝。因此，只有迅速借助于外源资本，实现企业资本的快速扩张，才能把握住市场先机。金融理论认为，在经典 Arrow-Debreu 经济和后来改进了的 Radner 经济中，仅仅市场本身就能以最优的媒介完成资本的借贷和风险的配置，也就是说，当经济中已经存在着的金融市场执行资源配置任务时，新的中介机构根本就是多余的。但是，在现实经济活动中，创业企业确实很难利用传统机制来满足它们的融资需求，如何解释理论和实践中的这种显著背离就是本章的主题。笔者分别从资金需求、资金供给和创业企业融资方式偏好三个方面来对此进行理论探究。

1. 资本需求方——创业企业的特征限制了企业利用传统资本的能力

创业企业的不确定性、信息不对称性、企业的资产性质和相关金融、产品的市场条件是限制创业者实现融资的关键因素。

由于创业企业家通常是在产品未经证明的紊乱环境中开始经营企业的，因此创业企业所面临的第一个问题是企业和产品的不确定性。不确定性是用来衡量一个企业或项目所有可能结果的分布，潜在的结果越分散，不确定性就越大。创业企业总是同很大程度的不确定性联系在一起的，包括新产品开发和商业化能否成功，企业成长计划能否实现，竞争对手的可能反应等都具有很强的不确定性。我们知道，经营的灵活性是中小创业企业的天然优势。但在融资活动中，这种优势却可能转化为劣势。对于厌恶风险的外部出资者（如银行）来说，灵活性从另一角度来看就是不确定性，如产品和市场的频繁转换，缺乏自主品牌和稳定的主营业务等；对于稳健的投资者来说，这些灵活性特征只能意味着其预期收益的不确定性，即高风险。同时，这类企业资产少、底子薄、抗外部冲击的能力弱，与大企业相比，中小创业企业有着较高的倒闭率或歇业率。据美国中小企业管理局统计，有近23.7%的小企业在开业后两年内消失；由于经营失败、倒闭或转产，有近52.7%的小企业在四年内退出市场。中小企业的高度不确定性和较高的倒闭率，无疑会影响投资者提供资本的意愿和企业管理者的决策。如果管理者不愿承担风险，那么就很难使他们做出正确决策；同样，如果创业者过于乐观，投资者会设法限制他们的行动。

创业企业的不确定性还会影响风险投资的时机选择和投资行为，投资者根据具体情况或者采取一次性投资，或者分阶段逐步投入资本，以便最大限度地克服不确定性，从而有效地回避风险。

信息不对称性是影响外部融资的第二个因素。信息不对称有两种类型：一种类型叫“隐藏信息”（Hidden Information）。当交易双方中的一方知道相关信息而另一方不知道相关信息时，“隐藏信息”就会发生。如创业者开发出一种新产品，他对该产品的性能和特点的了解比准备投资的投资者多得多，甚至他还可能故意隐瞒其“缺陷”。由于知道信息的一方存在隐藏信息的动机，问题就产生了——创业者为了获得资金会在投资者面前夸大新产品成功的可能性。如果所有的创业者都这样做，那么市场上就会充斥大量低质量的投资项目。由于投资者很难区分哪些是高质量的项目，哪些是低质量的项目，从而导致一些优质项目也失去资本的支持，产生了所谓的“逆向选择”（Adverse Selection）现象。

另一种类型叫“隐藏行动”（Hidden Action）。当交易双方中的一方不能观察到另一方的行为时，“隐藏行动”就会产生。由于创业者负责企业的日常经营管理活动，创业者可能会采取某些投资者观察不到的有害行为：或许是采取比起初所建议的风险更大的策略，或许工作不如投资者所期望的那么努力，创业者也可能投资某些为自己带来声誉而给投资者造成损失的项目，导致所谓的“道德风险”（Moral Hazard）现象的产生。

当然，在任何投资过程中，“逆向选择”和“道德风险”都会发生，但刚刚成立的创业企业由于既没有多少资产又没有什么商誉，产生“逆向选择”和“道德风险”的可能性更高。

信息不对称性的存在使投资者很难区别有能力和无能力的创业者，也无法排除那些不可接受的项目，投资者无法进行有效的、恰当的投资决策。

影响企业的整体和融资决策的第三个因素是创业企业的资产性质。一些成熟的企业拥有有形的资产，如机器设备、建筑物、土地或实物存货等，融资较为容易或者条件比较优惠。当企业的价值源泉主要依赖于实物资产时，创业者卷款而逃就比较困难。然而如果企业最重要的资产都是轻质资产或无形资产，如专利技术、贸易秘密等，那么从传统渠道取得外部融资就十分困难。

市场条件也是影响创业企业融资的因素之一。资本和产品市场都经常发生重大变化，公开投资者的资本供给和资本价格也可能发生巨大变化，这些变化可能是对监管规定或投资者未来盈利预期变化的反应。产品市场的性质因激烈竞争或顾客群体性质的改变而发生巨大改变。如果竞争异常激烈或潜在市场规模有很大的不确定性，那么企业就会发现从传统渠道筹集资本非常困难。

2. 从资本供给角度来说，传统金融市场对创业企业具有“理性歧视”

传统金融市场对创业企业的长期资本供给存在短缺，这种短缺尤其明显地发生在那些初创企业身上。传统资本市场通常只对成熟的大企业提供长期资本融通，而对新创企业或中小企业的融资存在“歧视”，如：在资本市场公开发行股票和债券有严格的标准，这些标准对规模较小、缺乏经营业绩、信用记录积累浅、建立时间短的创业企业是很难达到的；在长期借贷市场中，由于商业银行系统的设计原则，在贷款对象的选择上存在着“天生的谨慎性”，成熟的具有良好资信的大企业在长期借贷市场上占有绝对优势，而创业企业要获得贷款十分困难，甚至是不可能的。

据英国学者 Ray（1983）的研究，中小企业（创业企业）“资本缺口”的存在对整个社会来说是福利的净损失。这是因为：对小企业投资的边际收益大于边际成本，但由于资金供给中断而不能进行有盈利潜力的投资；小企业获得资金的货币成本（货币的时间价值加风险溢价）过度地超过大企业的货币成本，致使小企业无法通过正常投资来实现其增长潜力。市场机制在中小企业金融问题上出现失败，主要原因在于中小企业的金融特殊性。对创业企业来说，还存在第二个资金缺口，在创业企业处于种子或起步阶段，资金就耗尽，并且没有额外的资金供应者从初始的外部投资者那里继续跟进。虽然传统资本市场对中小企业的“歧视”使中小企业融资存在长期缺口，但从资本市场资源配置的角度来看，一定条件下的这种“歧视”是理性的，是现有融资制度安排下传统资本市场的理性选择。下面我们来分析产生这种“理性歧视”的原因。

（1）创业企业信息不透明和信息不对称，是产生传统金融市场对其“歧视”的主要原因。

我们知道，金融交易不同于“一手交钱、一手交货”的商品交易，它是以信用为基础的资金的使用权和所有权的暂时分离或有条件的让渡。交易能否成功，即出资者的资金及其收益能否如约收回，关键取决于出资者对筹资者的信用、能力和投资项目的收益性等信息的了解程度。因此，交易双方所掌握的信息及其对称性就成为交易能否成功的关键因素。

与成熟的企业相比，创业企业的经营信息更加不透明，向外部出资者披露其经营信息也更加困难。首先，创业企业由于规模小，组织机构简单，财务制度欠规范等原因，通常几乎很少或者根本没有什么历史信息可以为外部出资者所用，大多数创业企业很难向外部出资者提供可信的、合格的财务及相关经营信息；其次，创业企业特别是那些创新型创业企业，其业务新、市场前景不明朗、资信记录缺乏累积，即使经营者想让出资者清晰地了解企业的经营情况也会遇到信息表达上的困难；最后，创业企业由于产权封闭和面临更加激烈的竞争环境，往往比成熟企业更加担心其商业机密泄露，因此在向外界披露信息时会更加谨慎。以上特征决定了外部投资者在收集创业企业的信息时会遇到更大的困难，其对创业企业的融资将承担更高的交易成本和更大的风险，如果这些风险得不到足够的补偿，外部投资者就会选择不向创业企业投资。

（2）创业企业融资过程中，因存在相对昂贵的交易成本而导致融资的规模不经济。

企业在融资过程中会产生一些固定的交易成本，这些交易成本是进行交易的额外成本（购买价格以外的部分），包括支付金钱、耗费时间等。这些固定成本随着融资规模的增大而递减，即存在着融资的规模经济。由于创业企业的资金需求属于零售式的小额需求，自然就形成了融资过程中的规模不经济问题，它既发生在创业企业内部，表现为创业企业的融资成本普遍高于大企业，也发生在外部出资人尤其是银行身上，表现为银行对参与企业的单位贷款额所支付的管理成本高。据有关部门估计，银行对中小企业（包括创业企业）的贷款成本是对大企业的5倍，过高的成本自然使银行不愿对创业企业进行贷款业务。

在此，我们来分析一下银行信贷市场对中小企业贷款的交易成本，包括贷前调查、贷时审查和贷后监督等成本。

如前所述，中小企业尤其是创业企业存在高度的不确定性、信息的不完全性和非透明性，这类企业及其投资者之间的信息不对称程度要显著高于大企业，由此带来高额的信息费用、签约费用和监督费用。同时，创新企业高度的资产专用性带来的产权特征会产生将专用资产的准租金攫为己有的机会主义行为，导致双方达成契约的高成本和契约的不完备性。

（3）金融体制的结构缺陷使创业企业融资渠道狭窄。

由于创业企业金融需求的特殊性，传统的金融市场对它们很难完全开放。从各国的经验来看，大企业的融资主要依靠正规的金融市场和大型金融中介机构。在资本市场上，大企业可以通过发行各种证券进行融资，也可以在股权融资与债权融资之间进行选择和组合。创业企业则不同，由于其融资过程中所面临的种种障碍，在其发展的各个阶段，尤其是在发展初期，传统的融资渠道对它们基本上是半开半闭的。在创业企业的初创阶段，非正规金融、社区合作金融及私人资本市场所发挥的作用往往要大于正规金融、大银行和公开资本市场。这是因为，前者所具有的关系型融资特征的不完全契约，比后者的标准化契约具备更强的解决信息不对称问题的能力，因而能够降低创业企业的融资壁垒。这就意味着，中小企业的发展要有一个多层次和多样化的金融体系来满足其不同发展阶段的融资需求。在经济发展过程中，普遍存在金融体制结构单一、金融市场更多倾向大型成熟企业等问题，创业企业的融资就会由于渠道狭窄而受到极大约束。

（4）政府规制限制了银行对创业企业的信贷支持。

金融市场由于其特殊性，离不开政府的规制（regulation）。政府规制包括对金融市场准入条件的规制、对金融机构稳健性及其业务范围的规制和对金融产品的选择及其价格的规制等。多数国家出于防范金融风险等原因，对金融业的规制往往偏严，而且在制定规制标准时更多地考虑大机构和大企业的利益，忽视了创业企业融资的特殊需求，这就可能对创业企业金融产生严重的压抑。在一些发展中国家和经济转轨国家，普遍存在着严格的金融市场准入规制，中小金融机构和民间金融组织得不到应有的生存和发展空间，导致金融体系结构单一和市场垄断，使中小企业融资发生渠道梗阻。而且在现有的金融体制中，由于市场机制的作用，金融机构对中小企业贷款的均衡利率一般要高于市场平均利率水平（据统计，美国的中小银行对中小企业的贷款利率比大银行对大企业的贷款利率要高1%～1.5%）。如果政府对金融产品的价格管制过严，就会限制银行对中小企业贷款的风险定价能力，使其较高的风险和成本得不到应有的补偿，挫伤了银行对中小企业贷款的积极性，使中小企业失去现有金融系统的资本支持。

综上所述，传统资本市场对中小企业（创业企业）的“歧视”在一定条件下是制度均衡的表现，是因创业企业金融特殊性而产生的理性选择，是在现存金融体制下的合理行为。传统资本市场对创业企业的“理性歧视”的结果就是对创业企业权益性资本方面供给的缺失。

3. 创业企业对股权融资的偏好

企业的资金来源，主要分为股权融资（包括外部股权融资——发行股票和内部股权融资——企业的留成收益转股本）和债务融资两种。企业融资选择受多种因素影响，外部的包括企业的产品市场竞争条件、资本市场融资条件以及监管政策等；内部的包括企业的治理结构、资本结构、财务状况及发展战略等。企业采取什么方式来解决融资问题将不仅取决于企业的发展环境和其发展阶段表现出的融资需求特征，还取决于所选择的融资制度在解决信息不对称问题上的有效性。对中小企业而言，企业融资选择更多是受中小企业的显著特性所影响，主要包括中小企业的规模性、成长性和市场的竞争性等。

(1) 企业的成长性与企业资本结构。

金融理论认为，企业的融资结构受企业自身的成长性影响，企业应根据其成长特性进行融资，通过债务融资支持收益风险较低的业务，通过股权融资支持风险较高的增长机会。不能根据企业的成长性进行企业融资结构的配置所导致的结果是：① 需要股权资本的行业和企业难以获得股权资本，企业将被迫放弃保持竞争优势所必要的投资，从而产生投资不足现象（Myers，1977），而如果为保持竞争优势而采取激进的债务融资，则将增加企业的财务危机风险；② 如果应当采用债务融资的企业采用了股权融资方式，则容易产生投资过度的现象（Jensen，1986）。因此，中小企业的高成长性要求以股权融资方式支持企业的成长机会，以解决投资不足的问题。

Myers（1977）通过对企业成长性的分析，从资本市场对企业估价角度来解释为什么企业早期阶段采取财务保守行为。他把企业资产分为当前业务（Assets in Place）和增长机会（Growth Opportunities）。当前业务附属担保价值高，增长机会附属担保价值低，债权人往往在合约中严格约束企业投资高风险的项目，从而与股东产生利益冲突。因此，财务杠杆高不利于企业对增长机会的投资。Hovakimian、Opler 和 Titman（2000）等人也认为，企业应当以更多的债务融资支持当前业务，以股权融资支持增长机会。

Bradly（1984）、Smith 和 Watts（1992）等人的实证研究证明了增长机会

与企业财务杠杆具有显著的负相关关系，即企业增长机会越多，财务杠杆越低，且在负债构成中，短期债务越多，长期债务越少。

中国学者对中国中小企业的融资结构进行了研究，张捷（2003）根据对中国近500家企业所做的问卷调查，认为由于中国缺乏多样化的权益资本市场，中小企业的资本缺口（Capital Gap）很大，被迫过度依赖债务融资，导致中国企业在创业期和成长期的负债率偏高，加大了企业的财务风险。现有的融资渠道并不能满足中小企业成长性融资的内在需求。

中小企业处于初创期和成长期时，由于信息不透明和缺乏抵押品，只能依靠股权融资：一是内源股权融资——初始内部人融资和内部利润留存，二是外源股权融资——主要是私人资本市场的关系型融资。由于私人资本市场的灵活性和关系型融资的合约具有更强的解决非对称信息的能力，因而能降低中小企业融资过程的市场失败风险；同时，股权非偿还性特点，还避免了企业发展中的债务负担，有利于企业的成长。

（2）企业面临的市场竞争与资本市场结构。

与大企业相比，中小企业面临更为激烈的市场竞争环境。随着资本的集中和垄断，生产日益大规模化和高度现代化，大企业不断地吞并和排挤小企业，加上小企业不成熟的技术、产品和不明朗的市场前景，市场环境更为恶劣。在这种情况下，中小企业当前的资本结构不可避免地将影响到企业的后续产品的市场竞争能力和企业的良性发展。

市场竞争与企业资本结构关系的产生机制，主要是指市场竞争影响了企业的财务资源竞争态势及企业的财务危机状况，从而对企业的资本结构产生影响。金融理论认为，资本市场的不完美导致企业财务结构的稳健程度不同，资金充裕、财务健全的企业可能采取掠夺行动，消耗财务脆弱的企业的资金资源，从而迫使其退出产品市场竞争。如中国的可乐市场，可口可乐公司和百事可乐公司为了独占中国市场就采取过此策略。它们一方面通过大量的广告宣传，筑高进入壁垒，另一方面以促销等变相降价方式，在短短几年内使天府可乐、少林可乐等十几个资金实力不强的国产品牌销声匿迹，退出了市场，可口可乐和百事可乐实现了垄断中国可乐市场的目的。因此，在竞争环境下，“财务力量”是一项竞争优势，甚至可以说是企业的基本生存条件。企业为了维持该优势，倾向于采取稳健保守的财务政策。

我们再从财务危机成本的角度来看，企业的财务水平与客户、供应商、雇员等相关利益者及竞争对手有着密切互动关系，财务危机往往对企业的生产销售以及利益相关者产生显著的负面影响，同时也给竞争对手以可乘之机。因此，为了改善企业与利益相关者之间的关系，不给竞争对手可乘之机，企业会尽量降低财务杠杆以避免财务危机。

许多学者就资本结构对企业在产品市场上的竞争能力和业绩的影响进行了大量的实证研究。Maksimovic 和 Titman（1991）通过对大量企业的研究，认为产品市场激烈的竞争过程必然出现价格战或营销战，财务健全的企业有更多的资源来采取行动，而财务杠杆高的企业在竞争过程中容易陷入财务危机，引起客户、具有谈判地位的供应商、债权人等利益相关者出于自身控制风险的目的而对企业经营采取雪上加霜的行动，导致销售下降和市场份额萎缩。Opler 和 Titman（1994）研究了公司在行业不景气时的表现，发现在行业不景气时，负债高的公司将损失大量的市场份额，流向财务杠杆较低的竞争对手，对外融资能力将进一步减弱，最终将退出市场。

很多企业产品市场前景并不坏，但由于发展过程中后继资金短缺，故而在激烈的市场竞争中败下阵来。美国学者 Berger 和 Udell 研究了美国中小企业的破产原因，发现有 70% 的企业是因为后继资金不足而造成的。尽管破产企业中不乏经营效率高的企业，但在竞争过程中，仅仅经营效率高并不能保证企业的生存，只有兼备经营效率高和财务资源充裕两个条件，企业才能长期生存和发展。

（3）企业的规模与企业资本结构。

与大企业相比，中小企业具有经营规模小、非定型化小批量生产、规模经济不明显、抗外部冲击能力弱等特征，但是，经营机制灵活，规模小业务调整快，是中小企业的优势。而且，中小企业规模小的特征决定了其高成长性的特点，也影响着中小企业资本结构的选择策略，即中小企业以较低的财务杠杆水平来保持企业竞争优势和解决投资不足问题。

在企业资本结构影响因素的实证研究中，企业规模变量是最重要的因素之一。Rajan 和 Zingales（1995）对西方七大工业国的企业资本结构进行了研究。他们发现，除德国公司外，其他公司规模与企业财务杠杆比率呈正相关，即企业规模越小，企业的财务杠杆比率越低，股权性融资在资本结构中占据的比重越大。Demirgul-Kunt 和 Maksimoric（2001）分析了十个发展中国家的企业资本结构，发现发展中国家的企业资本结构也具有上述特征。Hong 和 Song（2003）、肖作平和吴世农（2002）等，通过对我国企业资本结构的实证分析，得出结论，认为尽管我国处于经济转型期，但发达国家中影响资本结构的因素也以同样的方式影响着我国企业的资本结构。而且，他们也证明了企业的财务杠杆与企业规模的正相关关系。

总之，资本结构理论及实证研究的成果提供了中小企业具有强烈股权融资倾向的解释与证据。正是中小企业具有的规模小、成长性好、市场竞争激烈的企业特性，决定了中小企业为了应对激烈的市场竞争、控制财务风险、保持企业高速成长而必须采取稳健保守的低财务杠杆的融资策略，即以股权融资为主，而非债务融资为主的资本构成方式。

3.1.3 生成合理性：风险投资的自身微观机制是其兴起的充分条件

创业企业信息的不对称性和不确定性，加上交易成本所导致的规模不经济，使创业企业（主要是中小企业）存在着长期的金融缺口，金融缺口是市场失败的产物，它带来的是社会福利的净损失。而为了应对激烈的市场竞争、控制财务风险、保持企业高速成长，创业企业必须采取稳健保守的低财务杠杆的融资策略，即以股权融资为主，而非债务融资为主的资本构成方式。市场的需求催生出一种新的投资制度，这种投资制度在体制上能克服信息不对称及其造成的内部代理问题和外部逆向选择问题，以识别与控制融资风险。这种新的投资制度就是风险投资。

（1）风险投资是一种投资制度的创新，是典型的权益资本融资，在企业初创和早期成长阶段发挥着独特的作用。风险投资家以股权的形式提供长期资金，使得企业不必承担还本付息的压力，这有利于高成长性创业企业在低财务杠杆条件下发展。

（2）风险投资家不仅提供资本，还提供增值管理服务，参与企业运营，进行动态监控，承担管理风险。一方面，风险投资家大多具有丰富的金融知识和熟练的技巧，很多人本就出身于实业界，拥有丰富的管理经验，而且他们一般都具有特定领域的专业知识，能从专业的角度识别投资项目的技术风险，能够为企业管理经验不足的创业者提供咨询服务，帮助企业组建良好的管理团队，很好地控制经营风险；另一方面，风险投资家通过多种方式参与企业的运作，如为企业确定长期发展战略、选择管理者及担任重要职务等。风险投资家的专业知识背景和高强度的管理参与，有利于他们及时掌握公司情况，因而他们能够在“隐藏信息”环境中熟练地挑选到高质量的投资项目，并且善于在“隐藏行为”环境中提供服务和进行监督，从而减轻信息不对称所产生的不利影响。

（3）特殊的融资制度安排有利于防范创业企业的高风险。首先，风险投资的突出特征之一是以股权方式投资，以便能够分享企业成长后的高资本增值收益。但为了可以主动防范风险，风险投资通常以“可转换债券”的方式投资于创业企业。就投资方而言，在未转换股权之前，风险投资方具有获取企业债券利益权和资产优先清偿权，一旦企业经营成功则可转换成普通股权，以便日后转让股权时获取较高的资本增值；就创业者而言，在获得风险资本的同时，控制权没有被过早地稀释，还能享受低筹资成本的好处。其次，风险投资的突出特征之二是分段投资。分段投资是为了主动控制投资风险。风险投资家充分运用资金优势，在股权安排上按照利于风险投资方的方向签订有关协议，如反摊薄条款等。同时，分段投入资本对经理人是一种有效约束，减少了低劣决策所造成的潜在损失（Bergemann，1998）。分段投资还强化了可转换债券的清偿权（Kaplan 和 Stromberg，2001）。风险投资家通过兼任重要职务等方式掌握企业的控制权。这样，风险投资家同时掌握一定的股权、清偿权和企业实际控制权，但是这些权力将随着企业绩效的改善逐步转让给企业家。再次，风险投资合约一般对创业者有明确的股权激励与控制权激励安排。股权激励（股票赠予和股票期权）是风险投资家为避免代理冲突而采取的机制，将经理人和投资者的利益统一起来。Jensen 和 Meckling（1976）指出，如果经理人不拥有企业的所有权，那么经理人与投资者之间的利益冲突就有可能产生。这种冲突在新企业中尤为突出，把各方利益联系在一起是成功的关键。控制权激励则随着公司业绩的不断改善而逐步向创业者转移。最后，风险投资家通过提供资本之前对企业的严格审查和投资后对企业的严密监控，消除某些信息缺口，尽量减少代理成本和融资限制。

由于创业企业存在着信息不对称和高度的不确定性，出资方出于风险管理审慎原则，加上交易成本而导致的规模不经济，使创业企业存在着长期的金融缺口，金融缺口是市场失败的产物，它带来的是社会福利的净损失。如何解决这个问题？市场的需求催生出一种新的投资制度安排，这种新的投资制度的显著特点就是以股权的方式进行投资，而这也符合风险企业对股权融资的偏好。根据金融经济学理论，如果信息不对称能够被消除，融资约束就会消失。而作为具有特质的专业化的金融中介——风险投资机构，其有解决这些问题的能力。与一般投资者不同，风险投资家通过提供资本之前对企业的严格审查和投资后对企业的严密监控，能够消除某些信息缺口，减少资本约束。正如 Sami Al-Suwailem（1995）所言，风险资本适用于高度不确定性和信息不对称环境。同时，创业企业在创业和发展过程中，常常会遇到管理经验不足的问题，而风险投资能给他带来增值管理服务。正是创业企业生成和发展对外源资本的特殊要求，推动着一种新型投资制度的起源和发展。风险投资的这些制度安排有效地减少了信息不对称，有利于控制创业企业的融资风险。可以说，风险资本内生于资本市场，是一种投资制度的创新。

3.1.4 风险投资生成的政府推动

风险投资作为一种金融工具，广泛地和自由市场的“动物精神”（Animal Spirit）以及没有受到公开干预所限制的企业代理相关联，但政府在其中起了重要作用，政府不仅启动风险投资计划，还为培育风险投资市场、提高其持续发展能力提供了有利环境。可以说，风险投资市场起源于政府的支持。

学术界对于政府在风险投资市场发展中角色的认同是有争议的。赞成者认为，风险投资市场起源于政府的支持，缺乏来自政府的协助，就不可能出现风险投资市场，至少在其形成阶段，需要政府的支持（Lerner 等，2005）。同时，风险投资的创业活动，尤其是新型行业（通常指由新知识或新技术衍生而来的行业）的创业活动，政府支持非常重要（Bottazzi 和 Rin，2002；Lerner，2002）。当然，政府支持的重点在于为风险投资发展提供支持性法律和经济框架条件以及营造相应的市场环境。否定者认为，风险投资是和自由市场紧密关联的金融工具，大量证据表明，至少当政府在运作持续改善市场条件时，其参与很可能带来负面的影响（Gilson，2003；Armour 和 Cummings，2006），同时政府参与可能导致无效率。

尽管学术界对政府在风险投资中所扮演的角色存在争议，但实际上，无论是在市场经济高度发达的美国，还是发展中国家如中国，政府在风险投资发展过程中都扮演着十分重要的角色。为什么政府对风险投资如此感兴趣呢？

一是风险投资在促进创新创业、推动创业企业高速发展的过程中扮演了核心角色。以美国20世纪后半期的风险投资发展为例，美国风险投资市场发达，同时创造出一大批具有巨大活力的新兴企业，美国风险投资的聚集地，以著名的硅谷和128号公路为代表，被认为是早期阶段创新融资系统的“黄金法则”（Bygrave 和 Timmons，1992）。正是通过风险投资对于创业活动和经济增长之间联系做出的贡献，使美国得以长期保持知识创造、技术创新和商业化的领先地位，风险投资为美国的经济发展做出了巨大贡献。正是因为美国风险投资和创新创业的成功，其他国家都以多种形式效仿美国，想在自己的国家复制出硅谷，于是风险投资政策成为一个选则。

二是在资本市场上，由于创业企业本身的特点，以及创新技术和企业的巨大溢出效应，使其获得资金支持是非常困难的，“资金缺口”持久性的存在，价格机制在这里不能产生社会最优成果，出现了“市场失灵”。在这种情况下，政府干预就成为对私有市场缺陷的一种合理的临时性的反应（European Commission，2001）。政府不仅成为私有风险投资公司公共基金的提供者，而且有的情况下直接挑选创业企业进行投资，通过这类运作，确保本国经济从创业活动中得到实际经济利益和其他利益。

3.2 风险投资制度演进的历史考察

前面我们从理论上探讨了风险投资制度的生成原因，即它是为响应传统资本市场在风险企业融资方面的制度缺陷所引致的获利机会而出现的创新制度，是从传统资本市场衍生的投资制度。风险投资制度是不断演进变化的，经历了从“非组织化的风险投资”（天使资本）到“组织化的风险投资”（公司制和有限合伙制）的过程。

3.2.1 原始创业活动的驱动和风险投资制度的起源

不断涌现的创业活动是风险投资发展的动力源泉，因为创业企业对风险投资的需求构成了风险投资发展的潜在动力，而创业企业所带来的高收益又使得这种潜在动力能够转化为现实动力。风险投资就是在原始创业活动的驱动下产生的。

14 至 19 世纪，随着资本主义的发展和科学技术的进步，经济也快速发展起来，这期间先后出现过两次大的创建企业的热潮，风险投资的概念也是此时出现的。一是 15 世纪的西欧，以英国、葡萄牙、西班牙和荷兰等国为代表，因着所谓“地理大发现”和随之而来的远洋贸易和海外殖民的发展，欧洲一些投资者越来越多地投资于远洋探险，当时出现的东、西印度公司就是风险投资萌芽的标志；二是在 19 世纪末美国的铁路建设和石油开发过程中，出现了被称为“天使资本”（Angel Capital）的风险资本，在其支持下，当时产生了许多铁路和石油公司。

传统创业企业往往是通过自有资本的缓慢积累或亲朋好友资本的联合而逐步完成的，但这种方式无论从筹资速度还是筹资数量来说，都难以适应迅速扩张的需要。在这两次创业活动中产生了对外源资本的需求问题，因而都促成了风险资本的萌芽。（因为无论是创建远洋贸易公司还是建立石油开发和铁路公司，都远远超出单个个人或家庭的资本实力。）这种萌芽状态的风险资本之所以能够维持相对较长的时间，也完全是因为这两次“创业热”中的创业活动给投资者带来了高额的资本增值收益。据考证，英国东印度公司 1600 年成立时原始资本仅有 6.8 万英镑，到 1708 年，资本总额增加到 316.3 万英镑，相当于创建时的 50 倍，公司每年的利润率高达 200% ~300%。美国西部开发过程中也诞生了像美孚石油公司这样的大企业。

不过，以上的投资都是由个人或非专业机构分散进行的，市场规模和交易额比较小，创业者对外源资本的需求毕竟具有自发性和偶然性的特点，这种萌芽状态的风险资本都只能以一种分散的非组织化的方式存在，是一种“非组织化的风险投资”（Informal Venture Capital）。“非组织化的风险投资”没有一个专业投资中介，天使投资人处于相对隐蔽的状态，对外部人员来说是封闭的，故而因市场信息的极度非充分性导致了极高的交易费用。尽管如此，“非组织化的风险投资”的存在对于创新是非常重要的，它是企业形成最初阶段进行权益性融资的主要来源。

3.2.2 现代创业活动的活跃和组织化的风险投资的发展

15 世纪末兴起的远洋贸易企业和 19 世纪末创建的石油开发企业和铁路企

业促成了风险资本的萌芽，但还不是典型的风险投资范畴。在经历了20世纪上半叶的三次世界性经济危机和两次世界大战后，国际经济进入了调整和恢复时期，同时有大量的军工技术转向民用，客观上要求建立起新型融资渠道扶持新兴中小企业的发展。创业活动逐步发展成为一种自觉和持久的行动，分散的资本难以适应这种创建企业对外源资本的需求。于是风险投资便从起源时期的“非组织化的风险投资”进化为现代的“组织化的风险投资”（Formal Venture Capital）。

1946年诞生的美国研究和发展公司，是由波士顿联储银行主席Ralph Flamders和哈佛商学院教授Georges F. Doriot及当地企业领导人共同组建的，目的是将“二战”后发展的技术，特别是将麻省理工学院的技术成果商品化。它通过募集多数投资者的资金，设立专业化的风险投资机构来从事专业性的集合投资服务，从而改变了传统上只能依赖个人或非专业机构分散从事风险投资的局面，并具备了投资基金所特有的集合投资专家管理的本质特征，标志着风险投资发展到了一个新的阶段，即风险投资的组织化、制度化阶段。这个阶段的典型形式是有限合伙制、公司制及信托基金制。

1. 专业投资中介——组织化的风险投资出现的原因

分工理论认为，市场范围的扩展是分工发展的必要条件。只有当分工的收益大于所带来的交易费用时，分工才是有利可图的；而若后者大于前者，分工就是无利可图和不可行的，理性的人就不会选择参与分工。实际上，这两个条件构成了市场分工的前提。

（1）市场范围的扩展。

在资本市场中，市场范围的扩展可以广义地理解为参与投融资活动的行为主体数量的增加和类型的多样化。这里的行为主体包括资本短缺的企业，也包括有资本盈余的投资人。事实上，从传统资本市场到风险资本市场的变迁已经鲜明地反映了这样一个金融分工的过程——随着创业企业进入扩展了的市场范围，一部分投资人从传统资本市场中游离出来，专门为创业企业提供融资服务。在这样一个“大分工”的背景之下，风险资本市场内部的分工又将随着市场范围的扩大而进一步细化。

如前所述，在非组织化的风险投资中，天使投资人通过投资范围限定策略达到控制交易费用水平的目的，这导致了非组织化的风险投资只能为特定阶段、有限数量的创业企业提供小规模的融资安排。对于大量的创业企业来说，仍存在严重的融资缺口。也就是说，资本市场在创业企业融资安排方面的非均衡状态仍然存在，如果能有效扩大融资安排的范围，则可以继续获得外部利润。但是随之而来的问题是，融资安排范围的扩大将使投资人面临迅速提升的交易费用，比如事前的交易费用（包括项目搜寻、筛选费用以及签订契约的费用）和事后的交易费用（包括监督契约执行的费用、提供增值服务的费用、项目搜索和管理费用）都将随着投资项目数量的增加而提高。当交易费用提高到一定水平时，投融资双方将无法达成交易。

在20世纪50年代后期之前，旧金山湾区的创业者主要依赖非组织化的投资者（Informal Investors）提供小规模的风险资本，而更大规模的资本需求则必须向东海岸的金融家申请。然而，建立在湾区的高技术公司所带来的成功和新机会使当地的金融家有机会成为有自觉的、有组织的团体（Reiner，1989）。

此外，由多个分散的投资者分别完成这些活动（事前的选项和事后的激励），会由于投资者数目众多而无法有效执行，要么是投资者彼此工作重复，要么是投资者相互依赖“搭便车”（free-riding）。因此，将这些活动授权给专门从事这些活动的风险投资机构可能是最有效率的。

在非组织化的风险投资中，存在着一些被称为“天使长”（Archangel）的领头人，相当部分的天使投资是通过朋友、同事和亲戚组成的联合体来进行的，这位领头人把各方面的资金集中起来进行风险投资，但是这种“天使长”并没有形成制度化的组织，不是专业的投资中介。

融资安排范围的扩大只是为专业风险投资机构的出现提供了必要条件，而正的净额分工收益是分工发生的另一个前提。接下来的关键是，这种引入专业化中介的分工是否能带来收益的净增加（或者费用的净节约）。也就是说，分工收益在扣除由分工带来的交易费用后是否能超过分工前的收益水平。

（2）分工收益。

对于投资人来说，委托专业风险投资机构进行投资所能获得的分工收益主要来自于专业化收益和规模经济性。

首先来分析专业化收益。对创业企业进行投资面临着严重的信息不对称问题，因此，对外部投资人来说，在投资过程中必须解决好两个问题：其一是事前选项问题（Sorting Problem），其二是事后监督问题（Incentive Problem）。在事前选项过程中，专业性判断和经验性判断可以提高选项的准确性，从而对投资回报产生重要的作用。由于风险投资机构专门从事新建企业投资活动，在这类活动上积累了大量经验，从而能够有效降低收集和加工相关信息的成本，并且提高事前选择的准确性。

除了事前选项，投资后的监督控制活动对风险投资的成功也起着非常关键的作用，这也是风险投资有别于其他消极型投资的特点之一。建立关系型投资（Relationship Financing）是投资人通常采用的策略，即与创业企业在达成投资关系后保持着长期密切的联系，并加强监督，以此获得创业企业的内部信息。关系型投资主要表现在：投资人在企业董事会中拥有较大的发言权，充当企业的财务顾问，挑选管理人员并参与人事管理，帮助企业引进资金及合作伙伴，监督企业的日常生产经营等。而且，投资人参与被投资企业的管理的行为带有明显的相机治理（Contingent Governance）的特点。

建立关系型投资关系要求投资人具有关系型投资所需要的技能。例如，掌握事前、事中和事后监督所必需的互补性技能，向企业家提供多方面的管理服务技能（工程、财务、人事、商业网络、法律等）。不同的人在拥有资源组合方面存在着差异，这种差异不仅直接导致事后用于监督和控制活动的交易费用的不同，而且还对投资活动的回报水平的差异产生重要的影响。非正式的风险资本市场中，天使投资人正是具备了关系型投资所需技能的投资人。而大多数投资人并不具备这些技能。因此，对大多数投资人来说，委托给具有专业投资技能的人或机构进行投资管理可以获得专业化收益。

我们再来讨论规模经济性。专业风险投资机构为开展投资活动需要进行相关信息的收集加工，监督控制活动也要支付一定成本，这些成本对于单个投资者来说是相当昂贵的。风险投资机构集中了投资者的大量资金，可以投入多个项目，获得的信息和经验可以在新的项目中共享，边际成本的降低会带来经济效率的改善。此外，专业风险投资机构还可以通过组合投资降低投资风险，提高投资回报的水平。

如上所述，引入专业风险投资机构的分工带来了多方面的收益。与此同时，专业化中介的引入使得投融资双方的一层委托代理关系转变为两层委托代理关系，原来的投资人直接选择和监督创业企业就转化为投资人选择和监督专业风险投资机构、专业风险投资机构选择和监督创业企业两个过程。投资人直接投资于创业企业所发生的交易费用被投资人与专业风险投资机构之间发生的交易费用所代替。

同样地，投资人与风险投资机构之间发生的交易费用也包括事前和事后的交易费用。与直接投资于创业企业相比，一方面，投资人面临的专业风险投资机构的选择范围要明显小于创业企业的选择范围，这大大降低了投资人的交易费用；另一方面，由于专业风险投资机构与资本市场中的投资人之间发生的是多期博弈，其声誉是影响其后续筹资的重要因素，在市场的参与者有限的情况下，参与者要长久地留在市场中，声誉对他的行为就有很大的约束力（Diamond，1991）。因此，专业风险投资机构的行为对外部投资人来说能较好地观测并激励相一致（Monks，1993）。信息不对称程度的下降意味着交易费用的节约。由于声誉在风险资本市场中起着非常重要的作用，评定风险投资机构的好坏就成为很关键的问题，为此，市场发展出一系列的定性和定量方法来测定风险投资机构的业绩，这将进一步降低投资人的交易费用。

从表面上看，引入专业风险投资机构使得投资人支付的交易费用相对于直接投资下降了，一种既能带来显著的收益，又能节约交易费用的分工当然是非常理想的分工。但是，通常的情况是，由于风险投资技能是一种稀缺资源，风险投资机构因为具有这种稀缺资源而拥有谈判优势，因此，为了达到最佳的激励效果，投资人可能会给予风险投资机构较多的受益权，以此激励风险投资机构。这样，投资人与风险投资机构之间发生的总交易费用很可能超过直接投资发生的总交易费用，但是，由于风险投资机构的专业化动作所带来的收益远远超过交易费用的增加，分工仍是可行并且经济的。

上面我们分析了引入专业风险投资机构的分工给投资人带来了正的净额分工收益，那么，这种分工对于创业企业是否也会产生类似的效应呢？

首先，专业风险投资机构的出现改变了以往非正式风险资本市场的封闭和隐蔽状态。为了发掘好的项目，风险投资机构必须在尽可能大的范围内为潜在的创业企业所知悉，与在天使资本市场融资相比，创业企业在有组织的风险资本市场进行权益性融资发生的信息搜寻费用大大降低。

其次，专业风险投资机构利用其丰富的投资经验为创业企业提供专业化的增值服务，使创业企业从中受益。与天使投资人所提供的增值服务相比，风险投资机构所能提供的增值服务具有专业性和规模性。

综上所述，扩大了的融资安排范围和专业风险投资机构带来的正的净额分工收益成为风险资本市场分工细化的前提条件。由于风险投资技能的稀缺性，掌握这种技能的人可以从分工中获得可观的利润。回顾阿克尔洛夫（1970）的旧车市场模型（Lemons Model），信息不对称将导致旧车市场萎缩。但是，有些人看到了交易中双方的信息不对称，这些人决定利用这种不对称获取利润。他们会努力培养出专业的检验旧车性能的技能，然后他们既可以向买主提供这种服务，也可以自己开店收购旧车，然后重新标价出售，并从中赚取利润。我们也可以在风险资本市场中发现类似的现象。一些具有工程背景，有过企业经营经历，同时又有金融市场经验的人逐渐从原来的行业中游离出来，利用其所具有的复合型技能从事专门的风险投资活动，并从中赚取利润。从长期看，进行风险投资活动的时间越长，投资技能越强，单位交易费用就越低。那些代替别人进行投资活动的人，因比别人将更多的时间投入投资活动中，投资技能增长得更快。这种分工由于能为投融资双方带来正的净额分工收益而为其所接受和支持，专门的风险投资活动逐渐独立成为一个行业，即形成了专业化的投资中介——风险投资机构，而有组织的风险资本市场也由此产生。风险投资专业化所带来的直接好处是，使得社会的单位交易费用大幅度下降，从而开拓了市场，拓展了资源配置的空间范围。

2. 有组织的风险投资的特征

专业投资中介的出现直接导致了有组织的风险投资机构的产生，有组织的风险投资具有以下特征：

（1）专业风险投资机构的出现，使资本供给者与投资管理人分离。风险投资机构是资本供给方和资本需求方之间的投资中介，他们从资本供给方手中获取资本，再投到具有高成长性的新兴中小企业中。风险投资机构是常规资本和风险资本的“转换器”，传统资本市场的常规资本通过风险投资机构的“转换”，进入风险资本市场，经过增值退出后又流回传统资本市场。有了专营风险投资的风险投资机构作为正式的投资中介，标志着风险投资作为一种制度得以确立，而风险资本市场从此步入制度化的发展进程。专业风险投资机构的出现使得传统资本市场中的资本大规模地进入风险资本市场成为可能。同时，专业风险投资机构的出现拓展了投资的范围，大量创业企业得以于风险资本市场得到融资，这些创业企业囊括了从种子期到上市前期的各个阶段。

（2）市场开始制度化。在有组织的风险资本市场中，随着正式的投资中介的产生，市场各主体之间的关系开始用一系列的制度来维系，比如资本供给方与风险投资机构之间、风险投资机构与创业企业之间的契约，尤其是在这些基本契约基础上衍生出来或者标准化后的制度，比如风险投资的有限合伙制组织形式。风险资本市场有了正式的和约定俗成的游戏规则，市场的参与者在制度化的市场下进行自觉的逐利活动。

（3）投资管理人的行为是自觉的。与非正式的私人风险资本市场中的天使投资者不同，在有组织的风险资本市场中，投资管理人进行的投资行为不是带有业余性和偶然性的自发行为，而是专业性的职业活动，是一种自觉的逐利行为。这种自觉性还体现为投资管理人在享有资本使用权的同时负有为资本供给方创造利润的义务，他必须通过投资、增值服务和退资实现资本最大限度的增值，创造良好的业绩，从而使其在下一轮筹资中占据优势。

（4）市场的规模扩大，交易额的大小出现多样化分布。由于有了正式的投资中介，有组织的风险资本市场在风险资本的配置效率上有所增进，市场规模增大。而且，投资对象也不仅限于种子期的企业，包括了从种子期、初创期和扩张期乃至重整期的企业，在交易额上出现多级数量段分布。

由于在规模经济、克服信息不对称、降低代理成本等方面具有优势，有组织的风险投资已成为风险投资的主要形式，尤其是有限合伙制独特的制度安排，在发达国家采用这种制度的风险投资机构占绝大多数。

第4章

风险投资中的信息不对称及委托代理问题

风险投资是一个复杂的体系和过程，不仅包括融资、投资和退资的资本运作过程，还包括提供管理服务、参与经营企业的过程。它是一种非传统的融资方式，是结合资金注入、管理服务与企业家精神的新型投资模式。由于在风险投资运作过程中存在着高度的不确定性和信息不对称，如何有效地控制代理风险，建立合理的激励与约束机制，实现高收益，就成了风险资本有效运作的重要内容。

4.1 风险投资中信息不对称的生成

4.1.1 风险投资中双层委托代理关系剖析

现代企业的实质是一系列契约的联结，其特征是所有权与经营权的分离，所有者往往不直接参与企业的经营管理，而是委托专门的经理人员进行管理，于是就产生了委托—代理问题。委托—代理的实质是委托人不得不对代理人的行为后果承担风险，而这又来自信息的不对称和契约的不完备性。詹森和麦克林把委托代理关系定义为一种合同关系：委托人授予代理人某些决策权，要求代理人提供有利于委托人利益的服务。然后认为，假定双方都追求效用最大化，那么就有理由相信，代理人不会总是根据委托人的利益而行动。在这种合约关系下，为了使交易双方的利益关系得到协调，委托人希望设计一种合约机制授权代理人从事某种活动，并要求代理人为委托人的利益而行动。为解决这个问题，第一，委托人可以激励和监控代理人，使后者为他们的利益尽力；第二，代理人可以用一定的资源担保不损害委托人的利益，或即使损害，也一定给予补偿。这就有了委托人监控成本和代理人担保成本的发生。

在一些研究风险投资支持创业企业的内部治理问题的论述中，委托代理理论成为一个主要的理论工具。当创业企业家（代理人）和风险投资家（委托人）、风险投资者（委托人，资金提供者）和风险投资家（代理人，风险投资经营管理者）签订关于投资的合同时，就会因为不一致的目标以及不同的风险偏好而产生代理问题（Eisenhardt 等，1989），由于信息不对称以及风险投资家的有限理性（Amit 等，1990，1998；Bohren，1998），创业企业家很可能会产生一些机会主义行为，这些机会主义行为以损害诸如风险投资家这样的资产投资者为代价，从而使创业企业家受益（Gompers 和 Lerner，1996）。因此，代理理论已经成为研究风险投资家和创业企业家、风险投资者和风险投资家之间关系的中心范式。

显然，在风险投资过程中，风险投资者和风险投资家之间、风险投资家与创业企业家之间均是一种委托代理关系，也存在代理成本。风险投资的相关决策主体就是投资者、风险投资家和创业企业家，其运作架构如“风险投资运作机制和双层委托代理图”所示。从“风险投资运作机制和双层委托代理图”中可以看出，投资者将资金交给风险投资家，风险投资家将资本投资到创业企业，这就形成特殊的双层委托代理关系，即第一层是投资者与风险投资家之间的委托代理关系，第二层是风险投资家与创业企业家之间的委托代理关系。在这两个层次的委托代理关系中，风险投资公司（由风险投资家经营管理）起到了中介作用，有效地降低了小投资者直接投资创业企业的成本。

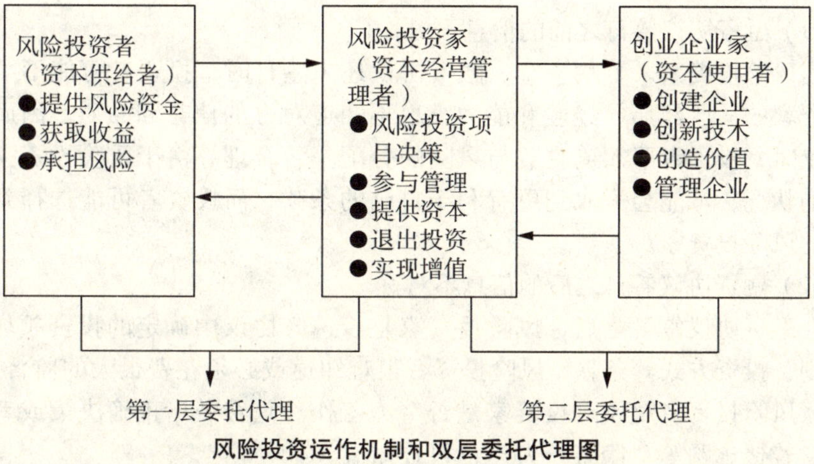

风险投资运作机制和双层委托代理图

4.1.2 风险投资中的信息不对称

研究委托代理问题的基本出发点是委托人与代理人之间的不对称信息情形，即代理人相对于委托人拥有较多的私人信息。在契约经济学中，信息不对称是指交易双方对有关事件的知识或概率分布的掌握程度不同，即一方比另一方占有较多的相关信息，而且交易双方对于各自在信息占有方面的相对地位是清楚的。信息不对称可能发生在交易之前，也可能发生在交易之后，故从不对称发生的时间角度，可以将信息不对称划分为事前信息不对称和事后信息不对称。事前信息不对称会引起“逆向选择”，主要是指在交易过程中，卖主比买主占有更多的交易信息，处于信息优势地位，而市场以买主的价格成交，从而出现劣等商品排挤优等商品的现象；事后信息不对称会造成“道德风险”，主要是指交易的委托方与代理方之间信息掌握不对称，代理人掌握的信息多，处于信息优势地位，并利用其优势信息危害委托人利益的行为。

风险投资中的信息不对称发生在风险资本运作过程中的不同阶段，主要涉及风险投资者、风险投资家和创业企业家三个决策主体。为此，我们将风险投资中的信息不对称问题分为以下两类。

1. 风险投资者与风险投资家之间的信息不对称

风险投资者主要是风险资本的提供者，其所提供的资本包括私人资本、养老基金、公司资本、银行及保险公司资本等；风险投资家主要是风险资本的管理者。风险投资家向风险投资者筹集资金，风险投资者委托风险投资家管理自己投入的资金，实现高额回报，两者因此构成了一种委托代理关系。在这种关系下，两者间的信息是不对称的，体现在签订融资协议前后两个方面。

（1）融资协议签订之前的信息不对称。

当风险投资家来募集资金、融资协议还未签订时，投资者可能不了解风险投资家的从业经历、经验和能力，也不知道对方的信誉和品质，因而在签定协议时，投资者不知道收益与风险的分配是否合理。由于风险投资家清楚自己的状况，可能会争取到更有利于自己的条款，而投资者可能选择到名不副实的风险投资家。

（2）融资协议签订之后的信息不对称。

在融资协议签订之后，风险投资家是否遵守协议中确定的投资领域、投资原则、投资方式等条款，风险投资者很难知道或必须花费很大的监督成本。同时，风险投资者对风险投资家是否努力工作、是否做出正确决策或者是否计划拿着钱逃跑等“隐蔽行为”也很难知道。

2. 风险投资家与创业企业家之间的信息不对称

当风险投资家募集到资金后，就要投入创业企业。创业企业在初创时期和发展早期，往往只有一些关键技术、发明，甚至只有一些设计规划等，缺乏完整财务数据和信誉记录，固定资产少，因此，风险投资家投资时的关键是选择好人，即创业者。而在选择创业者时，也存在着交易信息掌握程度不对称的现象，表现在投资协议签订前后两个方面：

（1）投资协议签订之前的信息不对称。

在签订投资协议前，风险投资家对创业者的能力、人品、信誉等知之甚少，对创业企业的技术、产品功能和市场前景、公司财务状况等不如创业者清楚，因此风险投资者与创业者之间的信息是不对称的。这时会出现两种情况：一方面给潜在的、不诚实的创业者歪曲信息的机会，进行信息欺诈，以虚假项目骗取风险资本；另一方面，对风险投资家来说，在难以区分项目质量优劣的时候，通常会使用较高的折现率，使风险资本成为昂贵的资本。这样的结果可能加剧逆向选择，使能力差的创业者为吸引风险资本，不得不传递虚假信息，而一些优秀的创业者和项目因资金成本太高，将放弃投资或转寻其他融资渠道。从另一个角度讲，创业企业不仅仅需要资金支持，更需要增值管理服务，如参与管理、市场拓展、资本运作等。因此，创业者选择风险投资家时，一方面对于其融资能力、资本运作能力、管理能力等所知甚少，另一方面对风险投资家的信誉、品质等也知晓不多，从而在签订协议时，会使某些条款迁就于风险投资家。

（2）投资协议签订后的信息不对称。

协议签订后，由于风险投资家并不直接参与创业企业的日常管理，因此，创业者拥有有关创业企业的私人信息。他不仅掌握了企业赖以成功的关键因素——核心技术，而且直接负责日常经营管理工作，信息不对称更大，其行为更加难以监管。当创业者的行为没有受到有效控制时，他就有可能利用其信息优势地位损害风险投资家的利益。

4.2 风险投资中逆向选择和道德风险问题的产生

风险投资中的信息不对称将会产生逆向选择和道德风险问题，导致市场机制配置社会资源的效率低下，对风险投资的有效运作也产生了不利的冲击。下面来分析由于信息不对称而产生的逆向选择和道德风险问题。

1. 逆向选择问题的产生

在整个风险投资的周期循环过程中，风险投资主体面临两个问题：其一是投资者如何选择能力强（指管理水平高且道德品质优秀）的风险投资家来管理风险资本，其二是风险投资家如何选择优秀的项目和创业者。在这两个选择过程中，三大主体间信息的分布并不均匀，因而产生逆向选择。在筹资阶段，风险投资家竞相筹集资金，其中有信誉卓著、能力超群、经验丰富的优秀的风险投资家，也有能力低下、品质恶劣的滥竽充数者。然而，投资者对风险投资家的这些私人信息的了解程度较其本人相距甚远，而且投资者事前无法准确地甄别作为代理人的风险投资家的真实经营能力和勤勉程度。这样，在选择风险投资家时，投资者就会以平均水平来估价所有的风险投资家，使得高能力的风险投资家由于无法接受过低的“报价”而选择退出，而低能力的风险投资家却大行其道，即产生了“逆向选择”问题，使市场配置资源的效率无法正常发挥。有人认为可以用投资收益来衡量风险投资家的本领，但投资收益属事后判断，以此来遴选风险投资家并不一定是一种有效的安排。并且，即使低利润率真实地反映了风险投资家是一个“劣质”的管理者，但由此而造成的损失却无法挽回。在投资阶段，风险投资家在投资项目的确定上存在严重的信息不对称。所有申请风险投资的项目，作为申请方的创业者拥有更多的私人信息，比如项目的风险程度、发展潜力、市场接受程度、成功概率、项目经营者的素质等，而这些对于项目的选择方——风险投资家来说是不拥有或不完全拥有的。由于机会主义与效用最大化的驱使，申请风险资本的企业有可能为了得到资金而隐藏上述项目方面的信息，从而使投资公司选择时面临较大的风险。风险投资家可能选择到一些技术上有缺陷、管理不善但“包装精美”的项目，而真正优秀的项目由于没有做好“表面文章”而错失机遇。最终出现质量差的项目驱逐质量好的项目的现象，产生逆向选择。

2. 道德风险问题的产生

风险投资中的道德风险有两种情况：一是风险投资家在募集到资金之后，为了追求自身利益的最大化，可能会有过分追逐风险、不遵守既定的投资策略和方针、玩忽职守等行为，或者与创业企业合谋，制作虚假报表，发布虚假信息，滥用职权，不仅损害风险投资机构的利益，也损害投资者的利益。二是投资公司向创业企业投入资金后，在关于企业管理者行为、企业收益、企业运行等方面存在严重的信息不对称，因而创业者在获得风险资本后，有可能从事有损于风险投资家的机会主义行为。创业者之所以这样做，是因为他与风险投资家的目标不完全一致。对风险投资家而言，他的目标是追求一定风险下的合理回报，以控制董事会来影响企业决策，控制表决权，可以更换管理层。而对创业者来说，他追求个人货币和非货币收入的最大化，他看重保持控股权，以较低成本筹集足够资金及合理的收益。在风险资本投资过程中所产生的道德风险有两类：一类是创业者的道德风险，一类是创业企业雇佣的管理者（职业经理人）的道德风险。对第一类道德风险来说，创业者往往是项目的拥有者，其本身也可能就是技术专家，在企业技术开发、生产经营上拥有私人信息。在信息不对称的情况下，往往出于个人利益或企业单方面利益的考虑，他们会在投资规模、投资方向等方面做出不利于风险投资机构的选择，如超出双方已达成的协议范围过度投资，投资方向偏离原定计划，只重视技术开发投资而不重视产品市场开拓等。这些企业家本身已是企业的股东，不存在偷懒行为，但股权稀释、关联交易等会存在。同时，创业企业资产结构中无形资产比重较大，其资产专用性及变现价值低，一旦项目失败，投资者可能血本无归。对于第二类道德风险，主要由于企业的经营者与企业的创业者不同，创业企业雇佣的管理者是创业企业的雇员，本身并不是企业的主人，经理人不仅拥有企业的利润、风险、运作等方面的内部信息，而且也拥有自己行动（努力程度）的私人信息。很有可能出现所谓的“内部人控制”现象，即独立于股东（外部人）的经理人员掌握了实际控制权，在公司战略决策中充分体现自身利益，甚至与职工联手谋取各自的利益，从而削弱所有者的控制和监督作用。因此，这里既有关于投资规模、投资方向的道德风险，也存在偷懒的不道德行为。

道德风险的后果还会因为创业企业的不确定性而被放大。这种不确定性主要来源于以下几个方面：第一，从技术的角度来看，创业企业往往处于技术创新的前沿，并无多少成熟的技术和产品可供资用，其创新前景的不确定性较大，存在技术风险；第二，从企业的角度来看，创业企业本身也具有不确定性，创业企业是新创企业，其发展计划能否实现，竞争对手的可能反应等都会影响企业的生成和发展；第三，从市场角度来看，一个新产品能否成功，即新产品的市场前景也有较大的不确定性。显然，创业企业的不确定性与道德风险相互作用，就使得创业企业经理层的机会主义行为在更大程度上威胁到风险投资家的利益，增加其投资风险。

4.3 风险投资中信息不对称问题的解决方法

风险投资运作过程中由于委托人和代理人之间的信息不对称而造成逆向选择和道德风险问题，导致市场机制失灵，影响了风险投资的发展。现代企业通过一系列的制度安排来激励、约束、规范风险投资者与风险投资家、风险投资家与创业者之间的行为，以削弱代理人对委托人利益的侵害，从而促进了风险投资业的快速发展。

4.3.1 逆向选择问题的解决方法

逆向选择问题产生的根本原因在于交易双方中买方处于信息劣势地位，由于昂贵的信息成本，要获得与卖方对等的交易信息代价极大。因此，解决逆向选择问题的关键就是尽量降低信息成本，具体来说有如下两种途径。

1. 信号传递模型（Signalgame Model）

信息不对称导致逆向选择从而使得帕累托最优的交易不能实现，在极端情况下，市场交易甚至根本不存在。如果拥有私人信息的一方（代理人）愿意将其私人信息传递给没有信息的一方（委托人），或者后者有办法诱使前者揭示其私人信息，交易的帕累托改进就可以出现，双方交易就可以达成。信号传递模型为我们解决逆向选择问题提供了理论指导和技术支持。所谓信号传递是指代理人知道自己的类型，而委托人不清楚代理人的类型，代理人为了显示自己的类型而选择某种信号，使自己的类型能被委托人识别，委托人在了解代理人的信号后，与代理人签订契约（Spence，1974）。

在风险投资过程中，无论是风险投资者选择风险投资家，还是风险投资家选择创业企业，被选择方均可以通过信号传递使得选择方获得与其对等的信息，从而降低逆向选择。在这里，信号传递主要有两种方式：其一是声誉信号传递，即代理人的教育程度、从业经历、道德品质、行业声誉等相关自身信息的传递，使得委托人对代理人有一个基本的了解；其二是信息披露，即代理人通过一些专门的文件向委托人提供信息，包括筹资建议书、项目说明书、招股说明书及商业计划等，以供委托人作投资决策的参考。通过以上的信号传递，可以大大降低委托人获取相关信息的成本。

投资者在选择风险投资家时，风险投资家的声誉是一个重要的参考标准。由于风险投资家的知识积累在很大程度上是一个“干中学”（learning by doing）的过程，其能力是经验积累的结果，而风险投资家的知识和能力是他的私人信息，别人很难知晓，揭示这些私人信息需要花费较高的成本。在这种情况下，利用声誉的信号传递模型是一个成本较低的办法。如风险投资家的教育程度就是一个有关其能力的信号，因为接受教育的程度与能力有较强的相关性。又如风险投资机构的规模和历史是衡量声誉的两个变量，历史越长、规模越大的风险投资企业，其经验越丰富。这些声誉的形成，不是风险投资家刻意宣传的结果，而是客观存在并“有据可查”的。当然，仅了解这些还不足以说服投资者将资金委托给风险投资家去运作，还得通过信息筛选机制来掌握更多的有关代理人的私人信息。

风险投资家在选择创业企业时，也要考察创业者的声誉。对于有过成功创业经验的人来说，其再次创业时会比较容易获得风险资本，这里声誉起到一定的作用。创业者通常主动向风险投资家提供商业计划书，传递企业的内部信息，以引起他们的投资兴趣。有些创业企业出于纯粹的筹资目的或者出于知识结构的局限性，会传递一些虚假信息，这就增加了风险投资家的信息识别成本。为了减少这种成本，风险投资家有时会委托专门的评估机构对创业企业、技术、产品和市场等进行信息筛选。

由于风险资本市场的竞争性，创业企业在选择风险投资家时，一般很注重风险投资家的声誉，要看其筹资规模大小、投资过哪些企业、投资收益率高低等。风险投资的最重要特点是能够带来增值服务。当然，除了声誉之外，风险投资家的性格、投资风格和投资条件也是非常重要的信息。

总之，通过信号传递模型，交易双方都可达到信息对等，从而减少逆向选择的发生。需要强调的是，无论是声誉还是聘请中介机构来传递信号，都是以市场机制为前提的，如果没有形成经理市场（包括创业企业家市场和风险投资家市场），声誉就没有价值，风险投资家和创业企业家也不会因为过去的不良记录影响以后的交易。

2. 信号甄别模型（Screening Model）

信号甄别模型为我们解决逆向选择问题提供了另一种方法。它是指委托人通过特定的方法对代理人的信息进行收集、筛选和识别，并根据自己的特征和要求选择最适合自己的契约。在信号传递模型中，代理人所传递的信号也都未必安全准确，难免有些保留，因此需要委托人对代理人的信息进行甄别。主要方法包括：预先设定投资原则、直接询问、调查系统和合同筛选等。

预先设定投资原则如投资区域、投资对象、投资规模和投资条件等，可以起到两个方面的作用：第一，委托人主动披露自己的投资偏好，供潜在代理人自我筛选，这会减少不必要的信号传递；第二，委托人在特定投资领域的信息积累，有助于减少信息筛选成本。目前，大多数风险投资组织都会明确公布自己的投资偏好，一方面便于创业企业有针对性地进行信号传递；另一方面，利用自己在特定领域的信息规模优势，识别出有潜在投资价值的创业企业。

对于第一步初选的信息，代理人可以进一步采用直接询问的方法来增加或证实信息。直接询问可以通过电话或者面谈的方式进行。一般来说，代理人的经验有助于建立一套询问机制。而委托人为了掌握更充分和更真实的信息，一般都会建立一套调查系统对代理人的情况进行全面而深入的调查。这套调查系统一般包括调查形式、调查渠道、调查内容等严格的机制。合同筛选是指委托人制定包含约束和激励条款的合同，供代理人选择接受或不接受，比如代理人的收益与经营业绩挂钩等，如果代理人本身没有信心，那么他就不敢接受这些条款。通过这种方法也可以间接地选择出优秀的风险投资家或创业企业家。

4.3.2 道德风险问题的解决方法

道德风险是由于委托人和代理人利益最大化目标不一致而引起的，是代理人在签订契约后利用信息优势而做出的有损于委托人利益的行为。研究表明，在信息不对称的情况下，若要代理人与委托人的目标完全一致是不可能的，要想获得代理收益就必须以付出代理成本为前提。因此，根据委托代理理论，为了减少风险投资过程中道德风险的发生，委托人可以采取激励的办法，调整代理人的效用函数，使代理人与委托人期望的最大化目标尽可能一致，也就是说要满足激励相容的原则。这里的关键是要设计出必要的条款来降低激励成本。

在风险投资的融资过程中，风险投资者（资本提供者）是委托人，风险投资家（风险资本管理者）是代理人；在投资过程中，风险投资家是委托人，创业企业家是代理人。解决道德风险的方法主要是签订具有固定期限的筹资协议和投资协议，并且监督其执行。协议中既有约束条款，又有激励条款，要约束和激励兼容。由于人的能力的有限性和信息不确定性，这些协议一般都是不完全的，因此，协议中同时规定了对未来不确定性的解决办法。

1. 激励契约机制

激励契约机制是指通过在契约中设定激励条款来刺激代理人为了委托人的利益最大化而努力，同时防止其为个人的利益或管理层的集团利益而损害委托人的利益。为了恰当规避、降低道德风险和逆向选择，最有效的方法就是将隐性激励（Implicit Incentive）与显性激励（Explicit Incentive）有机结合，寻求一种最佳的弹性激励约束机制，确保投融资各方都能获取最大利益。这里的关键是要设计出必要的条款来降低激励成本，具体方法包括股票、认股权、影子股票、股票增值分红权、奖金、长期绩效计划、“黄金降落伞”、声誉机制等。

（1）显性激励机制就是通过建立一种物质激励契约，把代理人可能的道德风险损失与其收益联系起来，让其承担相应的风险，即实现道德风险的内在化。我们知道，理性的决策者可能会使别人遭受道德风险的损害，但绝不会损害自己的利益，即至少不会“损人不利己”。这样就可能把风险部分或全部转变成风险制造者自己的风险。在筹资协议中，风险投资者对风险投资家的激励契约可以有承诺与报酬条款（covenants and compensation），即物质激励约定，把风险投资家与投资人利益有机统一起来，将风险投资家的所得与其投资业绩挂钩。

一般而言，风险投资家的报酬形式主要是固定管理费和一定百分比的弹性报酬。可以在协议中明确规定，风险投资家投入1%的资金，除收取1.5%～3%的年管理费外，当投资成功时，还可以获得所实现利润的约20%作为回报，并明确列示计算方法，以激励风险投资家不至于为了个人私利而介入那些对风险投资者不利的项目。为此，风险投资者需要建立一套业绩评价机制。首先是加强风险投资家投资活动的透明度，保持每项投资活动的独立性，有助于分别评价每项投资的表现，并将可控因素和不可控因素区分开来，以便对风险投资家的投资做出客观公正的评价；其次是将管理费用和投资基金分离，从而使不同的投资基金能够横向比较；再次是建立业绩评价指标体系，通常使用的是内部收益率和投资回报率的分布（以免使一项投资的成功掩盖众多的投资失败），同时还要分析风险投资家对创业企业的管理能力。

（2）隐性激励机制是一种声誉机制（Reputation Model），在解决道德风险问题上可以达到与显性激励契约同样的效果。声誉是交易达成的前提，是人们获取收益的无形资产。风险投资长期性、周期性的特点，决定了风险投资过程是一个重复的动态博弈过程，交易双方在博弈过程中，不仅要考虑自己当前的利益，还要考虑对方未来的态度，声誉在这里起着重要的作用。

声誉机制效应之一，就是发挥经理人市场对风险投资家的作用。在经理人市场上，声誉对经理人个人的成功至关重要。风险投资家的能力和努力程度是基于其长期工作业绩建立起来的职业声誉，而这种声誉对其工作有重要作用。风险投资家的声誉对想在市场上获得正统地位的企业来说非常关键（Gompers，1996；Black 和 Gilson，1998），这几乎代表了金钱、管理控制及价值增加。风险投资家的声誉能够为企业提供更强的信用程度，能够为企业带来积极的影响。主要表现在以下几个方面：第一，当风险投资家管理的一个基金接近期满或投资不足时，风险投资家需要不断地募集新的资金，以维持其在行业中的地位或满足其投资的需要。基金募集能否成功，在很大程度上取决于风险投资家以往的声誉，而声誉主要是建立在以往的经验和投资业绩的基础上。第二，风险投资家良好的声誉容易吸引创业家来寻求投资，越是优秀的风险投资家越能吸引优秀的创业企业家。第三，风险投资家的声誉还能吸引一些大公司的职业经理人加盟创业企业，组成一支更强有力的管理团队。第四，供应商对风险投资家所支持的企业也十分有兴趣，因为风险资本的加入预示着这家企业有较好的发展前景，供应商容易以更低的价格、更好的付款条件、更多的贸易信用来支持该创业企业，达到双赢效果；客户和分销商也对风险资本所支持的企业看好，相信该企业的产品和服务更有竞争力。第五，风险投资家的声誉还有助于创业企业上市时吸引到一流的证券承销商，降低发行成本，吸引分析师的跟踪和基金经理的介入，确保机构投资者长期持有风险投资家所支持的企业的股票。第六，风险投资家也能在创业企业的转售、并购上帮助其找到合适的投资者或收购、兼并公司，使创业企业有良好的发展。

在风险投资的委托代理关系中，风险投资家对创业企业家一般可采取以下几个方面的激励措施：

其一，企业管理层的股权安排，确定适当的股权比例。现代企业理论认为，公司的剩余索取权与控制权应尽可能匹配，所以，风险投资家要给企业管理层一定比例的股份，使其收益与公司经营业绩相联系，以此来激励管理层努力工作。在一个创业企业中，企业管理层一般持有普通股，而风险投资家持有优先股。风险投资家不要求控股，但企业管理层的最终持股比例取决于其经营的好坏，因为优先股的转股比例是不固定的，是随着企业的经营好坏进行调整的。接受风险投资的企业管理层的收入结构中，股权收入是最主要的：企业盈利越高，则风险投资家的优先股转换普通股的比例越低，但每股价格因为盈利提高而上升，可以保持较高的股票市值，管理层也获得更多的股票份额和更高的股票价值，实现双赢；但如果企业经营不善，不仅转股比例提高，管理层的持股比例下降，而且在支付优先股利息之后，普通股的价值便大打折扣，管理层将承受巨大压力。通过这种安排，实现了企业管理层和风险投资家利益的一致性。

其二，创业企业管理层的股票期权安排。股票期权这种类型的或有薪酬支付，比固定薪水及其他年度现金补偿这类非或有薪酬支付，能够更好地激励经理层。或有薪酬支付机制的使用，更加能够把管理层激励和投资者激励协调一致，因为经理层的价值基于企业的业绩表现，这种状态在企业中得到实质性的体现（Jensen 和 Murphy，1990；Landstrom，2007）。通常的做法是允许创业企业的管理层在实现未来经营目标时按照事先约定的较低价格或无偿增持股份。这种安排是鼓励他们为企业长期服务，全身心投入，增加企业的价值。如果他们提前离开公司，一方面不能全部行使购股权；另一方面，他们的股票往往以账面价值计算而不是根据市场价格回购，损失巨大。如果他们由于经营不善被迫离开公司，则他们很难再次募集资金。

2. 约束契约机制

在信息不对称的情况下，无论哪一种制度安排与报酬结构，都会存在效率损失。为了减少这种效率损失，委托人必须设计一种约束机制，以使代理人努力工作，促使其在实现自身利益最大化的同时，使委托人的利益达到最大。根据风险投资的运作特点，风险资本提供者对风险投资家的约束机制是通过一系列限制性的条款来实现的，包括的内容有：①风险投资基金设计有固定的期限，比如10年，期限太短容易使风险投资家采取短期行为。固定期限机制使风险投资家不能永远保管基金，也使风险资本提供者不必再投资于同一个风险投资家管理的基金，如果风险投资家有损害风险资本提供者利益的行为，则固定期限可以将损失限定在可控制的范围内，同时也使得风险投资家在后续融资中由于声誉不佳而非常困难。②风险资本提供者可以承诺方式进行投资，一旦发现风险投资家行为不端，可以退出基金，不再继续注入承诺的资金。当然，风险资本提供者也会损失先前的投资和收入。③可以要求风险投资家投入一定比例的资金，并承担无限责任，也就是普遍采用的有限合伙制。在美国，风险投资家在基金中所占份额通常为1%，看起来比例很少，但绝对数额相当可观。这样可以使风险投资家同时既为要素收入者，又成为剩余索取者。这种制度安排使风险投资家成为自己资产的代理者，相当部分的代理成本要由自己承担，故而必定努力工作，降低了风险投资家的机会主义倾向。④风险资本提供者可以定期对风险投资家的业绩进行评估，以决定是否追加投资。

风险投资家对创业企业家也可以设计一套严格的约束机制，主要内容可以包括：①风险投资家可以采取分段投资的方式进行投资。风险投资是一种渐进式的多轮投资过程，因而风险投资家会按照创业企业发展的各个阶段分批投入资金。即在创业企业发展的每一阶段上投入只够这一阶段发展的资金，在进入下一阶段时，企业必须再次进行融资。分阶段所投入的资金既不至于使创业企业的资金过多闲置，又不至于造成创业企业的资金过于紧张。同时，分段投资有利于风险投资公司对创业企业的约束作用：其一，迫使企业管理层节约使用风险资金，避免资金浪费。其二，如果项目开发出现失败的苗头，风险投资家可以及时中断投资，防止企业管理层优柔寡断，而使风险投资家愈陷愈深。其三，资本的分期注入，使创业企业家面临风险投资家中止投资的压力，这样可以激励创业企业家努力工作。若采取隐蔽行为或不努力工作，损害投资人的利益，一旦被风险投资家发现，就会失去后续融资的机会。风险投资家中断投资对创业企业是极大的威胁，因为这意味着该企业或项目出现极大危险，企业很可能难以再获得后续资金，甚至失去经营创业企业的机会。因此，分段投资是风险投资中激励和约束创业企业家的一种有效机制。其四，分段投资的次数增加会使管理层的股权稀释比例加倍增加。②采用复合式金融工具。在创业企业的不同发展阶段，风险投资家可以采用灵活的投资工具对创业企业进行约束。这些工具包括可转换债券、可转换优先股、附认股权债券，以及这三种工具的不同组合。③可设置管理层雇用条款，即在创业企业经营不善的情况下，风险投资家可以根据条款解雇、撤换管理层并且回购管理层所持的股份。④可在投资协议中预先设定变现投资的途径。⑤反摊薄条款（Anti-dilution Provision）的设置，即后来加入的投资者等额投资所拥有的权益不能超过原始投资人。因为创业企业在创业过程中除了引入风险资本外，还可能吸收新的投资者，因此，初始的风险投资机构的股权可能被稀释。这种稀释不仅有可能导致风险投资机构持股比例的减少，而且还会降低风险投资机构的持股价值。所以，风险投资方非常有必要与创业企业签定防范股权被稀释的条款。⑥其他制度安排包括：投票权协议，即不管风险投资家持有什么性质的股权或债权，他都具有和普通股同样的投票权；管理层的声明和保证（representative and warranties），这些条款可明确规定创业企业提供给风险投资家的所有财务和经营信息是确定的、充分的、完全的，是按照有关标准制定的，其目的是保证风险投资家的决策从法律上来说是依据企业的信息而做出的，企业需要承担法律上的责任；肯定条款（Affirmative Covenants），这是对创业企业家在风险投资期内应该从事哪些行为的约定；反面保证条款（Negative Covenants），这是对创业企业家在风险投资期内不得从事哪些行为的约定；创业企业在进行价值评估时可设定较高的贴现率。

3. 契约执行机制

由于不确定性、信息成本和信息不对称等因素的影响，关于激励约束的条款本身是不完全的，契约条款能否得到实际执行也是不确定的，因此需要建立一套契约执行机制，以提高违约方的成本。一般来说，契约的执行有自愿执行和强制执行两种。当代理人违约带来的预期收益不足以弥补违约的机会成本时，自愿执行就是可能的。机会成本越高，违约的可能性就越小；反之，则违约的可能性就越大。如果出现违约行为，就必须依靠第三方（如法院等）强制执行。

代理人违约的机会成本主要由以下几个方面构成：①声誉的损失。前面分析过，声誉这种无形资产具有极高的价值。无论对风险投资家还是对创业企业家来说，声誉都是立足之本。声誉的积累非一日之功，而一旦失去，就很难再积累。②预期分红或股权收益的损失。如果风险投资家违约，他不仅将得不到后续投资，而且也得不到投资成功后的高比例分红。如果创业企业家违约，则他将只能获得很少比例的普通股，甚至股份被低价回购，失去对企业的控制权，更失去创业成功所带来的巨额投资回报。③增值服务和网络资源。风险投资家提供的增值服务和网络资源越多，创业企业违约的机会成本就越高。④违约行为被发现的可能性。委托人监督严格，则代理人违约被发现的可能性就高；反之则低。但委托人监督严格与否，取决于监督成本的高低。如果监督成本过高，不足以补偿代理人违约造成的损失，则委托人可能会削弱甚至放弃监督。

一般来说，风险资本提供者对风险投资家的监督是间接的，主要通过定期的投资效果评价来进行。而风险投资家对创业企业的监督则是非常严格并直接进行的，虽然他们一般不介入企业的日常经营，但他们可以通过控制董事会、建立管理团队、掌握财务等企业信息、提供咨询等方面的管理服务等几种方式方法，对企业管理层的履约行为进行监控。

综上所述，风险投资过程中的信息不对称是客观存在的，由此而引起的风险投资三大决策主体的双层委托代理问题及逆向选择和道德风险，降低了市场效率，因此必须通过特定的制度安排，对委托人和代理人形成有效的激励约束机制。

第5章

风险投资的组织形式及治理结构分析

解决由于委托人—代理人之间信息不对称而产生的逆向选择和道德风险问题，合理的组织制度安排和治理机制是重要的方法。这里我们首先就两种风险投资机构组织制度（公司制和有限合伙制）进行比较分析，然后分别分析风险投资机构（主要是有限合伙制）和创业企业的治理结构及制度安排。

5.1 风险投资机构组织制度的演变

5.1.1 风险投资机构的最初形式：私人投资者（Business Angel）

这种形式实际上是非组织化的风险投资，是由单个投资者（个人或机构）直接从事风险投资。“天使”这一名字最早是用来形容在百老汇资助戏剧排演的个人，这是一个风险极高的投资，如果戏剧失败了，“天使”就血本无归；当然，一旦演出大获成功，“天使”也可以获得收益分成（Benjamin 和 Margulis，2001；Mason，2007）。后来，William Wetzel 使用“天使投资人”来专指那些为建立不久的创业企业提供资金的富有个人，后又扩展到对创业企业进行股权投资的私人投资者，即特殊的权益投资者，在本质上与风险投资家有很大的不同。这种形式的成规模的实践，始于19世纪末期的美国，那时有不少富有的人或家庭直接投资于当时属于高风险的石油、钢铁、铁路等行业，这类投资完全是由投资者自行决策，并不通过专门的中介机构。虽然有时，律师、会计师会提供某方面的帮助或咨询意见，但他们并非专业性中介组织。这类投资即所谓的私人风险投资或业主制风险投资组织，也称为“天使资本”（Angle Capital）。

从投资阶段看，私人风险投资主要投向高科技企业的种子阶段和创业阶段，这个阶段创业企业的基本特征是只有创意或概念，除了创建者和一个或几个技术人员之外管理团队缺乏。此时，在新生企业的成长发育过程中，私人风险投资的数量几乎超过了所有其他类型的外部资金的总和。美国的非正式风险资本市场不仅规模宏大，而且十分活跃。如2002年，研究估计有30

万～35万名“天使投资人”，一年内对大约5万家企业进行了总额达300亿美元的投资（Sohl，2003；Landstrom，2007）。从投资规模来看，私人风险投资主要集中在资金需求量较小的项目上，大约80%的投资项目为50万美元。1995年，Freear等人对美国新英格兰地区的新生高科技企业做了一个关于融资历史的调查。调查发现，小于50万美元的投资项目占了私人风险投资项目总数的82%，且研究开发和创业阶段的投资占60%。

从投资者构成看，私人风险投资者的构成呈现多元化，多数是成功的商人或高收入的会计师、律师、咨询师，及大企业的高级主管。他们具有“街头摊贩式的商业精明（所谓的新冒险经验）”（Landstrom，2007），其中相当一部分的私人风险投资是通过朋友、同事和亲戚组成的联合体来进行的，他们当中有一个被称为“天使长”的领头人把各方面的资金集中起来进行风险投资。从投资方式看，一般而言，私人风险投资者是以普通股而不是优先股进行投资。从投资决策的特点看，私人风险投资者一般投资于自己熟悉的领域，而且决策过程较快。在决策时他们通常把对管理层的信任作为投资的关键标准，一般而言，即使训练有素的私人投资者也不完全依赖于公司治理机制，而是相信自己对企业和管理层素质的直觉。与风险投资家相比，私人风险投资者在投资决策时对所投资项目的收益预期较低。美国20世纪80年代中期的调查资料显示，私人风险投资者预期的年均收益率为30%左右，而风险投资家预期的年均收益率为40%。

从获得信息的渠道看，私人风险投资者的信息收集渠道非常原始，主要依赖封闭的商业合作者及朋友圈子来获得投资机会的信息。这意味着：①大多数私人投资者投资其身边的企业，地理上的临近可让天使投资人与所投资的公司保持密切的合作关系，同时也与监控公司的成本有关。Gaston（1989）在其报告中指出，在美国，72%的天使投资人希望投资范围在自己居住地方的方圆50公里内，只有7%的投资者没有地域上的偏好（Landstrom，2007）。②和其他私人投资者分享有关项目信息会产生许多联合投资机会。③对于大多数投资者而言，缺乏投资机会，如果能够改善私人投资者搜寻项目的过程，将会使更多的项目融资成功。在美国，针对私人投资者所面临的这一问题，一些地方建立了提供电子交易服务的地方化网络，这种网络提供供求双方的信息，并通过电脑对供求双方进行配对，还对私人投资者如何投资展开教育服务。有趋势表明，这些地方化网络正通过小企业管理局资助的ACE-Net进行全国性的整合。

5.1.2 组织化的风险投资：公司制和有限合伙制

创业企业存在的信息不对称问题，要求其治理结构能解决选择问题和激励问题，这就要求风险投资家在投资前要对项目和企业进行详细的调查和分析，以获得足够多的信息，在投资后要进行严格的监督以抑制企业家的机会主义行为。如果各个投资者分散从事这些活动，会带来资源的浪费，其高额成本对单个投资者来说也是不划算的。不仅如此，调查和监督具有“共用品”特征，每个投资者都希望利用其他投资者的调查结果，这会导致“搭便车”行为，从而导致调查和监督活动的不足。中介机构集中了大量资金，能够承担调查和监督的成本，也能克服“搭便车”问题，对单个投资者形成优势。这是私人风险投资向组织化的风险投资演化的内在根据。

现代风险投资机构最大的特点是日益组织化和专业化。通过中介机构的专业化管理，以股权投资的形式将资金投资于创业企业，这个中介机构就是我们所说的风险投资组织。从组织制度演变的过程来看，它经历了两个阶段，即公司制与有限合伙制。

1. 公司制风险投资机构：美国研究和发展公司及小企业投资公司

美国研究和发展公司（ARD）被认为是最早的风险投资组织，它采用的是股份有限公司的形式。ARD 的一个主要目标就是设计一种“私营组织”来解决新兴企业和中小企业资金短缺的问题，因为他们发现，国民财富正越来越多地聚集到金融机构而不是个人的手中，因此必须改变传统的主要依赖个人资金来支持中小企业的做法，设立“私营机构”来吸引机构投资者的资金，以支持中小企业的发展；另一个目标则是希望这种“私营机构”在为中小企业提供长期资本的同时还能为其提供专家管理服务，他们坚信专家管理技能和经验与足够的资金支持对新兴企业的成长同样至关重要。

然而，由于缺乏有效的制度安排，ARD 在最初的资金募集和运作上并不顺利。作为一个上市交易的封闭式基金，ARD 主要依靠个人投资者，从机构投资者那里筹集资金一直不太顺利。而在资金运作上，ARD 本身和它所投资的一系列公司都缺乏获利能力和流动性，出现了负的现金流量，没能获得预期的资本收益，也没有能力支付股东红利。因此在公司上市后相当长的一段时间里，ARD 的股票价格一直比其净资产低 20% 左右，这使得 ARD 在进一步筹资上遇到了困难，而且从 1946 年其设立到 1958 年的 12 年间，并无人效仿设立第二家同类机构。

ARD 作为现代风险投资的开创者，在它被收购前的 25 年间，平均每年向投资者提供 15.18% 的回报，而同期道琼斯指数平均年增长只有 12.8% 左右，这显示 ARD 的经营是成功的。投资者对 ARD 缺乏认同主要是由于 ARD 投资的长期性，其经营运作上的成功，需要事后才会得到金融界的认同。由于当时并没有 NASDAQ 这样的公开市场，导致 ARD 无法迅速地向投资者证明基金的运作业绩。

1958 年，美国推出了扶持政策“小企业投资公司计划”，小企业投资公司（Small Business Investment Corporation，SBIC）得以成立，类似的公司型风险投资基金得到迅速的发展。从 1959 年至 1963 年的 5 年间，就有 629 家小企业投资公司成立，资金总规模为 4.64 亿美元，其中公开募集的投资公司 47 家，规模共为 3.5 亿美元，与此相比，ARD 在前 13 年中仅筹集了 740 万美元。20 世纪 60 年代以后，这种组织形式推动了美国风险投资的发展，它们不仅培育了一大批高成长性企业，仅 1968—1969 年间公开上市的新兴企业就接近 1 000 家，从而促成了新股发行市场的火爆，极大地鼓舞了风险投资业自身的发展；而且也培育了一大批风险投资家，为后来风险投资业的发展打下了人才基础——70 年代后设立的有限合伙制风险投资基金的绝大多数普通合伙人都有公司型风险投资基金的工作经历。

但是 SBIC 制度本身存在着许多缺陷，比如：并非所有的 SBIC 都为新企业提供权益性融资，许多小企业投资公司倾向于向那些有现金流入的公司提供债务融资，以获取利息，这种投资政策与 SBIC 应支持中小企业长期发展的宗旨相违背。SBIC 的最大缺陷在于，没能吸引到高质量的投资管理者，没有在管理上积极辅助中小企业。由于上述各方面的原因，小企业投资公司的规模在 20 世纪 60 年代后期开始下降，到 1978 年，SBIC 只占美国风险投资总量的 21%。

2. 有限合伙制风险投资机构及其发展

在美国，最早的有限合伙制组织是 1958 年成立的 Draper，Gaither and Anderson（DGA）。这种风险投资组织在 20 世纪 60 至 70 年代中后期一直占少数，当时封闭式基金和 SBIC 是主要形式。从 20 世纪 70 年代末开始，以有限合伙企业形式设立的风险投资组织得到了迅速的发展，成为风险资本组织的主流形式。1980 年，有限合伙的风险投资基金占整个风险投资市场的 40%，中小企业投资公司占 29%，上市交易的封闭式基金及附属于大公司与金融机构的投资公司占 31%。到 1988 年，上述三类风险资本组织的比例则分别变为 80%、7% 和 13%。到 1994 年，有限合伙企业的比重进一步增加到 81.4%。从 1990 年开始，新设的风险投资公司中已几乎没有按照小企业投资公司法设立的了，这种状况一直持续到 1994 年小企业投资公司制度改革为止。

有限合伙制的风险投资公司快速发展并成为主流形式，是基于下列原因：①风险投资退出机制不畅通。20 世纪 70 年代中期，股票市场持续低迷，阻碍了风险资本通过上市和兼并退出创业企业。②一系列税收制度的变化，使得以股票为投资报酬的吸引力大为降低，资本收益税率在 1969 年陡然增加，而且对雇员的股票期权的处理也发生了变化：当期权被实行时就要交税，而不是像以前在股票被售出时才交税。③缺少经营新企业的合格企业家。结果是，种种不利形势使得基金管理人和其他风险投资者纷纷把其投资战略转向非风险投资领域，新兴企业很难获得风险资本的支持。④最重要的变化是劳工部对于雇员退休收入保险法案（ERISA）中的“谨慎人”（Prudent Man）条款所作的修改。这一条款原来要求养老基金在投资时要基于对“谨慎人”的判断，进一步说，就是禁止养老基金投资于小企业或新兴企业所发行的证券以及风险投资基金。1978年劳工部提出，只要不威胁整个投资组合的安全，上述被禁止的投资行为是可以被允许的，该建议得到采纳，引起了小公司股票市场和新股发行市场的积极反应，从而鼓励养老基金把资金投向风险投资基金。这一规定极大地改变了风险投资的投资者构成，养老基金成为风险资本组织的主要资本来源。合伙制基金中养老基金的份额在1980—1985年间达到31%，1992年又进一步提高到49%，而个人与家庭则由18%降至9%，金融机构由13%降至4%。⑤国会通过了降低资本所得税来促进风险投资发展。1978年，资本所得税的最高税率从49.5%降到了28%，大量资金进入风险投资领域。此外，1981年通过的鼓励性股票期权法中允许重新采用以前的用股票期权作为报酬的做法：纳税期被推迟到股票出售时。而公开交易的风险投资公司（包括公众持股的SBIC）和其他一些风险投资组织的经理，则不得接受股票期权或其他以经营业绩为基础的报酬安排，这就使得有限合伙企业对职业金融家颇具吸引力，从而吸引了一批优秀的风险基金管理人和风险企业经营者。这些变化的直接结果是，1980—1995年，有组织的私人股本市场管理的资本由约47亿美元增加到约1 750亿美元，有限合伙制风险投资组织管理的私人股本资本由不到50%变为超过80%。⑥有限合伙企业的税收优惠。在20世纪七八十年代，有限合伙作为避税工具被广泛应用于高科技风险投资行业，1986年美国的《1986年税收改革法案》（*Tax Reform Act of* 1986）推动了有限合伙组织的创新。在这种情况下，有限责任企业和大致同时发展起来的业主有限合伙企业作为有限合伙可行的替代物渐渐地发展起来，两种创新组织都是发展了的有限合伙制，通过将公司的有限责任与有限合伙的税收优惠有机地结合起来，为风险资本组织的进一步发展提供了多种灵活的企业形式，使得有限合伙制组织继续在风险投资中扮演主要角色，成为美国风险投资事业蓬勃发展的推进器。特别是有限合伙制借助有组织的、对有限合伙人的权益进行交易的二级市场，为风险资本提供了较好的流通性。到1995年，美国几乎所有的州都已制定了有限责任企业法，而税制改革和以NASDAQ为代表的证券市场的高速发展也进一步增强了有限合伙制的优势。

在现代的风险投资组织中既有有限合伙制企业，也有有限责任公司和股份公司。考察美国风险资本组织的演变过程可以发现一个很有意思的现象：和一般的企业制度从业主制到合伙制再到有限责任公司制，再发展到公众公司的过程不同，风险投资组织的演变是一个从公众公司到有限合伙制组织的“逆向演变过程”，最早出现的风险资本 ARD 是一个上市交易的封闭式基金公司。20 世纪 50 年代和 60 年代则以小企业投资公司为主，这些小企业投资公司部分是封闭式公司，部分是公众公司。20 世纪 70 年代以后，风险投资迅速发展，组织方式也转变为以有限合伙制为主，各种有限合伙企业成为风险投资组织的主导形式，而天使资本直到目前仍是高科技风险资本的重要来源。我们认为，创业企业的生产技术结构特点和投资者的结构变化是造成风险投资组织制度“逆向演化”的主要原因。如前所述，风险投资中的信息不对称问题和激励问题特别突出，造成严重的代理问题，只有能有效解决代理问题的企业组织才能生存，在这方面，有限合伙制比起有限责任公司和股份公司具有独特的优势。有限合伙制兼具合伙制的治理优势和有限责任制的大范围融资优势，遂成为风险投资组织的主导形式。

风险投资产业投资者结构的变化，即以养老基金为主体的机构投资者地位的上升也是影响这种演化的原因之一。在以个人投资者为主要资金来源的情况下，有限合伙制很难实行，因为分散的股权结构导致的“搭便车”等问题会严重影响风险投资组织的治理效率，只有有限数量的参与者才能做好基金公司的治理，合伙制风险基金的有限合伙人通常在 10～30 个，许多基金只有一个有限合伙人，这无疑有利于提高治理效率。第一个有限合伙制组织出现于 1958 年，但直到 20 世纪 70 年代末，有限合伙制仍只占较小的比例。因为当时机构投资者尚未成熟，风险资本市场仍以个人投资者为主（ARD 和 SBIC 的股东主要是个人投资者），风险投资组织只能采取“两权分离”的形式，依赖公开资本市场的治理机制。20 世纪 70 年代末，有关法律放松了对机构投资者的投资限制，有限合伙制得以大行其道，80% 以上的新增风险资本流向有限合伙制的风险投资基金，因此风险投资组织的“逆向演变”过程实际上反映了风险投资的客观要求和资本市场的结构性变化。

5.2 风险投资机构公司制与有限合伙制的比较

公司制和有限合伙制是风险投资机构的主要组织形式。风险投资具体采用什么样的组织形式和制度安排，很大程度上受代理成本及效益的影响。下面我们就从代理成本的角度来分析和比较两种制度。从制度经济学的角度来分析，这两种制度的特点就是所有权与经营权的分离，因而必然存在委托代理问题，同时产生代理成本。所谓代理成本，是指所有权与经营权分离后，代理人为了自身的利益可能做出损害委托人利益的行为，由此而导致的机会成本。简而言之，代理成本是所有者因代理关系而承担的利益损失，包括两部分：①由于管理者的道德风险而导致的所有者利益损失，我们称之为道德风险成本；②所有者对管理者执行约束措施所花费的成本，我们称之为监督成本。代理成本是道德风险成本与监督成本的总和。为了更好地比较两种制度，我们在分析中考察了税收和管理费用等营运成本。

5.2.1 公司制风险投资机构成本分析

公司制的风险投资机构，是完全依照公司法的规定设立和运作的，是由两个或两个以上的投资者共同组成的具有独立主体资格的组织。风险资本的投资者是风险投资公司的股东，按出资额享有相应的权利和承担有限责任，一般不直接介入公司的运作，而由董事会选择的经营者负责管理。经营者在资本运作和项目选择等方面具有较大的自主权，实际上是公司的经营代理人，这种委托代理关系具有信息不对称和各种代理风险，因而产生机会主义的可能性更大。

1. 代理成本

公司制风险投资机构中，作为所有者的风险资本投资者是公司的委托人，他们把资本委托给公司的经理人经营运作，所有权和经营权是分离的，他们之间的委托代理关系具有信息不对称和各种代理风险。

公司经理人因不持有公司股份，其经营决策的目标与投资者的利益不可避免地存在偏差。投资者只能从外部对经营者施加约束，但这种约束又因为风险投资公司的股权分散而被弱化。公司制风险投资公司存在以下几方面的问题：一是不能有效防范风险投资家的道德风险。这是因为，当风险投资家努力工作使公司获得成功时，他们并不能因此而得到相应的激励性报酬；而公司经营不善时，他们仍可领取固定工资报酬，其风险和收益不对称，且风险投资家的行为并不能被完全监测，故容易导致其采取隐蔽行为。二是公司制风险投资基金是永久存续的基金，投资者与风险投资家不能形成重复博弈，一旦投资者投入资金，只能收取股利收益。风险投资家几乎绝对控制了风险投资资金，从而导致严重的内部人控制现象，监督成本和道德风险成本都加大。

因此，公司制组织形态的资产是由公司而不是由股东所拥有，公司以其资产对债务承担有限责任，而非股东个人承担无限责任，也不要风险投资家投入个人资金，决策者也不承担投资风险，故而对股东、风险投资家均没有刚性约束。同时，风险投资的投资对象是高风险的创业企业，而这些企业具有较强的信息不对称和高度的不确定性，这就给外部投资者监控风险投资家的行为带来了很大困难，使得他们更有可能采取机会主义行为。因而代理成本很高，这种组织制度很难协调股东和管理者的委托代理关系。

2. 运营成本

在这里，我们把纳税和日常管理费用均算为风险投资公司的运营成本。在税务方面，各国的通行做法是，只有在法律上具有独立主体资格的企业才征收企业所得税，因为公司制，风险投资机构本身就是所得税的纳税主体。当作为公司的风险投资机构从创业企业获得收入时，必须交纳该笔收入的所得税。不但如此，当投资者从风险投资机构中分得利润时，还得交纳此笔收入的所得税。重复征税加大了风险投资机构的运营成本。同时，在公司制框架下，风险投资家与基金投资者的合同自由原则受到了极大的限制，当事人约定权利义务必须受到有关公司法的强制性规定的制约。例如，作为股东的基金投资者无法采用仅支付一笔固定费用作为基金管理人的报酬及基金管理运作开销的做法，由于他们之间属于雇佣关系，公司支付的报酬均受到劳动法的调整。由此可见，公司制的风险投资机构比较难控制日常管理费用。

可见，由于公司制的法律关系和管理结构复杂，存在着较高的代理成本和运营成本，因此，近年来在美国很少有风险投资机构采取这种形式。

5.2.2 有限合伙制风险投资机构的成本

有限合伙制是普通合伙制发展到一定阶段的产物，是合伙制的一种高级形态。它是由享有全面管理权并对合伙企业的债务承担无限责任的普通合伙人，与不参与管理但对合伙企业的债务仅以其出资为限承担责任的有限合伙人共同组成。在承认有限合伙制的国家中，有限合伙制无一例外地成为风险投资组织的主流模式，其根本原因就是有限合伙制有效地降低了运营成本和代理成本。

1. 有限合伙制能够有效地控制风险投资的代理成本

首先，投资者作为有限合伙人，仅是资金的投入者而非经营管理者，他们仅以其投入的资金为限对风险投资机构的亏损与债务承担责任，也就是说，有限合伙制为投资者承担的风险设置了一个上限。

其次，风险投资家作为普通合伙人，是风险资本的经营管理者，他们对公司的亏损与债务承担无限连带责任，从而把风险投资家的责任与风险投资的成败紧密地结合在一起，使得风险投资家必须努力工作。

再次，有限合伙制在契约上有一系列安排来防止代理人损害委托人的利益，有效地控制了代理成本。如，基金的经营期限是固定的，管理者不能永远控制基金；投资者分阶段履行其投资承诺，可通过拒绝后续阶段注资的方式而变相撤回投资……这些措施是保障投资者利益，降低代理成本的有效措施。

最后，有限合伙制可以有效地激励风险投资家努力工作。制度经济学认为，企业的剩余索取权和控制权相匹配能有效降低代理成本。风险投资家负责风险投资的经营管理，如果他们不拥有较大份额的剩余索取权，他们就不可能全身心地投入风险投资工作中，反而可能产生机会主义行为。因此，在有限合伙协议中，风险投资家出资1%，但可以享受20%的投资收益。从而把风险投资家的个人收益与风险投资的业绩有效地结合在一起，这种激励机制使得风险投资家愿意努力工作，实现风险投资价值的最大化。

2. 有限合伙制能够有效地降低风险投资的运营成本

有限合伙制的风险投资机构是非独立主体资格的营业组织，在税务上享有直接课税的待遇（flow through treatment），即当风险投资组织投资盈利并接受投资收益时，每个投资者按分配额承担纳税义务，缴纳个人所得税。这样，有限合伙制能够有效地规避双重纳税的问题，通过降低税务成本，极大地降低了风险投资的运营成本。关于风险投资日常管理费用，因为有限合伙制规定可以提取一定比例金额作为管理费用，如果经营管理费用超过了约定，投资者不负有另行支付的义务。可见，有限合伙制能有效地控制日常管理费用。

5.2.3 公司制与有限合伙制的比较结果

对风险投资机构采用何种组织制度，在假定收益相同的条件下，关键看哪一种组织制度成本最低。下面我们用简单的成本曲线来作个比较。（如图5-1所示）

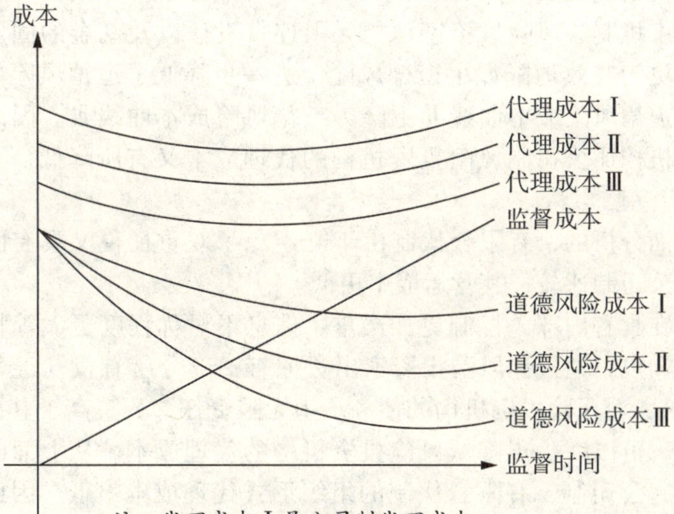

注：代理成本Ⅰ是公司制代理成本
代理成本Ⅲ是有限合伙制代理成本

图5-1 公司制与有限合伙制成本比较

1. 公司制风险投资机构的成本分析

由于所有权和经营权分离，因而存在代理成本（代理成本 = 道德风险成本 + 监督成本）。

（1）设道德成本曲线斜率为负并向下“凸”，因为随着监督力度（以监督时间表示）的加大，道德风险成本会下降，但不能完全消除道德风险，而且监督的边际收益处于递减状态。用道德风险成本表示。

（2）监督成本曲线斜率为正，即监督成本与监督时间同方向变化，随着监督时间的增加，监督成本加大。用监督成本表示。

（3）代理成本是先下降后上升的U字形曲线。因为随着监督力度的加强，监督的边际收益递减，即监督成本不断上升，抵消了因监督而减少的道德风险成本。用代理成本Ⅰ表示。

2. 有限合伙制风险投资机构的成本分析

有限合伙制的相关制度安排降低了代理成本。

（1）激励机制：在有限合伙制企业中，风险投资家拥有部分所有权。风险投资家凭1%的股权可享受10% ~30%的收益分配，有利于将风险投资的经营业绩变成风险投资家收入函数中的一个重要变量，从而使其努力工作，降低了道德风险成本。道德风险成本由道德风险成本曲线Ⅰ下降为道德风险成本曲线Ⅱ，代理成本也由代理成本曲线Ⅰ下移到代理成本曲线Ⅱ。这样，有限合伙制有效地降低了代理成本，在图形上表现为其代理成本曲线在公司制风险投资机构代理成本曲线的下方。

（2）约束机制：风险投资家承担无限连带责任以及基金的固定期限制等制度设计，更为有效地降低了道德风险，进一步降低了道德风险成本。道德风险成本由道德风险成本曲线Ⅱ下降为道德风险成本曲线Ⅲ。因而有限合伙制风险投资机构比公司制风险投资机构的代理成本又有所降低，下降为代理成本Ⅲ。

正如前面分析的，有限合伙制由于既避免了双重征税又具有固定比例的管理费，与公司制比较，其营运成本更低。

总之，在具有内部人控制更加严重、信息不对称程度更大等特殊情况的风险投资机构里，通过让风险投资家出资拥有一部分所有权（经营权与部分所有权重合），对风险投资机构的债务承担无限责任，分享高于其出资比例的利润等做法，可以一步步降低风险投资机构的代理成本。从上面的分析中可以看出，比起公司制，有限合伙制的组织形式代理成本最低。因此，有限合伙制最符合风险投资的运作和发展，这也是有限合伙制成为风险投资组织主流形式的主要原因。

5.3 风险投资组织的治理结构分析

5.3.1 公司治理结构的内涵

公司治理结构（Governance Structure of Company）研究的是企业制度安排问题。这种制度安排，狭义上指的是在企业的所有权和管理权分离的条件下，投资者与企业之间的利益分配和控制关系（Schleifer 和 Vishny，1996）；广义地则可理解为关于企业组织方式、控制机制、利益分配的所有法律、机构、文化和制度安排，其界定的不仅仅是企业与股东（Shareholders）之间的关系，而且包括企业与所有利益相关者（如雇员、顾客、供应商、社区等，统称为 Stakeholders）之间的关系。这种制度安排决定企业为谁服务、由谁控制、风险和利益如何分配等一系列问题。这种制度安排的合理与否是企业绩效高低最重要的决定性因素之一。

从提高企业绩效的角度看，公司治理结构研究两方面的问题：其一是经理层、内部人的利益机制（The Incentive Issue）及其与企业的外部投资者利益和社会利益的兼容问题，既包括经理层的激励控制问题，也包括企业的社会责任问题；其二是经理层的管理能力问题（The Competency Issue）。

从利益机制的角度看，公司治理结构设计所面临的是什么样的企业制度最有利于“确保投资者在企业中的资产得到应有的保护和获得合理投资回报”的问题，或者更具体地说，是如何保证外部投资者的合法权益不被企业的“内部人”（经理层和占有控股权的大股东）侵吞的问题。“代理人行为”理论认为，企业所有权和管理权的分离导致产生“委托人”（股东）和“代理人”（经理层）之间的利益背离，加上信息成本过高，企业经理层所做的管理决策就有可能偏离企业投资者的利益；更为有害的是代理人的监守自盗现象，在企业管理上表现为各种侵蚀委托人利益的“代理人行为”。

由于这种“代理人行为”可能存在，企业治理结构是否能有效解决激励约束机制和代理成本就非常关键。而风险投资是高度制度化的投资模式，具有独特的双层委托代理问题，信息不对称更为严重，存在更高的代理成本，因此合理的治理结构更为重要。

5.3.2 有限合伙制企业的组织结构

风险投资组织的典型形态是有限合伙制，在美国所有的风险投资组织中，大约有 2/3 是采用有限合伙制。这里我们主要分析有限合伙制的风险投资基金的治理机制。这种风险投资组织治理机制的主要特点是：很难使用公司制的许多方法，如积极参与董事会、撤换管理人，且公司控制权市场也难以发挥作用；相反，投资者还要尽量避免直接介入风险投资基金的活动。撤换普通合伙人十分困难且成本较高。因此，投资者主要依赖激励机制的作用，其中声誉机制和基于基金投资的可观察、可证实的收益制定的薪酬制度，在风险投资组织治理中具有重要作用。对于不满意的普通合伙人，投资者一般是通过不对其组建的新基金投入资本来加以惩罚，所以，基金的有限存续期也相当重要。

有限合伙基金包括两类投资者，一类为有限合伙人，通常为机构投资者，类似于公司的股东，以其所投资的金额为限承担有限责任。和一般企业不同的是，有限合伙人不参与基金的经营管理，不具有公司股东所拥有的一些决策权，但在合伙协议的修改、基金提前解散、基金延续、资产估值等重大事务方面，有限合伙人通常拥有表决权。另一类为普通合伙人，通常是专业的基金管理人，也即我们所称的风险投资家。他们对风险基金承担无限责任。不过由于风险基金一般不用借贷进行投资，因此，也很难发生高于净资产值的风险。

一个有限合伙制的典型结构为：基金管理人组成一个合伙企业，即基金管理企业，基金管理企业再作为普通合伙人，成立一个有限合伙企业，我们称之为合伙企业A，基金管理企业的管理人是合伙企业A的有限合伙人，同时该有限合伙企业再作为普通合伙人组成有限合伙基金，我们称之为合伙企业B。从法律意义上看，基金管理企业的管理人具有双重身份，一方面是基金管理企业的雇员，另一方面是合伙企业A的有限合伙人：作为基金管理企业的雇员，经营管理合伙基金；作为合伙企业A的有限合伙人，提供合伙制基金中的普通合伙人所应提供的资本份额，同时得到作为普通合伙人的利润收益。基金的普通合伙人负责管理基金的投资，其自身的投资比例较小，一般只占总投资的1%左右，其余由有限合伙人出资。在投资收益的分配上，普通合伙人可以提取管理费和一定比例的基金收益，作为其付出的管理劳动和承担的无限责任的回报。有限合伙制的基本架构可参看图5-2。

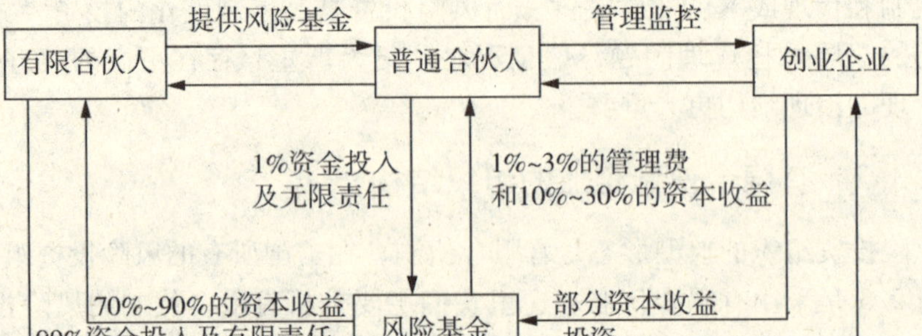

图5-2 有限合伙制的基本架构

5.3.3 风险投资机构治理结构分析

在风险投资机构中，公司治理结构设计主要是通过投资者与风险投资家之间的一系列合同安排，在保证决策效率的前提下使代理成本最小化，进而达到实现公司治理结构的目的。

1. 风险投资基金有限存续期与有限合伙基金的治理

风险投资基金在组织结构上有一个特点即有限存续期，这个特点可以用来激励和约束普通合伙人的活动，使其为有限合伙人的利益服务，从而发挥治理作用。风险投资基金的存续期一般为10年，期满后根据要求经大部分股东同意可增加2~4年。有限存续期在公司治理方面有两个效果：一是由于基金存在的时间有限，基金管理人不能永久性地控制基金，且需要在存续期终结时对基金清盘。如果管理人在基金存续期间曾产生过有损投资者的行为，或投资管理水平不佳，必将在基金清盘时暴露出来，管理人的声誉会受到损害，甚至将因此而被排斥在基金管理业之外。二是基金管理人作为专业的风险投资管理者，他的事业和收入都来源于风险资本管理，为了维持在这一行业中的地位，继续在业内取得发展，必须在原来的基金到期后不断地发起设立新的基金。通常情况下在将原基金的资金投资完毕以后，就要设立新的基金，这一过程一般为3~5年。如果所管理的基金业绩不好，基金管理人就很难募集到新的资金。投资者会将清算后的剩余资金转向表现优秀的基金管理人，新流入的风险资本也会避开业绩差的基金，投向业绩优的基金。这也就意味着基金管理人职业生涯的完结。因此，有限存续期在一定程度上起着解雇不合格基金管理人、选拔优秀管理人的作用。这种作用能达到评估和激励基金管理人表现、约束其机会主义行为的效果。

2. 投资者承诺资金制与有限合伙制企业的治理

在有限合伙制企业，投资者不仅在基金到期后可以选择将资金从表现不佳的基金管理人那里撤出，而且在基金到期之前也可以在发现管理人不合格或即将失败的情况下及时地停止投资。承诺资金制就是起到这种作用。

所谓承诺资金制，是指合伙基金的投资者通常在基金发售期先承诺认购一定份额的基金，但实际上仅支付认购份额的25%~30%，其余资金在基金进行实际投资时再按照认购的比例分批注入。这种已经认购但并未实际支付的资金在合伙基金中称为承诺资本（Committed Capital）。这种分批投入资金的做法就是承诺资金制。通过承诺资金制，投资者就可以根据基金的管理状况和项目的进展，决定是否提供后续的资金投入，每一次资金投入，实际上也就是投资者对基金管理人实行的一次评估。如果投资者对普通合伙人的表现不满意，他可以拒绝投入后续资金。当然，如果投资者放弃继续注资，他只能取回已投入部分的一半，产生的投资收益也只能拿到一半。放弃注资行为一般是在投资者认为普通合伙人能力太低，投资项目注定失败，或普通合伙人出现严重的违反诚信原则的行为的情况下出现的，因此，资金安全是第一位的。分期注资机制使得投资者可以根据基金管理人在每一阶段的表现做出选择和激励决策，有力地限制了普通合伙人的机会主义行为。

3. 有限合伙制企业治理中的声誉机制

在存在众多的市场竞争参与者的情况下，参与者要长久地留在市场中，声誉对他的行为就有很大的约束力（Diamond，1991）。Sirri 和 Tufano 等人的经验研究也表明，风险基金管理人过去的业绩是吸引投资者的一个强烈信号，一个刚起步公司的创业企业家更愿意接受一位知名的风险投资家所做出的融资安排，即使评估价值稍微低一点。同时，声誉也为风险投资家提供了募集新基金的能力（Gompers，1996），因为投资者对资金管理人的能力并不了解，只能凭借其以往的经历、业绩来判断其管理能力和职业道德。这种经历就成为一种有声誉的信号。筹集合伙资金既费时又成本高昂，涉及向机构投资者及其顾问进行陈述等步骤，而这可能会耗时 2 个月至 1 年不等，时间的长短和筹资的成败完全取决于普通合伙人的声誉和经历。

普通合伙人的声誉主要表现在担任基金管理人时间的长短和管理资金的多少等方面。长时间地管理过大量资金的普通合伙人通常拥有较好的声誉，组建新的基金也较容易成功；没有管理过风险投资基金（或管理时间短、管理资金量少、以往出现过重大亏损）的普通合伙人则很难得到投资者的信任。经验研究显示，成立时间较短的风险投资基金更重视建立声誉，因为这对管理人组建新基金至关重要，为此它们倾向于更快地将它们投资的创业企业推荐公开上市，从而为自己争得声誉。管理人常会在创业企业上市后就立即组建新的合伙基金（Gompers，1996）。

4. 有限合伙制企业治理中的薪酬制度

薪酬制度是有限合伙制组织激励机制的核心。在美国，有限合伙制组织的薪酬制度安排是其成为风险投资组织主导形式的原因之一，由于美国的投资公司法禁止公众持股的风险投资公司的经理接受股票期权或其他以经营业绩为基础的报酬，金融机构附属的风险投资公司管理者也只能得到工资收入，职业风险投资家纷纷流入合伙制企业。

在有限合伙制组织中，普通合伙人的薪酬由两部分组成：管理费（management fee）和业绩报酬。薪酬机制主要涉及这两种报酬在总收入中的比重、计算方法及调整机制等。

关于以上两种收入的比重，总的来看，有限合伙制组织实行的是低管理费和高业绩报酬的办法，以加强对有限合伙人的激励，根据 Sahlman（1990）

的计算，对一个取得平均收益的合伙企业来说，业绩报酬可能达到管理费的好几倍。

管理费的设定涉及两个因素：一是计算管理费的基数，二是计算管理费的比例。管理费一般是以管理基金的资金总额为计算基础的，费率一般为1%～3%。一般来说对规模较大的基金收取的比例小一些，对专门投资于创业前期的规模较小的基金收取的比例则比较高，而且在基金存续期内一直保持，但管理费比例不完全固定，尤其是对于那些以投资人承诺出资额作为计算标准的基金，管理费比例通常呈现为“由低到高再到低”的过程。因为在前期，并不是所有资本都能到位，因而工作量较小；到中期是投资最集中的阶段，投资管理工作量也最大；到后期，随着投资行目的逐步退出，工作量又逐步减少。

近年来出现了许多降低管理费，以及将管理费与时间投资额和公司资产价值挂钩的安排，以此来鼓励普通合伙人积极进行高收益投资。业绩报酬成为风险投资家主要的收入形式。业绩报酬又称“携带收益”（Carried Interest），即利润分享的伙伴关系（share of a partnerships profit），在普通合伙人的收入中占有较大比重，一般占合伙企业利润的10%～30%（20%是最常见的，因此它是激励机制的核心），在有限合伙制企业的治理中占有重要地位。在早期，计算合伙组织的投资利润是基于单项投资的收入，近来越来越多的合伙制企业采用了以公司全部投资组合的回报为基础的计算方法，这种方法鼓励普通合伙人去关心整个投资活动的效益。业绩报酬制的另一个变化是关于合伙基金投资收益中股票的估价问题。原来许多基金是以股票的市场价格计算利润的，这种方法存在一个问题，就是当有限合伙人实际抛售分配给他们作为利润的股票时，股价往往会下跌，这降低了有限合伙人的实际收益。为了解决这个问题，一些合伙组织采用现金利润分配取代股票分配，或对股票分配给予一定折扣。一些合伙组织则要求普通合伙人在分享利润之前先要向投资者支付某个固定比例的回报（5%～10%不等），这样普通合伙人只能从固定回报之外的那部分利润中提成。

这些关于薪酬制度的安排使普通合伙人的报酬与有限合伙人的收益更紧密地联系起来，达到激励相容的目的，从而较好地激励基金管理人努力地管理好各项投资，以实现基金的价值最大化。同时，这种薪酬制度也把市场中优秀的人才吸引到了风险投资基金管理业中。

5. 有限合伙制企业治理中的约束机制

为了回避投资风险、保护自身利益，有限合伙人还通过合伙协议（Partner Agreement），以契约（covenant）的形式规定一些约束条款，对合伙企业的投资和普通合伙人（基金经理）的其他活动进行限制。这些条款分成三大类：与基金管理相关的约束条款、与普通合伙人（基金经理）有关的约束条款及允许投资种类相关的约束条款。

对基金的管理特别是对投资活动的限制尤其重要，因为普通合伙人薪酬中的很大一部分是来自于基金投资收益，这种收益激励制度具有某种期权性质，为追求利润分享的最大化，普通合伙人可能会过度冒险，增加合伙企业的风险。因此，为了规避过度风险，合伙协议通常对普通合伙人的投资活动做出多方面限制，主要包括：限制合伙企业在单个或几个项目（常常是最大的投资项目）上的投资比例；禁止做出投资于上市流通的股票、外汇、衍生产品及其他基金等任何可能分散基金管理人精力的投资行为，以便管理人更好地实现所设定的基金目标。

其他的限制性措施还有，限制基金负债行为或是向所投资企业提供担保（相当于向所投资企业提供借款），目的是为了减少管理人对资金的控制；有关利润再投资的限制，利润再投资需要经有限合伙人同意。在大多数情况下，有限合伙人会要求立即通过销售基金资产，将现金分配给投资者。积极的投资者通常要求基金管理人每年将已实现的利润分配给投资者，这一要求减少了基金管理人控制的资金量与再投资的可能性，强化了对基金管理人的约束。另外，合伙协议还限制普通合伙人与关联人进行交易，比如限制基金管理人同时管理多个基金等，限制普通合伙人将此项基金与早期或晚期基金（earlier or later fund）进行混合投资，限制普通合伙人及其助手对合伙企业的项目进行有选择地联合投资，限制普通合伙人出售在合伙基金中的股权等。有些合伙协议还允许有限合伙人对合伙企业实施一定程度的监督。大多数合伙企业中都有一个起监督作用的咨询董事会（advisory board），由最大的几个有限合伙人组成，这些董事有助于解决普通合伙人的一些利益冲突。当然这种咨询董事会与一般公司的董事会不同，由于合伙企业的法律性质，他们的权利是有限的，合伙企业禁止有限合伙人在管理中发挥积极的作用。

当然，上述三大类约束条款并不是绝对不变的。在实际运用过程中，可以根据市场条件做出取舍。美国学者 Paul A. Gompers 和 Josh Lerner（1999）曾经对美国在 1978—1992 年间的风险投资基金章程和合伙协议中的约束条款进行过分析，结果如下：

第一，随着投资者的成熟，合伙协议中对普通合伙人（基金经理）的约束条款的数目呈持续增长之势。其中，1978—1982 年这 5 年间，平均每个合伙协议中只有 4.4 条约束条款，到 1983—1987 年这 5 年间，约束条款增加到 4.5 条，而到 1988—1992 年这 5 年间，约束条款更增加到 7.9 条。如果考虑到大型基金倾向于更多的约束条款这一权重因素的影响，以上数目分别为 4.4、4.6 和 8.4（见表 5－1）。

表5-1 在不同年段公司合伙协议中限制性条款的分布

年段	1978—1982	1983—1987	1988—1992
样本风险投资合伙协议总数	27	68	45
限制性条款种类平均数目	4.4	4.5	7.9
考虑大型基金规模权重因素后的条款数	4.4	4.6	8.4

资料来源：保罗·冈珀斯、乔希·勒纳著，宋晓东等译：《风险投资周期》，北京：经济科学出版社2002年版。

第二，随着投资者逐步成熟，投资者最关心的约束条款类型也发生了明显变化。在风险投资发展早期，投资者更多关心的是如何约束普通合伙人（基金经理）的个人行为；随着投资者逐步成熟，关于基金管理和投资种类等约束条款便逐步增加，而对可能限制基金经理灵活性的约束条款则逐步被放弃（见表5-2）。

表5-2 在不同年段各类约束性条款出现的频率

单位:%

		1978—1982	1983—1987	1988—1992
与基金管理相关的约束条款	对单个企业投资额的限制	33.3	47.1	77.8
	对合伙企业负债的限制	66.7	72.1	95.6
	对合伙基金进行关联投资的限制	40.7	29.4	62.2
	对合伙基金资本收益再投资的限制	3.7	17.6	35.6
与普通合伙人相关的约束条款	对普通合伙人共同投资的限制	81.5	66.2	77.8
	对普通合伙人出售合伙权益的限制	74.1	54.4	51.1
	对普通合伙人筹集新基金的限制	51.9	42.6	84.4
	对普通合伙人其他行为的限制	22.2	16.2	13.3
	对增加普通合伙人的限制	29.6	35.3	26.7
与投资种类相关的约束条款	对向其他风险投资基金投资的限制	3.7	22.1	62.2
	对公共证券投资的限制	22.2	17.6	66.7
	对LBO投资的限制	0	8.8	60
	对国外证券投资的限制	0	7.4	44.4
	对其他资产投资的限制	11.1	16.2	31.1

资料来源：保罗·冈珀斯、乔希·勒纳著，宋晓东等译：《风险投资周期》，北京：经济科学出版社2002年版。

5.4 创业企业的治理结构

创业企业的治理结构是为了适应企业成长早期高度的不确定性和委托人与代理人之间高度的信息不对称而形成的，因为新生的创业企业必须面对一系列复杂的诸如管理、技术和市场等方面的问题。此外，创业企业家拥有许多不为风险投资家所知道的私人信息。因此，创业企业治理结构的主题应是通过合适的制度安排，减少或缓和委托人与代理人之间的利益冲突，最大限度地实现二者利益的趋同，进而促进投资者在创业企业中的资产得到保值和增值。实际上，正如有些学者所指出的，风险资本并不只是一个外部资金的来源，风险资本的特征之一就是资本与活跃的公司治理及资本家对企业的控制相结合（Berlin，1998）。美国等发达国家的创新投资运作之所以成功，关键之处就在于良好的公司治理。分析创业企业中公司治理的形式和决定因素有助于我们理解创业企业在什么情况下会取得成功以及哪些企业会取得成功。

公司治理一般分内部治理机制和外部治理机制两大类，下面我们分别考察创业企业的内部治理机制和外部治理机制。

5.4.1 创业企业的内部治理机制

1. 风险投资家对投资工具的选择

不同的金融工具代表不同的融资形式和不同的资本结构，从而也意味着不同的治理结构。风险投资家很擅长通过对不同的金融工具的运用来控制风险。Norton（1992）等人研究发现，风险投资家喜欢用优先股和可转换债券等投资工具，因为股权和债权相结合的投资方式可以缓解经济周期的变化风险，也可为投资的后期阶段带来更大的税收优惠，为企业家提供效益激励的“棘轮”期权，还可以规避经理人操纵信息和基于不对称信息下的道德风险。同时，在不同阶段，金融工具的使用效果也不同：在早期阶段的投资中，使用可转换优先股作为投资工具是比较有效的投资合约形式，而在后期可以使用普通股和债券等投资工具（Jeffrey，1992）。风险资本进入创业企业，较少采用纯粹的股权或债权安排，而多采用和股权有关的证券形式，这种证券主要包括可转换优先股、可转换债券以及附购股权债券等，其中可转换优先股是主要形式。优先股有固定的基本收益，一般高于债券而低于普通股，且对公司拥有剩余索取权或资产分享权，在债券之后普通股之前。因此，优先股投资的风险较一般债券要大，但比普通股的风险小。而且，有些可转换优先股还附有赎回条款，在对企业前景失去信心时可以要求企业赎回股票。可转换优先股的另一个特点是具有转换为普通股的权利。可转换优先股的特点对公司治理产生了四个方面的效果：第一，在转换前，风险资本能得到更稳定的回报，在企业破产清算时拥有优先清偿权，在必要时还可以要求赎回，从而降低了投资风险。第二，在企业发展时，风险资本可以将可转换优先股转换为普通股，从而参与企业的经营管理，分享增长所带来的好处。第三，可转换优先股向公司的管理层提供了强有力的业绩激励，因为管理层要么持有普通股，要么持有购买普通股的期权，企业经营如果出现问题，普通股的价值会大打折扣甚至一钱不值，因此，使用可转换优先股可以减轻企业家的“道德风险”。第四，由于风险资本持有的优先股有投票权，所以风险资本家保持了对企业的控制权，这是创业企业资本结构的特有现象，一般的优先股不具有投票权，或只有受限制的投票权。

除了可转换优先股外，其他几种金融工具在公司治理上也都具有类似的意义。对投资者来说，它们具有与可转换优先股相似的清偿优先权；对管理层来说，其具有相似的业绩激励。可转换债券是持有人能以约定期限和约定价格转换为企业股份的债券，选择可转换债券使风险投资家能够在取得稳定收益的基础上，通过债权转股权的方式获得参与创业企业经营管理并分享成长潜力的机会。并且，可转换债券一般也附有赎回条款，可以加强对风险投资家的利益保证和对企业管理层的压力。附购股权债券则使风险资本在以债权形式进入被投资企业的同时，可获得一项认股权，能够在未来按某一特定价格买进一定数量的股票。

2. 投票权的分配

与金融工具选择相关联的是投票权的分配，投票权分配的一般原则是“一股一票”。创业企业投票权分配的特点是风险投资家在创业企业中的投票权并不依赖于其持有的证券种类，可转换优先股的持有者可能被允许在“已转换”（As-Converted）的基础上进行投票；同样地，附购股权债券也被设计成进行投票时投资者拥有投票权。另外，风险资本在某些特定问题上还具有否决权。这样即使风险投资家持有的是可转换债券，风险资本仍能对企业施加足够的控制。有时，尽管风险投资家没有投票控制权，一般他也是最大的非管理层股东。因此，风险投资家在创业企业中的影响力往往超过其持有债券应有的影响力。创业企业产权结构的“两权分离”现象就是通过对投票权的这种安排得以实现的。

3. 董事会治理机制

创业企业的董事会对公司管理承担着最终的责任，其基本作用包括做出重大决策，评估和监控以首席执行官（CEO）为首的高级管理人员的活动，制定他们的薪酬，或在必要时更换CEO，引入新的管理者。

从某种意义上来说，董事会结构在创业企业这样的未上市公司中并不算是最重要的，因为大股东有足够的积极性去监控管理层，根本没有必要授权，但是考虑到企业绩效的长远发展，在企业股权走向分散之前，为企业制定出合适的公司治理结构却是十分必要的。而且，创业企业的特点决定了存在着管理层掠夺外部股东利益的风险，因此投资者必须依赖董事会来进行严格的监督。实证研究表明，风险投资家对创业企业管理参与程度最高的就是董事会机制，甚至超过了一般认为风险投资家起关键作用的融资顾问和对财务、业绩的监控活动，这足以说明风险投资家对董事会机制的重视和依赖。

与其他私营小公司以及公众公司的董事会结构和作用相比，创业企业董事会机制有其自身的特点。小企业的股权分散度小，通常由创立者和家族拥有大多数股权，外部股东微不足道，所有者和经营管理层是一套人马，合二为一，通常由企业老板个人制定决策；董事会人数不多，董事长就是老板，董事会在决策中的作用很小。这种结构体制使小企业无法使用外部资金资源和专业经理的人力资源，决策也可能失误，缺少监控制约系统。而公众公司尽管股权分散，但大多数分散股东对企业几乎没有实质性的影响，管理层掌握了内部信息，所有者和经营者分离；董事会一般规模较大，董事长由企业主要管理层人员如首席执行官和总裁等“内部人”担任，削弱了董事会的相对独立性，董事会对企业决策的影响也很小。创业企业与私营小企业有些相似，即股权分散度小，但股份由投资者掌握，投资者与管理者建立了风险和利益共担的合作关系，重大决策由风险投资家控制，具有大企业规范式策略制定的优点；在董事会机制上表现为董事会人数更少、更精干，风险投资家在董事会中更具有主导作用。

创业企业的董事会规模比一般的同等规模的公司要大，这主要是因为创业企业存在较大比例的外部股东——风险投资家。风险投资家重视董事会对管理层成员的监督、约束作用，因而积极参加董事会。风险投资家的加入扩大了创业企业董事会的规模。但创业企业董事会的规模又比公众公司等有外部股东参与的要小，因为风险投资家作为一个大股东可以通过直接干预发挥相机治理作用，对董事会机制的依赖要小于外部股东分散的公众公司。

董事会的构成是董事会机制能否发挥较大作用的重要因素。在一般的私人公司，董事会几乎全部由投资者代表担任；在公众公司，“内部董事”占主要地位。创业企业董事会的特点是外部董事占有较大的比例，主要的外部董事是风险投资家代表。风险投资公司往往至少派一个风险投资家参加创业企业的董事会，甚至希望更多自己人成为董事会成员；主导的风险投资公司甚至还派人担任董事长，积极参与被投资公司的管理活动。美国学者勒纳（1994）对生物科技行业创业企业进行的实证研究发现，合伙制的风险投资基金在公司董事会中占有超过 1/3 的席位，远远超过管理层或其他外部董事所占有的席位。通常来说，风险投资家是极有影响和有效的外部董事，作为大股东，他们能承担必要的开支来监控公司，而且，他们拥有进行有效监控的资源——以董事会成员的形式在尽职调查过程中所获得的信息，监控类似公司所获得的专长等。多数情况下，风险投资家在被投资公司的董事会中占据举足轻重的地位。在企业经营出现问题，达不到契约规定的目标时，风险投资家会要求在董事会中增加其代表比例。这是创业企业控制权状态依存分布的具体体现。

4. 分段投资机制与创业企业治理

分段投资机制是风险投资家对创业企业所采取的强有力的控制机制。风险投资家对创业企业提供的资金不是一次性投入的，而是根据企业的发展需要分几个阶段进行，如产品研发、小试、中试、批量生产、市场推广等，每个阶段提供的资金都使得创业企业足以进入下一个发展阶段，只有创业企业达成每个阶段的目标，才能获得下一阶段发展所需的资金；当现有阶段投资失败或达不到预计效果时，风险投资家可能修改继续投资的条件甚至停止投资。分段投资机制包括“中止投资”和“追加投资”两种情况。分段投资条款赋予风险投资家对劣质项目停止后续投资和对有前途项目追加投资的权利，是风险投资家在与创业企业家的重复博弈过程中所采取的一种保护风险资本安全与增值的博弈策略。分段投资是风险投资的一个重要特点，是减少代理风险、更好地把握投资不确定性和履行不完全合约的重要决策机制，可以最大限度地减少投资的损失。

分段投资机制对公司治理的作用主要表现在它可令风险投资家对创业企业的前景和企业家的表现进行周期性、阶段性的重新评估，然后根据评估结果选择是否继续注入资金，从而起到减少错误决策、抑制企业家机会主义行为的作用。

创业期企业和项目的一个重要特点就是不确定性，阶段性评估能在一定程度上减轻不确定性带来的风险。风险投资家可以根据项目的进展判断发展前途，对前景黯淡的项目可以及时收手，果断停止投资，降低投资风险。

创业期企业和项目的另一个特点是信息不对称，创业企业家比风险投资机构掌握更多的企业信息，更可能从自己的利益出发，形成较大的代理成本，甚至可能误导风险投资家的投资决策。如当项目发展前景不好时，企业家可能继续从事新产品的开发生产，从而在企业运作中保持个人利益，而损害投资者的利益。在阶段性投资机制下，风险投资机构定期检查创业企业的运营情况，可以使风险投资家随着项目进展了解更多的企业和项目信息。一般来说，风险投资家在两轮资金注入之间，会周期性地“考察”创业企业。据美国学者 Gorman（1989）等人的统计研究表明，在各轮融资之间，对控股创业企业，风险投资家平均每月拜访一次，并且每次拜访，都要到企业或相关的研究基地待上 4 ~5 个小时；对参股创业企业，风险投资家平均每季度检查一次，每次参观的时间约为 2 ~ 3 个小时。特别是在创业企业准备再次融资期间，风险投资家都要进行全面的尽职调查和财务核算的过程管理，关注创业企业家是否存在机会主义行为。风险投资家可以根据这些信息修正对创业企业家能力和项目前景的看法，调整投资决策。如果在某个阶段，企业达不到契约中规定的业绩目标，风险投资家可能会减少下一个阶段投入资金的数量，并要求调整认股价格或可转换优先股的转换比例，甚至撤换管理层，阶段性注资实际上起到了强化风险投资家对企业经理层控制的作用。

创业企业的资产性质也对分段投资产生影响。在风险资本投入企业后，形成的企业资产具有较高的无形资产比例和资产专用性程度。创业企业的无形资产价值越大，代理成本和监督成本越高。因为无形资产流动性较强，不易于管理和控制，如：在知识产权保护较弱的条件下，专利技术易于模仿和改造，并且技术生产秘密也会随着专业人员的流动而流失；创业企业专用性强的资产会使企业面临清盘时资产出售的难度和预期损失增加。这些都意味着风险投资家被套牢可能性的增加。随之而出现的就是创业企业家的“道德风险”问题，创业企业家即使认为项目面临失败也会坚持继续投资，这就要求更严格的监控。短周期、分阶段地提供融资可以部分地缓解这个问题，抑制管理层的“道德风险”。当创业企业经理人员滥用资金时，风险投资家会拒绝继续下一步的投资行动，这使得创业企业经理人员的做法实际上是向其他投资者发出了这家企业有投资风险的信号，使其他风险基金也不愿意对其提供融资，这对创业企业来说是一种相当大的压力。风险投资家每一阶段投资持续的时间越短，投资轮数越多，其对创业企业监控的频率和强度就越大。

两个著名的美国企业可以用来阐明风险投资家如何利用分阶段投资来定期对企业进行评估的。苹果计算机公司发展初期曾经就得到过风险资本的三次融资。在第一轮投资中，风险投资家于 1978 年 1 月在每股 0. 09 美元的价位投入 51. 8 万美元；由于公司运作良好，在 1978 年 9 月的第二轮投资中，风险投资家以每股 0. 28 美元的价格投入 70. 4 万美元；最后一笔风险投资注入是在 1980 年 12 月，以每股 0. 97 美元的价格，投入 233. 1 万美元。三次融资每股的价格逐次提高，反映了苹果公司的发展状况越来越好，前景越来越明确。另一家知名企业——联邦快递公司是风险投资家利用分阶段投资来监控企业的又一范例。联邦快递公司也得到过风险资本的三次融资，但公司的发展前景却与苹果公司不同。如表 5 -3 所示，第一次注资后，联邦快递公司的业绩并不理想，当公司又需要资金时，风险资本就以远低于第一次的价格注资，但是公司的状况进一步恶化，第三次融资的价格进一步降低，还不到第二次融资价格的1/10。此后，公司的经营情况迅速改善，并于1978年上市。

表5－3　风险投资分阶段投资联邦快递公司

投资方式	日期	投资额（万美元）	认股数	认股比例	股价（万美元）	终期股比
企业家自有资本	1972.8	474.5	100	100	4.745	0.7
首轮风险投资	1974.1	1 225	60	37.5	20.417	0.4
第二轮风险投资	1975.1	640	872	84.5	0.734	6.4
第三轮风险投资	1975.4	387.6	6 200	85.7	0.063	45.8
上市融资	1976.3	2 580	6 303	31.8	0.6	46.6

资料来源：保罗·冈珀斯、乔希·勒纳著，宋晓东等译：《风险投资周期》，北京：经济科学出版社2002年版。

5．企业家的更替（turnover）和风险投资家的作用

创业企业存在的创业企业家能力的不对称性和道德风险等问题，要求风险投资家不断地根据创业企业家（风险企业的经营管理者）的表现对其进行评估。当企业发展进展良好时，风险投资家会按照计划为企业提供各种金融和非金融支持；但当企业进展与预期计划相差太远时，风险投资家会从各方面找原因，包括人事问题，在必要时更换管理层，尤其是更换CEO。一项研究表明，美国的风险投资产业，在业绩不良的公司中，有74%的公司总经理或CEO至少被更换过一次。随着创业企业的发展，创业企业家在管理方面的经验显得不够，无法把握迅速发展的企业。许多创业企业家在企业中持有多数股权，但如果他认为自己不适合担任CEO，也会主动让贤，引入新的管理者。据统计，在创业企业成立后的前20个月中，由创业企业家之外的人担任公司总裁的比例为10%；到了第40个月，这个比例上升为40%；到了第80个月，被统计的创业企业有80%的企业的CEO已不是当初的创业企业家。

创业企业家的更替机制有利于风险资本家对创业企业家的选择和激励，是创业企业公司治理的典型特征之一。

6．对管理层和关键技术人员的激励机制

创业企业管理层和关键技术人员的工作性质决定了他们难以被监督，或监督成本很高，使他们努力工作的最好办法就是激励机制，比较有效的激励方法是将他们的收益与可观测的经营结果联系起来。在激励机制中使用最多的是利润分享制和股权激励，股权激励更是创业企业的突出特征。股权激励赋予企业管理层和关键技术人员以剩余索取权。股权激励有两种做法，一种是将企业的股权拿出一部分由管理层持有，作为他们的非现金收入或是直接

发放给他们作为管理股，直接将管理者与所有者合二为一，这样，创业企业的经理层就能够分享企业利润增长所带来的收益，同时承担企业亏损所带来的损失，从而与企业的发展休戚相关，并与风险投资家的利益形成一致。另一种做法是实行管理层和关键技术人员股票期权（Stock Option）。风险投资家通常认为，被投资公司的高层管理人员应持有一定比例的公司股票，股票期权应占据经理们总薪酬的很大一部分。在风险投资行业，管理层股票期权变化很大，这依赖于管理层的财务资源、公司的融资需求以及公司预计的未来价值，同时还依赖于公司融资的阶段，因为每轮融资都会引起股权稀释。即使处于公司融资的后期阶段，管理层持有20%的股权也是很普遍的。在股票期权中的一个很常见的规定是所谓的“挣得的股票”（an equity earn-out），这项安排允许管理层在达到一定的经营业绩目标的情况下增加持股份额。股权激励使企业管理层的利益与企业价值的增长紧密联系在一起，从而激发其以努力工作扩大企业价值的积极性。如果企业高层经理人员离开企业，其剩余的期权将会丧失，这也就是所谓的“金手铐”。在高科技风险企业，股权激励是常见做法，激励的范围不仅限于管理层，甚至已扩大到关键技术人员甚至全体员工。股权激励已成为有创新精神的年轻人投身高科技企业的主要动力之一。总之，通过股权激励，企业管理层和关键技术人员有了采取符合风险资本家利益的行动的积极性，实现了“激励相容”（Incentive Compatibility）。

7. 其他的内部控制措施

风险投资家监督和控制创业企业的其他措施包括：检查创业企业的设施、账簿和记录；定期收到创业企业的财务报告和经营报表；未经风险投资家同意，创业企业不得增发信股，不得合并或出售公司，不得签订大宗合同等。

5.4.2 创业企业的外部治理机制

1. 产品市场

创业企业的商业模式一般具有独特性，市场上的同类产品很少，而且企业也多处于创业期，往往未有批量产品面市，因此，产品市场的竞争对观察创业企业家表现的作用是有限的，所有者难以根据产品市场的竞争情况判断创业企业家的表现。只有在存在较多同类产品竞争的行业，产品市场作用才能发挥。

2. 经理市场

经理市场的存在对创业企业家是一个制约，如果创业企业家表现不佳，风险投资家会要求更换管理层。风险投资家在管理层更替中的决定性作用是创业企业治理的一个特色，这种机制依赖于一个成熟的经理市场的支持，使风险投资家能方便地得到合格的管理人员。

风险投资家不仅熟悉其投资行业的市场信息和技术发展，也熟悉这些行业的创业企业家和经理人才，平时就一直与他们保持密切关系，观察他们的表现，将他们作为候选的管理人才。这是经理市场的最主要部分。在美国的风险投资组织中，目前有一种十分流行的驻守企业家制度（EIR，Entreprenuer In Resident），即风险投资家物色有成功创业经历的优秀企业家，让他们在风险投资机构中任职，与风险投资家一起工作，参与组建创业企业，由这些企业家担任新组建的创业企业的管理者。另外，有限合伙制风险基金的部分普通合伙人本身就是由大企业中高层管理人员转化而来的，对企业管理具有丰富的经验，在必要的时候他们也会再次成为创业企业的管理者。这几种渠道结合在一起形成了一个可观的企业家市场，为风险投资家提供合格的管理人才。

不过，总的来说，风险投资家发掘优秀经理人才的渠道是有限的。风险投资的特点对企业家的技术、市场和管理能力都提出了苛刻的要求，符合要求的企业家相当少。风险投资家主要依靠自己了解和朋友推荐，挑选的范围有限。大企业经理过往的经历并不能准确反映其管理创业企业的能力。这些因素都限制了经理市场对创业企业治理的作用。

3. 公司控制权市场

公司控制权市场发挥作用需要有一个高流动性和高效率的股权市场，创业企业作为一种私人股权市场，流动性和市场有效性都较低，因此公司控制权市场难以有效发挥作用。退出机制只是在某种程度上类似于公司控制权机制。

创业企业外部治理机制的上述特点使得风险投资家不得不依赖内部治理机制的作用。

5.4.3 创业企业治理结构的特点

通过以上分析，我们可以总结出创业企业治理结构的三个特点。

1. 创业企业主要依赖内部治理机制

一般说来，封闭型的企业组织由于股东直接参与经营，投资者本身就是管理者，因此，代理问题不太突出，基本上公司内部的董事会机制和外部的产品市场竞争机制就能够满足公司治理的要求。公众公司因所有权与控制权的分离而产生代理成本，对内部机制和外部机制有很高要求，产品市场、经理市场、接管市场等外部机制都起着重要作用。创业企业虽属于封闭式公司，但由于企业家和创新项目的资产性质和信息特征，创业企业的逆向选择问题和道德风险问题特别突出，这对公司治理提出了很高的要求。但创业企业一般不具备成熟的竞争性产品市场，经理市场规模有限，资本市场呈现低有效性，因此外部治理机制很难发挥重要作用，只能依靠内部治理机制如董事会、股东会和其他治理安排来激励和约束企业家。风险投资家的相机治理起着重要作用，这也是为什么风险投资家要坚持对创业企业拥有控制权的原因。

2. 风险投资家的相机治理是创业企业治理的核心

所谓相机治理，指的是根据企业经营状况做出治理安排。风险投资家对创业企业具有特别的控制权力，但并非事事参与，事事插手。平时，风险投资家主要为企业提供管理、财务、市场营销等方面的支持性顾问服务，并通过董事会等机制了解和跟踪企业经营状况。一旦企业陷入困境，风险投资家才会采取非常措施，调整企业发展策略，对进一步融资实行更苛刻的条件，更换管理人员，甚至将企业清算、转让等。风险投资家的相机治理一方面起到了抑制企业家机会主义行为、保护投资者的作用；另一方面又做到了给企业家以经营自主权，提高企业家创业积极性的作用，实现了风险投资家与企业家共同努力提高投资收益的目的。

3. 重视激励机制的作用

管理人员的人力资本难以被“滥用”，也很难被监督。因此，激励机制在各种类型的企业制度中都居于重要地位。创业企业中的企业家和关键技术人员的监督成本更高，而他们在企业经营中的地位却日趋重要，因此，激励机制在风险企业治理中的作用尤其明显。高科技创业企业中股票期权制普遍实施力度大、涉及面广，正是这个特点的反映。

第6章

风险投资的退出机制：功能、模式及比较

风险投资区别于一般投资的主要特点，是必须承担双层委托代理风险，为了降低这种双层委托代理风险，风险投资家必须在所投资企业的高增长潜力完全实现之前及时退出。否则，如果所投资企业已经非常成熟，不再具有成长潜力，而风险投资机构仍继续持有其股权，就无法获得与风险投资高风险性相匹配的超额利润。因此，从风险投资运行机制的全过程可以看出，适时退出是风险投资资本流通的关键所在。它既是过去的风险投资行为的终点，又是新的风险投资行为的起点。成功的退出对于确保投资者获得有吸引力的回报从而筹集新资本至关重要，不仅是风险投资的目的，也是重要手段。风险资本随着创业企业的成长而获得增值，但如果没有合适的退出渠道，这种增值只是账面上的增值；只有完成了有效的退出才能实现将账面增值转换为实际收益，这样风险投资家才能像滚雪球一样，将更多资金投向下一个风险项目。

6.1 风险投资退出机制的功能分析

6.1.1 风险投资退出机制内涵界定

所谓风险投资退出机制，是指风险投资机构在其所投资的创业企业相对成熟之后，将其投资由股权形态转化为资金形态，即变现机制及相关的制度安排。风险投资从本质上讲是一种微观经济活动，一个完整的风险投资周期（Venture Capital Cycle）分三个阶段：筹资阶段—投资阶段—退资阶段（Gompers 和 Lerner，1999）。首先，资本供给者将资本投资于风险投资机构并由风险投资家经营管理，风险投资家精心挑选项目注入资金并提供管理服务，这只是完成了部分工作。无论是风险资本提供者还是风险投资机构，其目的不是想拥有所投资的创业企业，而是要实现资本增值收益。因此，风险投资的成功退出是实现风险资本增值的基本前提。只有成功退出，才能保证风险投资在时序上和空间上不断循环。

从以上所述的风险投资微观运作过程来看，风险投资应有两层含义：一

是通过股权的变现实现资本的退出，包括资本从创业企业退出和资本从风险投资机构退出，这个退出过程可实现不同利益主体的财富转移；二是权力的退出，即随着资本的退出，风险投资家对创业企业的控制权也同时失去，这个过程影响着企业内部权力的配置。

6.1.2 风险投资退出的经济功能

1. 退出机制是风险投资实现持续的流动性的重要手段

风险投资不同于一般投资的重要区别在于实现收益的方式不同。一般投资是凭所持股份获取股息和红利收入，而风险投资则主要是通过股权转让获取资本增值收入。风险投资家凭借其经验和能力，精心挑选和培育创业企业，而且不以控制和占有企业为目的，一旦企业成熟就会及时脱身，将已增值的资本回收后再投入新的创业企业中去，在不断的“投资—退出—再投资”的循环过程中实现资本的持续增值。因此，在创业企业成功后将股权转化为流动性的资金是至关重要的一步。退出机制在这里正好提供了股权变现的机制。如果没有相应的退出机制，风险投资自身的价值创造和价值增值就无法实现，资本会因失去流动性而萎缩。从这个意义上讲，退出机制是风险投资的变现器和稳定器，是风险投资成功的必要条件。国内外事实表明，退出机制健全的国家，风险投资发展比较快；反之，没有一个良好的退出机制，风险投资发展就比较缓慢。美国的资本市场非常发达和成熟，不仅有非常发达的 NASDAQ 新兴市场，且企业并购也很频繁，其新兴公司股票上市时间仅为 6 年。正是畅通的退出渠道使美国在风险投资世界独占鳌头。日本一直是银行主导的金融体制，退出机制欠发达，柜台交易受到限制，新兴企业在日本股票上市的平均时间为 30 年，因此尽管日本风险投资起步较早，发展却不尽如人意。我国的风险投资业发展迄今已近 20 个年头，但风险投资基金运作的总体效果并不算成功，没有达到预期的效果，并未对科技成果转化为现实生产力起到催化剂的作用，重要原因就是缺乏健全的退出机制。可以说，真正制约我国风险投资业发展的深层次原因，就是风险资本不能良性循环流动，其核心就是缺乏健全的退出机制。我国的风险投资业，缺乏合理的投资回收渠道，投入的风险资金难以有效退出，合理的高收益难以变现，风险基金难以流动并进行再投资。由于高收益的难以变现和资金的不流动性，使风险投资失去了它赖以生存和发展的动力。1998 年中创投资公司破产清盘就是一个实例。分析中创失败的原因，其中重要一条就是所投的风险资本无法合理退出，导致资金沉淀、固化，无法循环使用，后续经营难以为继，不得已转向股票和房地产市场，最终因经营不善而破产清算。

2. 退出机制为风险投资的持续发展提供了动力

资本必须在流动中增值，这是资本的本质。风险资本不仅要保值，且因为承担高风险而必须获取更高的增值。风险投资能够保持资本的连续性和稳定性只是第一步，它还必须在流动性的基础上实现高增值，这是风险投资的特殊本质。从这个意义上来说，退出机制是风险投资的“放大器”。这一点同样可以用美国与日本的比较来说明。在各种退出机制中，股票公开上市最能实现增值目标。在美国，风险投资很多是通过在NASDAQ新兴市场上市实现退资的。一些在NASDAQ上市的公司，其股票价格可以十几倍、上百倍地增长，风险资本也因此而大幅度地扩张。日本因没有像美国NASDAQ市场那样发达的股票市场，风险投资退出主要是通过公司收购和柜台交易等方式进行，风险资本增值幅度较小，不利于其发展扩张。因此，日本风险投资发展缓慢，与风险资本难以依靠自身滚动增值有很大关系。

3. 退出机制为创业企业价值评估提供了一种客观的市场解决方案

创业企业的价值评估无论在理论上还是在操作上都是一个困难的问题。创业企业的资产多为无形资产，包含知识产权、创新思维、管理和市场开发能力等。同时，创业企业的成长过程充满了不确定性，加之风险投资家和创业企业家所处的位置不同，他们对创业企业价值的判断往往有较大的差异。而且许多有良好发展前景和巨大市场潜力的项目，眼前可能是亏损的。因此对创业企业不仅要评估即期价值，更要评估其成长性带来的未来价值。依据传统的标准和尺度难以进行准确的评估，但是可以通过退出机制，由市场参与者在证券市场或产权交易市场的“出价”来评估创业企业的价值。这种评价是独立于风险投资家和创业企业家的判断之外的，可被视为一种客观的创业企业价值评估市场解决方案。

由于我国风险投资退出机制不完善，风险投资业的发展已受到严重制约。因此，从风险投资运行机制角度阐述风险投资退出机制的重要性，并对风险投资退出方式进行比较分析，是相当必要的。

4. 退出机制是解决双层委托代理问题的有效手段

如第4章所述，在风险投资者、风险投资家和创业企业家三大决策主体之间，由于信息的不对称，存在着双层委托代理关系，可能产生逆向选择和道德风险，而退出机制则是有效的激励约束手段和降低代理风险的方法。

在风险投资家与创业企业家之间，风险投资家是委托人，创业企业家是代理人。为了降低代理风险，风险投资家必须对创业企业家进行有效的激励和约束。风险投资家选择何种退出方式在很大程度上取决于创业企业的成长状况，而这与创业企业家的努力程度直接相关。IPO和出售不但为创业企业家带来巨额财富，而且对创业企业家而言，还可以使他们在较大程度上保留对创业企业的控制权，若风险投资采用这种方式退出，则对创业企业家是一种有效激励，激励他们在企业上市前更好地为该企业创造价值；清算则是对创业企业家最刚性的约束，清算创业企业不但意味着创业企业家要蒙受财务损失，更意味着创业企业家创业活动的彻底失败。风险投资退出机制是风险投资家激励和约束创业企业家的有效手段。

在风险投资者与风险投资家之间是另一层次的委托代理关系。为了减少代理风险，委托人——风险投资者必须对代理人——风险投资家进行有效的激励和约束。风险投资基金成功退出，风险投资家能凭1%的资金投入，获取20%的投资回报；而在存续期末对风险基金的清盘，则是将风险投资家对风险基金的控制权强制性地交回到风险资本提供者的手中。对于风险投资家来说，风险投资基金的成功退出不但使其享受高额利润提成，而且还能为其树立良好的职业声誉；而对于劣等的风险投资家来说，由于风险投资基金业绩差，其不但难以分享利润，而且随着基金的清盘，将再难筹集到新的风险资本，很可能从此无缘风险投资业了。风险投资退出机制是对风险投资家最强有力的激励与约束，可促使风险投资家市场自我优化。

可见，对一个国家的风险投资体系而言，一套完善的风险投资退出机制承担着动力机制和安全保障机制的双重作用，缺乏健全、多渠道的退出机制，风险投资体系是无法正常运作的。美国是世界上风险投资业发展最完善、最成功的国家，发达的资本市场为风险投资资金提供了多种多样的退出渠道是其成功的重要因素。

6.2 风险投资的退出方式

风险资本退出是风险资本规避风险、收回投资并获取收益的关键。风险资本是以资本增值的形式取得投资报酬，不断循环运动是风险资本的生命力所在。因此，当风险资本伴随着企业走过最具风险的阶段后，必须得有出口让其退出并进入下一个循环。否则，风险资本停滞，不能增值和滚动发展，更无力投资新项目，风险投资也就失去了意义。风险投资家投资创业企业不以取得该企业的长久控制权为目的，经过若干年，无论创业企业取得成功还是面临失败，风险资本都会从创业企业中退出。退出方式根据被投资企业的经营状况和外部金融环境的不同而有所不同。常见的退出方式有三种：IPO、出售（包括股份转让和股票回购）和破产清算。

在欧美经济发达国家，IPO和出售是两种最常用的方式。如1998年，欧洲在风险投资总退出量中，出售方式占了53.6%，IPO占了18.8%，公司清算占了5.5%，其他方式占了22.1%。而美国的风险投资业中有25%~30%的风险资本是采用IPO方式退出，出售占了退出资本的60%~70%。

6.2.1 IPO 是风险投资退出的理想方式

IPO 是指风险投资者通过被投资公司股份的公开上市，将拥有的私人权益转换成公共股权，在获得市场认可后，转手以实现资本增值。

通过公开上市实现投资退出的实质，是推动创业企业从一个私人持股公司变为一个公众持股公司，从而实现股权的可流通，以便能够通过公开市场出售其所持股份，实现资本增值。

IPO 是风险投资退出的最佳渠道，风险投资通过 IPO 可以得到好的回报。公开上市既有利于股票的转让，以便在最合适的价位出售所持股票，同时也有利于提高风险投资机构和创业企业的声誉。一般而言，创业企业因是新建企业，达不到主板上市的标准，因此多在上市门槛较低的创业板市场实现 IPO。许多国家和地区都建立了自己的创业板市场，美国有著名的 NASDAQ 市场，欧洲有 EASDAQ 市场，我国香港也建立了自己的创业板市场。IPO 是风险投资家和创业企业家最向往的退出方式，因为它的投资回报率是最高的。在风险投资的发展史中，IPO 拥有令人骄傲的历史纪录，许多创业企业的股票首次公开上市让风险投资家和创业企业家暴富，如苹果（Apple）、微软（Microsoft）、英特尔（Intel）、雅虎（Yahoo）、美国在线（AOL）等企业的成功上市，且在市场中表现优异，使得无论是创业者还是风险投资机构都获得了可观的收益。创业企业管理层普遍追求这种退出方式，原因主要有二：其一，IPO 为创业企业家提供了一个选择权。它是一个关于企业控制权的买入期权合约，在风险投资家与创业企业家签订的投资契约中，允许创业企业家在达到某种业绩目标时，购回风险投资家持有的股票，增加创业企业家自己的股权份额。特别是当风险投资家欲将其股权卖给第三者时，买入选择权允许创业企业家以同样的条件、同样的价格向风险投资家优先购买。因此，只要创业投资事业进展顺利，企业剩余控制权的分配就会向有利于创业企业家的方向倾斜。否则，当创业企业的经营风险由大到小，而收益由小到大时，风险投资家对创业企业的服务逐渐减少。创业企业家承担了努力的全部成本，如果只能获得部分回报，他必然会增加在职消费或使企业效益体外循环。所以，此时的控制权应向创业企业家倾斜。美国的风险投资家一般在 IPO 后的一年内，减少其对创业企业持股份额约 28%；三年之后，只剩下不到 12% 的风险投资家还持有公司不到 5% 的股份（贺海虹，1998）。所以，IPO 提高了创业企业的市场价值，为企业发展筹集了更多的资金，并增强了原有股份的流动性，使创业企业家有更高的热情和动力去提高企业的经营业绩。其二，IPO 对风险资本同样形成激励。通过 IPO 方式退出，风险投资可以实现与其投资风险相匹配的收益水平。据美国 Venture Economic 统计，1980—2000 年这 20 年间，美国风险投资基金平均投资回报率为18.7%，而同期S&P 500指数平均投资回报率为14.9%，NASDAQ指数平均投资回报率仅为13%，风险投资收益率最高。而根据美国学者Sahlman的统计，美国风险投资通过公开上市退出所带来的回报占全部风险投资退出收入的49.3%。创业企业成功上市，一方面使风险投资家获得了数目可观的资本收益，另一方面也是外部投资者衡量风险投资家业绩的标准。风险投资家培育企业达到上市的越多，风险投资家今后的融资渠道就越广，融资成本就越低，因而风险投资家就越有动力为创业企业提供优质服务，尽快协助企业走上成功之路。

但是公开上市实现投资退出也有不足之处：①推动创业企业公开招股并上市所需时间周期相对较长；②为了避免上市前的投机行为，各国都有禁售期限制的规定，即只有在公开招股后的一定时限（通常是两年）过后，才能自由出售其所持股票；③能否实现公开上市，较易受整个资本市场行情的影响。

6.2.2 出售是风险投资退出最常用的方式

由于公开上市受诸多条件限制，风险投资家经常使用另一种退出方式——出售创业企业。出售包括两种形式：一是公司收购，即创业企业被其他公司兼并；二是金融收购，即创业企业由另外一家风险投资机构收购，接受后续投资。

出售是风险资本退出最常用的方式，其实质是风险投资公司通过非公开市场出售其所持股权，从而实现投资退出。这种方式由于不影响创业企业的股权结构，所以操作方便，风险投资家可以快速地将风险资本撤出创业企业，以实现资本增值。出售是企业产权交易的一种主要方式。

在美国风险投资历史上，出售方式一直占据着绝对重要的地位，尤其是股市低迷的时候。据统计，在美国的风险投资退出方式中，出售占51%，而公开上市仅为20%。一般根据出售的对象可以细分为两种情况：①股份转让：创业企业发展到成长期后期，要想继续发展就需增加大额的追加投资，而风险投资家却已不愿或不能再往里投资，这时风险投资家可将股份转卖给其他企业，完成退出；创业企业发展到一定阶段后，如果风险投资基金存续期到期，或出于某种原因须使收益变现，或创业企业家与风险投资家关系破裂，风险投资家也可将所持股份转手给另一家风险投资公司，将风险资本退出。②企业回购：创业企业发展到相当阶段时，创业企业家希望能由自己控制这个企业，风险投资家也愿意见好就收，于是风险投资家将股份卖给创业企业家，实现风险资本的成功退出。

不过，公司收购可能使原有创业企业家丧失独立性，一般为创业企业管理层所反对，风险投资家在退资过程中也可能因信息不对称而遭受损失，使退资过程受到影响。而且，特定行业寻找到合适买主并不是十分容易的事情。

6.2.3 清算是风险投资退出的无奈选择

破产清算是公司经营状况难以好转时风险投资退出的无奈选择，但也是最佳的减少损失的方法。风险投资的特性决定了有相当多的企业是不成功的，这种情况下只能采取清算的方式退出。创业企业进行清算有三个条件：一是创业企业在计划经营期内的经营状况与预计目标相差较大，或发展方向背离了业务计划及投资协议中约定的目标，创业企业家决定放弃创业企业；二是创业企业无法偿还到期债务，同时又无法得到新的融资；三是由于创业企业经营状况太差，或是由于资本市场不景气，无法以合理的价格出售且创业企业家无法或不愿进行股票回购。创业企业清算是风险投资家和创业企业家最不愿意看到的结果，这种情况的发生也就宣告了风险投资的彻底失败。虽然清算方式的退出是痛苦的，但风险投资家在确定创业企业没有发展前途后一定要做出果断的决策，抽身而出。与其让一无前途的项目占据大量资金，还不如将资金退出投入新的风险投资项目，进入下一个循环。如果行动迟缓，往往会使沉淀在创业公司里的沉没成本加大，给风险投资公司带来更大的损失。

据历史统计资料，通过清算方式实现投资退出的约占整个风险投资的30%，能收回的资金仅为原来投资的60%左右（刘健钧，2003）。尽管以这种方式实现退出是一件十分痛苦的事情，但在很多情况下是不得不为的选择。由此也可见，风险资本的退出对整个风险投资事业的发展至关重要。

表6－1是美国风险资本退出的几种方式的比较，可以看出最有效率的是IPO方式，特别是创业板市场方式退出的回报倍数最高，而清算则意味着风险投资的失败。一国的风险投资要想健康发展，建立多元的资本市场和多元化退出渠道是一条有效途径。

表6－1 美国风险资本几种常见的退出方式比较

	主板市场	创业板市场	偿付协议	出售	并购	破产清算
背景	完全成功	成功	比较成功	一般	一般	失败
转让客体	股票	股票	整体或大宗股票	股权	中小企业	资产
转让对象	股民	股民	风险投资企业	风险投资企业	大公司	企业家
市场性质	主板市场	创业板市场	产权市场	产权市场	产权市场	产权市场
投资年限		4.2	4.7	3.7	3.6	4.1
平均成本（万元）		814	595	715	988	1 030

（续上表）

	主板市场	创业板市场	偿付协议	出售	并购	破产清算
平均收入（万元）	·	5 804	1 268	1 431	1 699	198
回报倍数		7.1	2.1	2	1.7	0.2

资料来源：美国《风险投资杂志》，1998 年第 8 期，以美国 1980—1997 年公司为标本。

6.3 IPO 与企业并购比较分析

6.3.1 风险投资退出绩效的评价标准

风险投资退出绩效，是指风险投资资本增值实现的时间和所实现的风险资本增值的程度，即风险投资退出时间快慢和风险资本增值多少。我们以两个标准来评估风险投资退出绩效：效益标准和效率标准。

经济学中关于效益最基本的评价标准是收益与成本之比。对风险投资而言，其退出效益的衡量较为特殊。在风险投资正式退出时，风险投资家看重的是一次性的变现回报，可以用静态的利润指标来衡量，即风险投资家通过转让所持有的创业企业的股权所获得的一次性变现收入。任何投资都追求资本增值，风险投资的特殊性就在于它追求超常规的高额资本增值，而且它是通过股权转让实现的。

除了退出效益，退出效率也是评价风险投资退出绩效的另一重要标准。与一般投资相比，风险投资有期限约束，即无论该轮风险投资是否成功，它都必须如期变现，从而保证风险投资在时序上和空间上的不断循环。因为作为高风险企业的投资者，风险投资机构又必须依赖于新风险资金的注入来维持其对创业企业的后续投资。风险投资机构必须在与投资者签订的契约所规定的清算日到来之前将资本撤出创业企业，由于存在清算日的时间限制，因此风险投资退出方式的选择就不能仅仅是由退出效益决定了。是否能高效率地退出也是评价退出方式的重要方面，退出方式的选择必须考虑风险资本的流动性。

正如上一节所述，风险投资退出既包括资本的退出，也包括控制权的转变。控制权激励效应指创业企业内部控制权的安排对创业企业家的激励程度，而激励效应的大小与企业价值增值回报的多少直接相关，因此，创业企业内部控制权激励效应也是衡量风险投资退出绩效的重要指标。

综上所述，高收益率和高流动性及控制权效应是风险投资退出绩效的评价标准。考虑到破产清算方式退出的是失败的项目，它与收益率和流动性无关，也就没有绩效比较的必要性。因此，下面通过构建风险投资退出绩效的评价指标体系，来对IPO和M&A（企业并购）两种退出方式进行综合比较。

6.3.2 IPO与M&A：比较和借鉴

首先分析风险投资退出的收益。风险投资家转让创业企业的股权，获取现金收入、股权收入或债权收入，这些收入是衡量风险投资收益率最基本和最重要的指标。

对于IPO而言，风险投资家一般采用两种方式退出：第一，风险投资家直接在公开市场上出售股份，然后把所得现金收入分配给风险资本提供者；第二，出于规避股票限售期、税收及股权异动对股价影响的动机，风险投资家经常把股份分配给风险资本提供者。无论哪一种方式，IPO的收益均可以用创业企业股份在公开发行时或其后某时刻的市值减去该企业的初始投资来表示。对于M&A而言，风险投资家在转让创业企业股份时就获得了一次性转让收入，再减去初始投资，即为企业并购收益。

表6－2和表6－3列出了美国和中国风险投资退出方式的收益情况。我们从IPO和M&A退出方式的收益比较来看，IPO的退出效益远高于M&A，即IPO退出能给风险投资家带来更多的收益，是最有效益的退出方式。

表6－2 美国风险投资退出方式：IPO与M&A收益比较（1997年）

退出方式	平均持有期（年）	平均成本（千美元）	平均收益（千美元）	倍数
IPO	4.2	814	5 804	7.1
M&A	3.6	988	1 699	1.7

资料来源：美国《风险投资杂志》，1998年第8期。

表6－3 中国风险投资退出方式：IPO与M&A绩效比较（2007—2013年）

单位：%

年份＼退出方式	IPO	M&A
2007	436.07	－15.37
2008	916.66	28.35
2009	327.75	4.74
2010	736.68	44.95
2011	799.38	44.16
2012	486.1	162.23
2013	448.03	24.09

资料来源：王元等主编：《中国创业风险投资发展报告2014》，北京：经济管理出版社2014年版。

我们再来分析退出效率。由于风险投资存在严格的退出时间限制，因此，风险投资家在选择退出方式时，除了追求价值最大化以外，交易的时间成本也是重要的考虑因素。风险投资采取 IPO 方式退出时，从风险企业准备上市到正式上市至少需要 6 个月或更长时间；而采用 M&A 方式退出时，由于很多并购都是双方私下通过谈判达成的，交易所需时间较短，据调查，一般只需 4~6个月。从退出时间成本来看，企业并购略低于首次公开发行。

IPO 总额和公开股票市场价格之间具有明显的正相关关系，风险投资家在股票价值达到高峰时把企业推向公开市场，而且他们具有选择公开上市时机的能力（Gompers 和 Lerner，2003）。表 6－4 反映了 1995—2001 年 NASDAQ 市场表现与 IPO 和 M&A 之间的关系。

表 6－4　美国 NASDAQ 市场表现与 IPO 和 M&A 的关系

年份	IPO		M&A		NASDAQ 市场表现
	数量（家）	百分比（%）	数量（家）	百分比（%）	
1995	183	65.12	98	34.88	好
1996	276	73.21	101	26.69	好
1997	138	46.31	160	53.69	一般
1998	78	29.55	186	70.45	好
1999	233	49.79	235	50.21	好
2000	226	43.8	290	56.2	差
2001	37	10.82	305	89.18	差
合计	1 171	45.51	1 375	54.47	先升后降

资料来源：根据美国《风险投资杂志》（2000 年第 10 期），陈德棉等著的《风险投资运行机制与管理》（经济科学出版社 2003 年版）等相关资料整理。NASDAQ 市场表现只说明该年整体表现，“好”即该年指数上升，“一般”指该年行情变化不大，“差”指该年指数下跌。

从表 6－4 中不难发现，创业企业 IPO 与 NASDAQ 市场变化高度相关。IPO 能否实现及成功，在很大程度上受股票市场行情的影响。当股市处于牛市时，股票发行一般供不应求，风险投资在使用 IPO 方式退出时，常采用高溢价方式发行股票，可以取得相当可观的资本溢价。当股市处于熊市时，新股很难发行，风险投资获得资本溢价的可能性大大降低。企业并购方式对于股票市场行情的敏感性远远不及 IPO。股市上升时，并购发生也同步增加；股市下跌时，并购反而不断增多。这是因为当股市处于熊市时，那些资金充裕的公司可以用相当便宜的价格收购很好的企业，因为在这种情况下，企业价值往往被市场大大低估，是逢低吸纳的好机会。此外，在不利的市场条件下，更多的风险投资机构只能选择以企业并购方式退出。由于股市不断下跌，美国风险投资上市退出比例明显下降，并购退出的比例明显上升。IPO 发生次数从 1995 年占 65.12% 下降到 2001 年 10.82%，而同期 M&A 发生次数从不到 40%上升到约 90%（陈德棉等，2003）。由此可知，并购更为灵活；公开上市尽管收益更高些，但运作成本也大，同时缺乏灵活性，因为在风险投资存续期内，可能没有理想的上市条件。从这个方面来说，公开上市未必优于并购方式。

最后来分析创业企业内部控制权激励效应。控制权激励是对创业企业家的非现金激励，而公开上市退出与并购退出对控制权影响是不一样的，风险投资家应根据创业企业的经营情况选择合适的退出方式。控制权指能够对企业经营重大事项做出决策的权利，一般包括董事会权利、选举权和清算权，这些权利可以分割（Kaplan，2002）。经济学研究表明，创业企业家在创业过程中时刻面临着中断投资、清算企业甚至被解雇而丧失私人利益和未来股份的威胁，创业企业家对其创办的企业拥有相当大的控制权方面的私人利益，如果他控制了企业，就可以实现非货币利益，这反映了创业企业家创办企业追求自我独立的愿望。在这种激励与约束机制下，创业企业家通常会努力工作。在进行风险资本融资时，创业企业家需要给予风险投资家一定的控制权；而风险投资家为了减少企业运作风险，防止创业企业家为追求私人利益而损害投资者的利益，往往会在投资起始阶段保证绝对控制权，而创业企业家一般通过获取更多融资额和增值服务作为补偿，而且当风险投资退出时，成功的创业企业家从风险投资家手中重新获得控制权也是值得的。一旦企业运作成功，创业企业家证明了他的管理能力和信用，此时风险投资家把控制权返还给创业企业家，更能实现公司价值最大化。因此，控制权转移构成了创业企业家努力工作的非现金激励方式。那么，风险投资家与创业企业家基于创业企业成功而转移的控制权是如何实现的呢？IPO 退出机制为控制权转移提供了保证。通过 IPO 实现退出的前景使创业企业家与风险投资家之间除签订的显性契约外，还存在一个隐性契约，它使风险投资家拥有的创业企业的控制权重新转移给创业企业家。事实上，创业企业上市后，风险投资家所持有的股份比例，通过直接的股份销售及把股份分配给风险资本提供者，以及创业企业在 IPO 时将股份销售给分散的股东而下降了。平均来看，创业企业 IPO 后一年内风险投资机构在风险企业中持股量下降了 28%。Lin 和 Smith 通过研究美国 IPO 情况发现，领头风险投资家在创业企业的所有权份额从 IPO 时的 12.1% 下降到 3 年后的 1.4%，其在董事会席位的百分比在 IPO 三年后为 6%。因此，风险投资机构与创业企业之间的显性契约最初给予风险投资家的重要的控制权（包括董事会席位以及对创业企业运作的决策权）以及一些特殊的控制权在IPO时终止或减少，风险投资家只保留较弱的控制权，实际控制权将转移给创业企业家。另外，创业企业IPO后，企业融资不再依赖于风险投资家的分期注资，它可以通过公共资本市场进行融资，客观上也减弱了风险投资家的控制力。同时，IPO后风险投资家所持有股份的流通性增加，也降低了风险投资家监管的程度。所以，创业企业成功实现IPO、重新获得控制权的机会给了创业企业家有力的激励，激励创业企业家在企业上市前更好地使企业创造价值。

如果风险投资采用企业并购的方式退出，风险投资家把其所持股份转移出去后，其所拥有的控制权也一并转移，而且新投资者很可能对创业企业进行整改，创业企业家很有可能因此彻底丧失对创业企业的控制权。

从上面的分析来看，IPO退出方式是受风险投资家和创业者欢迎的方式。

我们从对风险投资退出的效益、效率及控制权激励效应的对比中可以看出，公开上市和并购两种方式各有优劣，没有绝对最优方案。至于风险投资选择什么方式退出，要看风险投资家的目标取向及企业发展状况和资本市场的表现，还要看风险投资家把握市场机会的能力，也可以说要看风险投资家基于自己目标的“相机抉择”。

6.4 IPO、资本市场模式与风险投资的发展

有人从“在美国，只有30%左右的风险投资是通过NASDAQ实现退出”，得出“即使没有创业板市场，风险投资照样可以做好”的结论，而美国兹维·博迪教授却认为，正是因为美国有非常活跃的初次发行市场（NASDAQ市场等），所以美国风险投资业的发展才能独占鳌头。因此，他认为，要发展风险投资，“必须首先发展一个非常可靠和可信的股票市场”（兹维·博迪，2001）。首次公开上市对风险投资的发展究竟是否可有可无？我们结合美国、德国、日本等国的情况来分析这个问题。

就风险投资发展与IPO的相关性问题，很多学者的研究表明，国家之间风险投资产业发展不平衡的主要根源就在于各国IPO市场的差别。

Pfirrmann，Wupperfeld和Lerner（1997）对美国和德国的风险投资业发展情况进行了比较研究。德国在1995年投入的风险投资额为1.16亿美元，而美国却高达33.74亿美元（Gompers和Lerner，1999），尽管只是这一年的情况（其他年份情况类似），也能反映两国风险投资发展的巨大差异。他们认为，美国的风险投资市场规模和增长率高于德国的重要原因是德国的IPO市场无法与NASDAQ提供的机会和市场进入及评价规则比较，两国在风险投资退出渠道上存在明显差别。在德国，风险投资退出一般以并购方式为主。例

如，1995 年，德国风险投资退出选择中，在除清算以外的 164 起退出中，IPO 仅有 12 起，占 7.3%，而且仅有一家在德国本土上市。又如，2001 年德国风险投资退出方式的统计结果是：清算占 36.3%，出售占 20.3%，管理层购回占 18%，通过 IPO 退出的仅有 7.9%，其他方式为 17.5%。

相反，美国通过 IPO 退出的比例则高得多（见表 6－5）。一些富于冒险的风险投资家一般最易受这种情形影响。创业企业上市不仅有巨大的收益，还能树立起风险投资家的声誉，这就是为什么年轻的风险投资家热衷于不断地把企业推上市的原因。这种示范效应作用巨大，能不断吸引资本和人才进入风险投资业，因而美国的风险投资业一直快速发展，并推动高技术企业不断涌现。而在德国，IPO 退出方式过少，风险投资者难以获得与高风险相匹配的高收益，没有好的“榜样”，因此难以有新的资本注入，高新技术企业也便缺乏充足的资本市场支持。另外，德国的风险投资更关注后期阶段企业，因为这样的企业风险较小。一方面，存量的风险资本难以获取高收益，另一方面又不能吸引新的资本进入，因此，尽管德国的 GDP 是美国的 1/5，美国的风险投资产业却是德国的近 30 倍。

表 6－5 美国风险投资退出渠道情况

年份	IPO		M&A	
	数量（家）	百分比（%）	数量（家）	百分比（%）
1989	39	21.08	146	78.92
1990	42	27.81	109	72.19
1991	127	60.19	84	39.81
1992	160	63	94	37
1993	172	65.15	92	34.85
1994	143	57.89	104	42.11
1995	183	65.12	98	34.88
1996	276	73.21	101	26.69
1997	138	46.31	160	53.69
1998	78	29.55	186	70.45
1999	233	49.79	235	50.21
2000	226	43.8	290	56.2
2001	37	10.82	305	89.18
合计	1854	47.21	2004	52.78

资料来源：美国《风险投资杂志》，2000 年第 10 期；陈德棉等著：《风险投资运行机制与管理》，北京：经济科学出版社 2003 年版。表中数据根据上述文献资料整理。

日本也存在类似的情况。日本的创业企业上市非常困难。由于日本公司上市标准中最重要的一条是必须有正的税前利润，这使得新兴的仍处于亏损状态的高技术公司无法上市。在日本 OTC 市场上市的公司中，92% 的公司在上市时已有 15 年甚至更久的经营历史，而在美国的 NASDAQ 市场中，10 年以下的公司占 42%，日本却只有 1%。因此，在日本，投资于创业企业早期阶段的风险投资家不得不等上相当长的时间才能使其投资变现，而创业企业也必须维持长期持续的经营业绩以达到 IPO 条件。可以说，日本风险投资难以通过 IPO 方式退出，是日本风险投资发展缓慢的重要原因。

在欧洲，风险投资在各国的发展也是不平衡的。英国在欧洲有最发达的股票市场，英国的 GDP 只有德国的 1/3，而它的风险投资产业几乎是德国的 5 倍（根据累计承诺的资本来度量），而新承诺的资本占 GDP 的百分比与美国差不多（Black 和 Gilson，1998）。在英国，风险投资 IPO 退出的百分比 1992 年是 34%，1993 年是 36%，1994 年更高达 47%，而同期的德国则不到 10%（Jeng 和 Wells，2000）。

可见，各国 IPO 的情况与其风险投资有较强的相关性。进一步分析，各国 IPO 市场的差别以及由此而导致的风险投资产业发展的不平衡性反蚀了各国不同的金融体制。

经典金融理论根据银行与证券市场在金融体系中的作用和地位，把金融体系分为以银行为中心的银行主导模式（以德国、日本等为代表）和以股票市场为中心的资本导向模式（以美国、英国等为代表）。Black 和 Gilson（1998）通过比较这两种模式的系统差别，研究了它们在资本市场中的相对效率：在以股票市场为中心的金融体制中 IPO 更容易发生，风险投资产业具有更强的活力。

在美国，企业融资主要是以资本市场为载体的直接融资。美国的法律规定，联邦储备系统成员的商业银行及其附属机构是不能持有、交易或承销公司股票的。因此，接管和兼并、控制公司主要通过资本市场进行，接管投资者一般不长期持有一种股票，在所持股公司的业绩不好时，接管投资者一般不干预公司的运作，而是改变自己的投资组合，卖出该公司的股票。持股的短期性使得股票交易十分活跃，公司接管和兼并事件频繁发生。这使得通过资本市场进行公司控制权的转让没有什么障碍。同时，美国的 NASDAQ 市场上市条件较松，而且交投活跃，NASDAQ 指数不断攀升，从 1990 年的 320 点到 2000 年 3 月突破了 5 000 点，成交量超过了 10 万亿美元。股票市场的活跃带动了创业企业公开上市的热潮。因而在美国发达的资本市场上，IPO 更容易发生且更为活跃。

相反，德国和日本企业的融资模式是银行主导的间接融资模式。在德国，银行是全能银行，可以持有工商企业的股票，对企业也有很强的控制力。银行控制企业的方式是控制股票投票权和向企业董事会派出代表，银行也成为企业的重要利益相关者。相对于美国而言，德国风险投资产业发展的一个重要障碍是德国的金融体制，即银行和信用机构在中小企业融资中发挥着重要作用。日本的情况也类似，日本实行的是一种公司交叉持股和主银行持股的体制，控制企业股权的主要是金融机构和大公司。在这种体制中，股东比较稳定，相互支持和控制。但是，股票流动性差，股票市场对企业经理影响不大。股票市场兼并现象也不多，即使兼并也很少用公开购买股票的方式，而往往是并购大股东之间的交易。

综上可知，德日的企业融资模式是以银行为中心的直接融资模式，银行与企业的关系密切且稳定。这就是风险投资的退出较少选择公开上市，而较多选择并购的主要原因。结果，美国有发达的风险投资业，而德日的风险投资产业发展缓慢。因此，成熟的股票市场使风险投资家得以通过 IPO 方式实现资本的退出，这对风险投资产业的发展是至关重要的。

第 7 章

风险投资的国际比较和经验借鉴

7.1 国际风险投资发展模式

就世界范围而言，风险投资的发展以美国、英国、以色列和我国台湾地区为典型代表。美国是现代风险投资的诞生地，也是发展最成功的地方；我国台湾是在学习美国模式的基础上，结合岛内实际加以创新，继而成为亚洲风险投资发展的典范；英国、以色列也有其发展的自身经验。对美国、欧洲及亚洲一些国家和地区风险投资的历史进程和发展现状进行比较分析，并总结其发展的成功经验，这对于发展我国的风险投资业，建立符合中国国情的风险投资发展模式具有特别重要的借鉴意义。

7.1.1 美国模式——官助民营

美国的风险投资业起步较早，自从 1946 年第一家现代风险投资公司——美国研究和发展公司（ARD）成立以来，风险投资业发展迅猛。据统计，目前美国 50% 以上的高科技企业得到过风险投资的帮助。美国风险投资业是在私人资本参与、政府政策适当扶持下发展起来的，“官助民营”是其发展模式的特色。

美国风险投资的发展经历了两大发展时期：首先是 20 世纪 50 年代中小企业投资公司的发展探索与 60 年代风险投资产业的形成，其标志就是小企业投资法的出台和小企业投资公司的成立；而后是 80 年代风险投资基金的快速发展与 90 年代以来中小企业投资公司的重新兴起。80 年代以后，美国出台了一系列鼓励和促进民间资本进行风险投资的扶持政策，使风险投资进入第二个高速发展时期。首先，1978 年允许养老基金有条件地介入风险投资业；其次，在 1978 年和 1981 年两次下调长期资本所得税，使这一税率由 49% 下降到 20%；再次，从法律上确认了有限合伙制的合法性，为专业管理人员与风险资本的结合创造了一种有效的组织形式；最后，NASDAQ 小型资本市场的建立，为风险资本顺利退出、实现风险投资良性循环创造了条件。上述措施的实施，使风险投资有了很大的发展。到目前为止，美国的风险投资机构已达4 000家，资本总额超过1 000亿美元，10 000多家高技术企业得到了风险资本的支持。Microsoft、Sun、Yahoo等知名大企业就是在风险资本的支持下诞生并成长起来的。

美国风险投资业的成功探索和运作为我们提供了大量可以借鉴的成功经验：①为中小创业企业提供资本支持和增值管理服务的双重职能定位是美国风险投资业发展的重要理念基础；②政府扶持是风险投资发展的重要因素，但政府扶持方式必须与风险资本运作的内在要求相适应；③退出通道的畅通是风险投资良性发展的必要条件，成熟的资本市场是风险投资退出最有效的方式；④有健全的风险投资发展的法规环境。

7.1.2 欧洲模式——大企业联合，政府参与

欧洲的风险投资起步较晚，创新和创业的精神也与美国相差甚远，但发展速度很快。欧洲的风险投资是由泛欧洲的创业者与各国政府一起来推动的。1979—1987年间，英国金融资本在政府的支持下，积极参与科技风险投资活动，先后建立了105家风险投资机构，资金达8亿英镑，其70%的资本量是用来扶持高科技企业的发展。政府相继出台了税收优惠政策，制订了“信贷担保计划”和“企业扩大计划”，英国的风险投资因此而迅速发展起来。在政府的扶持下，英国建立了本国最大的银行附属风险投资公司（Investors in Industry，简称3I）和最大的官办风险投资公司——英国技术集团。这两个公司均以低息贷款形式进行投资，以此带动了英国风险投资的全面发展。到1996年，英国风险投资基金的投资额达到185.28亿英镑，使其成为仅次于美国的第二大风险投资国，其风险投资额占整个欧洲的40%～50%，暂居欧洲风险投资的龙头地位。

德国的第一家风险投资机构成立于1982年。虽然已有十多年的努力，但其发展速度和规模还是大大落后于其他发达国家。1983年，德国政府宣布将风险投资列为“建立技术开发型企业计划”，并在政策上加以扶持，但由于金融业对科技风险投资缺乏信心，对于风险投资的反应并不十分热烈，到目前为止，德国仅有40多家风险投资机构，拥有3.2亿美元。

法国风险投资始于20世纪70年代，1979年法国政府组建了“地球科学工艺技术开发风险投资公司”，但发展缓慢。80年代中期，法国政府出台了一系列促进风险投资发展的优惠措施，如对风险投资公司实行减税及政府担保等，尤其是1985年法国政府提出制订欧洲高新技术“尤里卡”计划。这些计划和措施的实施，促进了法国风险投资的发展。到1991年，法国已有120多家机构从事风险投资，其中超过1亿法郎的风险投资机构就有20家。从

1986 年到 1991 年，投向高新技术的风险资本超过了 100 亿法郎，有力地促进了法国高新技术产业的发展。

欧洲的风险投资主要是通过一系列的发展计划和优惠政策来推进的，政府起了很大作用。现在，欧洲各国加强了合作，瑞典、法国、德国、意大利和荷兰的 10 家大公司共同筹集的“欧洲风险投资基金”，计划用 25 亿美元的资金支持欧盟国家之间的技术创新合作项目。从“欧洲风险投资基金”的内部结构看，政府和银行资金占了较大比例。政府通过控股、参股等投资方式，对风险投资机构的发展和风险资本的投向起到了明显的引导作用，构成了欧洲风险投资发展的特色。

西欧风险投资模式的共同特征是：金融机构（银行及保险公司）为风险资本的主要来源；资金投向上极少介入企业发展的早期阶段，而是集中在风险相对较小的管理购买（MBO/MBI）和创业企业的扩张期；欧洲的风险投资家不喜欢积极参与所投资企业的运营；欧洲国家股票市场活跃程度不及美国，因此风险投资退出策略也与美国不同，IPO 退出方式比例较低，投资回报率也比美国低。在欧洲，除英国外，其他国家基本上属于银行导向型的融资体系，这些国家的证券市场资本化和国际化程度相对较低，企业难以通过发行股票和债券等方式进行直接融资。银行和保险公司分别占风险资本来源的 31% 和 14%，来源上的缺陷在一定程度上妨碍了欧洲风险投资的发展。欧洲风险投资集中在企业扩张期和管理购买范围，就是因为初创阶段对于以银行资金为主要来源的风险投资吸引力较小，同时股票市场规模相对较小，IPO 退出渠道受到了一定限制。

7.1.3 日本模式——以大公司、大银团为主体

日本的风险投资起步于 20 世纪 50 年代初，但真正快速发展是 70 年代以后，以 1973 年成立的日本最大的风险投资公司——日本共同金融（JAFCO）为标志。在 2000 年，日本已拥有较大的风险投资机构 185 家，投资总额达到 24.5 亿美元（AVCJ，2002）。日本风险投资机构主要是大企业创办，特别是银行业和证券业处于主导地位，属于综合性金融业的一部分。日本风险投资资金直接来源于银行机构的占一半，加上保险、信托等非银行金融机构，这个比例高达 3/4。因此，日本风险投资具有机构出资、投资分散、融资为主、疏于辅导的特点。日本风险投资的发展既有可资借鉴的经验，又有需要引以为戒的教训。日本风险投资的教训：一是金融机构参与过度，创业投资和创新活动发展受到金融机构财务偏好和谨慎传统的限制；二是二板股票市场不发达，风险投资难以及时退出，阻碍了风险投资的良性循环与持续发展。

7.1.4 台湾模式——官方引导，民间参与

我国台湾是世界上除美国以外风险投资最发达的地区之一。进入20世纪80年代，台湾传统的劳动力密集型产品在国际市场上逐渐丧失竞争力，于是其在产业政策上作了调整，使产业结构从劳动力密集型转变为以科技为核心的产业体系，主要措施就是大力扶持风险投资。其风险投资业的发展经历了三个阶段。第一阶段是20世纪80年代上半期，可谓起步阶段。其主要标志是1983年颁布的《创业投资事业推动方案》和《创业投资事业管理规则》。第二阶段是80年代下半期，从1986年起，台湾地区开始实施科技发展十年规划，风险投资业进入成长阶段。到1989年，台湾风险投资基金已从1986年的16亿元新台币增加到62.25亿元，增长约4倍。第三阶段是90年代以后，台湾风险投资业发展到一个新的阶段。到1999年，台湾风险投资公司已有112家，累计资金762亿元，已投资金额超过600亿元。台湾风险资本投资于高科技产业的比重很高，占总投资企业数的87%左右，占总投资资金的88%。台湾一方面建立自己的风险投资公司，另一方面用优惠政策吸引了大量来自美国、日本等国家的风险资本。内外资结合，有力地推动了台湾高新技术产业的发展。

台湾作为后起之秀，风险投资发展比较快，运作很成功。台湾基本没有照抄照搬美国模式，而是根据岛内实际探索了一套行之有效的做法。如以中度技术为风险资本的市场定位，而不是盲目求高求新，将发展资讯、消费电子、半导体等中度技术作为风险投资的切入点，以使用美国等西方国家的成型技术进行工艺加工及规模生产为主，新竹科技园现已成为发展中地区最成功的高科技园区。台湾在发展风险投资的过程中积累了许多成功经验，这些经验值得我们学习和借鉴：其一，支持具有比较优势的产业，不盲目求高求新；其二，恰当的政策扶持（以税收优惠为主）与鼓励（台湾风险投资由“财政部”主管，私人风险投资公司是运作的主要载体，其风险资本77.43%来源于产业界，15.56%来自个人，7.01%来自外国）；其三，便利的上市、上柜交易机制，台湾为创业企业的股票上市和上柜交易创造了良好的条件，以促进创业企业的股权流动。

7.2 风险投资的国际比较

由于社会经济发展和技术创新力度的不同，风险投资不仅表现出发展过程及状况方面的不同，而且在风险投资资金来源、投资方向、投资时机的选择、退出方式、政府的作用和风险投资的组织模式等方面都表现出巨大的差

异和不同的运营特点。需要说明的是，这里分析发达国家的风险投资情况，引用的数据是1990—2000年的，主要是因为那个时期是这些国家风险投资行业的快速发展时期，不仅与作为成熟市场经济的资本市场发展特性基本一致，而且与我国风险投资发展的现状类似，这样的比较对中国风险投资行业的发展更有借鉴意义。

7.2.1 风险资本的来源渠道比较分析

风险资本的来源渠道主要有银行、保险、养老基金、其他金融机构、工业公司、个人以及政府等，但因各国在金融体系、经济状况、法律制度、文化环境等方面存在差异，必然导致风险资本来源渠道的不同。表7－1描述了美国、欧盟、日本的风险资本来源基本情况。

表7－1 美国、欧盟、日本的风险资本来源情况

单位:%

欧盟	1989年	日本	1988年	美国	1978年	1988年
银行	31	金融机构	36	养老基金	15	46
保险	14	公司	37	保险	16	9
养老基金	13	证券公司	10	公司	10	11
公司	7	个人	7	个人	18	14
政府机构	5	外国公司	10	外国公司	32	8
个人	2			捐赠和公共基金	9	12
留存收益	7					
其他	20					

资料来源：*EVCA Yearbook 1990*，*AVCJ Yearbook 1989*，*NVCA Yearbook 1989*.

美国是资本市场导向的融资制度，风险投资完全是市场经济行为。风险资本的来源形式和构成比较丰富，包括私人资本、捐赠基金、养老基金、保险等，其中占主要的是养老基金、捐赠基金和私人资本。从风险投资来源构成的时序变化趋势看（见表7－2），除养老基金保持其主导地位外，公司资金的比重逐步增加，机构资金和产业资金是美国风险资本的两大来源（1997年养老基金和公司资金占风险资本总额的70%），且风险资本对银行保险资金的依赖度明显减弱，这也是美国风险投资与其他国家的最大差异之处。

表7-2 美国风险资本来源结构变化

单位:%

	1990年	1991年	1994年	1996年	1997年
养老基金	53	42	47	43	40
公司资金	7	4	9	13	30
银行保险	9	6	9	5	1
私人资本	11	12	12	9	13
捐赠基金	13	24	21	21	9
其他	7	12	2	9	7

资料来源：Gompers & Lerner，*The Venture Capital Cycle*. MA：The MIT Press，2000.

欧盟除英国外，其他国家的金融体系都是银行主导，典型特征是“全能银行”占统治地位的“关系型融资体制”，因此银行就成为风险资本来源的主要渠道。1989年，欧洲62.83亿美元的风险投资中银行占31%。另外，像德国，其相关法规在一定程度上限制了德国金融机构向风险基金提供更多的资金，如德国只允许养老基金用不超过其保证金5%和其他资产6.25%的资金进行风险投资。资本来源的不同对风险投资的发展有重大影响。银行的投资条件严格，而且其实际上主要是一种风险贷款，作用不如权益资本的投资。欧洲风险资本来源上的缺陷在一定程度上阻碍了欧洲风险投资业的发展。

日本风险资本大多附属于以银行为中心的金融集团和大企业集团，而向社会定向公开募集资金相对较少，形成了“依附金融企业”和“机构出资为主”的准政府特点。如1988年，日本风险资本来源于金融机构和企业的分别占46%和37%，而来自个人的资本仅占7%。这种资本来源结构使得风险资本在项目投资选择上更加稳健和保守，这也是日本风险投资发展不快的重要原因之一。

我国台湾地区的风险资本来源有自己的特点，其资金组成为岛内法人（77.43%）、岛内个人（15.56%），以及国外法人（6.65%）、国外个人（0.36%）。台湾风险资本主要来自产业界，政府投资比重在不断下降。

7.2.2 风险投资的行业分布特征

美国的风险投资绝大部分投资于高新技术企业，投资在信息技术、医疗与生物工程行业的约占70%，近年来在新材料、海洋开发技术等产业的投资比重提高很快（见表7-3）。

表 7-3　美国风险投资领域分布

	1996		1997	
	投入金额（亿美元）	占总投资百分比（%）	投入金额（亿美元）	占总投资百分比（%）
信息技术	47.27	50	68.54	60.2
医疗与生物工程	20.21	21.4	26.96	23.7
零售与消费	18.95	20.1	16.87	14.8
其他	8.07	8.5	1.51	1.3
合计	94.5	100	113.88	100

资料来源：保罗·冈珀斯、乔希·勒纳著，宋晓东等译：《风险投资周期》，北京：经济科学出版社 2002 年版；卫建平：《风险投资的不平衡分析》，《中国软科学》，1999 年第 6 期。

欧洲部分我们选德国和英国来作为代表。德、英两国风险投资的行业分布非常接近，IT、制造业和医药行业是风险资本投资的重要行业。在德国，传统制造业是其风险资本集中的一个重要领域。而英国风险资本投资的行业分布相对比较分散，只要是能够获得较高利润的领域，就可以成为风险投资的对象。近年来，欧洲对高科技产业投资比重也在逐年上升（见表 7-4）。

表 7-4　德国、英国、日本风险投资的行业分布

单位:%

	生命科学	IT 和软件	电子和半导体	制造业和医药	其他
德国	21	23	16	23	17
英国	17	26	15	24	18
日本	20	23	21	26	10

资料来源：郭岚等：《德、英、日、以四国风险资本的来源与投资活动比较》，《经济咨询》，2003 年第 4 期。

投资于电子行业和制造业是日本风险投资行业的显著特征，日本有 21% 和 26% 的风险投资集中在电子和制造业领域。日本近年来对生命科学、IT 行业比较重视，在政府的支持下，分别有 20% 和 23% 的风险资本涉足这两个行业。

在台湾，风险投资范围主要涵盖资讯、消费性电子、半导体、通信、精密机械和自动化等，这些领域吸引了 80% 的风险资本。因此这些产业得到了巨大发展，其中台湾半导体工业占国际市场份额达 60%，资讯电子业总产值

达357.84亿美元，有9种产品产量居世界第一，且占据了五成以上的市场份额。

7.2.3 风险资本投资时机选择和投资方式比较

风险投资的过程比较复杂。因为经济发展水平和科技开发能力等方面的基础差异，风险投资的切入时机在不同国家和地区有明显不同。美国风险资本投资集中在初创及早期阶段，而欧洲更偏重于投向扩张期和成熟期（见表7－5和表7－6）。日本和欧洲类似，风险投资也是侧重于已形成一定规模的企业，对创业企业早期的投资比例极小。日本风险投资的阶段分布是：对创业不到5年的企业投资比例占16%，对设立5年以上、10年以下的企业投资比例占21%，对设立10年至20年的企业投资占27%，20年以上的企业则高达36%。

表7－5 美国风险资本在企业不同阶段投资比重（1996—1997年）

单位:%

阶段		1996	1997
早期		56	41
扩张	Ⅱ	26%	41%
扩张	Ⅲ	18	18

资料来源：*Venture Capital Journal*，FEB，1998.

表7－6 欧洲风险投资分段投资比例

单位:%

种子期	创建期	扩张期	成熟期	其他
0.8	5.7	39.3	49.7	4.5

资料来源：*EVCA Yearbook 1999*；马丁·黑米格著，复旦大学中国风险投资研究中心译：《风险投资国际化》，上海：复旦大学出版社2005年版。

从投资方式看，美国的风险投资以股权投资为主，并辅以增值管理服务。而日本、欧洲等国则主要沿用银行间接投资的方法，对企业提供资金支持，但并不积极介入经营管理。由这种间接投资派生的投资方式有两种方法：一种是由银行附属风险投资公司联合私人投资公司一起投资风险企业，而且该私人投资公司的投资实不低于银行的投资。银行附属风险投资公司以不记名股东身份将资本投入企业，一般不直接参与创业企业的经营管理，而是委托私人投资公司进行管理，同时创业企业还有还本付息的责任，因而此种投资带有贷款的性质，只是企业运作失败时，赔偿责任由政府担保金支付。另一种是银行通过私人投资公司中介进行。银行不直接向创业企业投资，而是把资金投入中介投资公司，该公司必须投放一定比例的自有配套资金，由私人投资公司把资金投向符合要求的企业。

7.2.4 风险投资组织模式的比较

风险投资的组织模式大致有以下几种：①有限合伙制；②准政府投资机构（资金主要来源于政府或享有政府融资担保，如美国小企业投资公司，英国的技术集团，日本的研究开发企业培植中心等）；③金融机构附设风险投资公司（如英国的3I公司，日本的风险企业开发银行）；④大企业附属投资公司（资金来源于产业资本）；⑤小型私人投资公司。

在美国，20世纪50年代开始兴起有限合伙制，而且发展很快。1984年，有限合伙制基金在基金资本总额中占比40%，1992年达到81%（Gompers和Lerner，1999）。可见，有限合伙制构成了美国风险投资的最主要组织形式，反映了美国风险投资业制度化、专业化和机构化的趋势。在风险投资有限合伙制中，风险投资家是普通合伙人，负责管理基金的运营，投资者是有限合伙人，不直接参与基金的管理。有限合伙制在美国之所以占据主导地位，除了它适应美国的国情外，更在于它有自己独特的优势——有限合伙制与高新技术产业发展和风险企业治理结构要求极为吻合，加之有限合伙人与普通合伙人的契约规则，即委托—代理制度的不断完善，有限合伙制在管理模式和运行机制上更具优势。

在日本模式中，主流的风险投资组织形式是公司制，尤其是金融机构附设风险投资公司。在日本，77%的风险投资公司的母公司是银行、保险公司、证券公司等金融机构，也就是说，日本风险投资公司超过七成是金融机构的下属机构。这是日本人的投融资习惯和政府的政策导向的必然结果。因此，在日本的风险投资公司中，具有科技背景和产业背景的人员很少，不利于科技项目创业早期的识别和开发，这也是日本风险投资集中在后期，以及重投资、轻管理的重要原因。

欧洲风险投资模式类似于日本。首先，在欧洲各国的政策中，银行是重点扶持的投资主体，如英国的信贷担保计划、德国的风险投资促进计划等，为了鼓励金融机构进行风险投资而制订了银行等金融机构从事风险贷款活动的贴息与担保计划，因而金融机构附属投资公司成为主要组织形式。其次，大企业联合风险投资公司也是欧洲风险投资的重要组织形式。在欧洲，大企业联合甚至跨国联合创办风险投资公司相当普遍，如德国的西门子、荷兰的飞利浦和意大利的佛蒂三大公司联合组建了技术风险管理公司。这种大企业联合组织模式，其目的不在于短期直接取得高额利润，而是大企业的整个研究与发展计划的组成部分，以便更好地为大企业发展战略服务。

我国台湾地区的风险投资也是以投资公司形式设立和运作的。其运作管理有三种模式：一是自设经营团队，自行管理投资；二是不设经营团队，委托一家管理顾问公司管理投资；三是不设经营团队，委托另外一家自己拥有经营团队的风险投资公司管理投资。这样，在充分发挥基金管理人“专家管理优势”的基础上，又辅之以董事会的必要监督，能更好地发挥风险投资基金的功效。

7.2.5 风险投资发展过程中政府作用的比较

风险投资的发展离不开政府的支持。但由于各国金融体系的不同，政府所发挥的作用也呈现出不同的特点。

美国的风险投资是以私人权益投资为主体的市场运作模式，政府的作用就是通过制定一系列规范性的政策和法规，引导投资方向，保障私人投资权益的实现。具体表现在以下几个方面：①利用立法如小企业投资法、小企业发展法等，为创建企业和小企业的技术创新活动提供资金支持。②实行优惠的税收政策，鼓励私人风险投资的发展，一方面减少风险企业的所得税，税率从1970年的49%降至1980年的20%；另一方面资本所得税也从1969年的49%降至1978年的28%，1982年又降到20%。③政府提供信用保证，美国小企业管理局（Small Business Administration，SBA）的重要功能就是提供担保。具体做法是，为高科技中小企业的银行贷款提供担保，贷款在15.5万美元以下提供90%的担保，贷款在15.5万~20万美元的提供85%的担保。1993年美国政府又规定银行向创业企业的贷款可占项目总投资的90%，如果企业破产，政府负责赔偿90%，从而向政府转嫁了风险，这无疑进一步改善了风险投资发展的市场环境。

在日本模式中，政府在风险投资中扮演的角色是双重的，既是良好的风险投资环境的培育者，又是风险投资的直接参与者。1963年通过了《小企业投资法》，并成立了三家国有的“小型商业投资公司”，其主要任务是购买新创立企业的股票和可兑换债券，1974年成立的“研究开发企业培植中心”为风险企业提供贷款担保。日本还通过“新技术开发事业团”等政府机构，推进技术市场和金融市场的协调运作，实施研究费税额扣除制度，为研究开发投资实行补助金和金融方面的奖励政策。

欧洲的风险投资主要是通过政府大力引导，提供大量风险资本，并形成了以银行等金融机构投资为主体的投资模式。

英国政府及其所属机构的投资占了英国科技风险投资的30%，其中政府直接资金注入就占9%。英国政府制订了“贷款担保计划”，为小企业申请银行贷款提供担保，政府还通过税收优惠政策来扶持风险投资的发展，如“商业发展计划”规定，个人投资5年内达40万英镑的可申请免税；1983年制订的“企业扩大计划”又规定，对创办高新技术企业者，60%的投资额可免税。对于发展中的高新技术企业，凡是研发投资较上年增加者，可免去相当于研发投资增加额的25%的企业所得税，1985年这一比例又提高到50%。法国也有类似鼓励企业进行R&D投资的企业所得税减免政策。1987年，法国设立“创新资助金”扶持创办不足3年的技术型企业。德国在各州建立了80多个技术创业中心，扶持新建的中小高新技术企业。对高技术企业提供研究项目最长期限为3年的补贴，凡获准补贴的项目，第一年可获得相当于其研究成本80%的财政补贴，第二年为50%，第三年为20%。德国科学工业园区创业初期的投资，几乎全部由州政府提供或一次性补贴。

我国台湾是以奖励与管理并行的方式推动风险投资事业的。台湾鼓励风险投资业的两个主要工具是租税减免和资金融通，同时还在风险企业上市方面提供方便。

7.2.6 风险投资产生和发展的社会环境对比分析

风险投资的产生和发展不仅需要一定的物质基础，也需要与之相适应的社会文化环境。美国之所以是风险投资的发源地，与美国特有的民族文化及价值观密不可分。其实质就是对待创业及创业失败的宽容的社会态度。此外还与美国人所具有的强烈冒险精神和创新意识，公众始终对企业家有着良好的评价有关。

欧洲由于自然条件优越和文化历史悠长，在经济发展方面可以协调互助，形成了稳健的正统文化氛围，从而在风险投资方面趋于保守，发展缓慢。日本则重视群体精神，以国家利益和集体利益为先，经济生活中以大企业和大集团为导向，因而形成了以大公司和大银行为投资主体的独特的风险投资模式。

7.3 共性与启示

风险投资在世界各国和地区的发展实践给了我们丰富的经验和教训。尽管在发展过程中由于各自的社会经济环境和科技基础不同，各国风险投资发展呈现出不同的特点，但通过横向比较分析和纵向历史考察，我们得到了一些共性的东西，如政府优惠政策的支持（税收优惠、财政补贴和政府采购等）、良好法律环境的营造、发达的资本市场等，这里不打算就这些问题展开讨论，而是集中精力探讨一些深层次的共性问题，以供我国风险投资业借鉴。

1. 适当把握政府在风险投资发展过程中的定位

风险投资的发展离不开政府的支持，即使是在市场经济体制下的美国，风险投资业亦自始至终得到了政府的支持，其他国家和地区更是无一例外，但效果大相径庭，其原因就在于没有恰当把握政府“干预”的度。我国台湾的经验就很值得借鉴：当局为了扶持风险投资的发展，采用了管理与奖励相结合的方法。政府在风险投资的起步阶段应给予支持，如提供一定的资金作为种子基金，并由民间专家管理运作；提供信用担保，以少量资金带动大量的民间资本投向风险较大的创业企业。具体来说，政府应更多地做好以下几个方面的工作：其一是有关风险投资的立法工作。因为风险投资不同于一般投资，注资时无任何抵押，完全靠法律来保障投资者的权益。其二是界定政府作为的范围。政府既不能包办和经营风险投资，风险投资也离不开政府支持。政府的引导和扶持应主要针对创业早期即种子期的投入，而对于创业后期的投资，则应主要发挥市场的力量，政府一般不再介入。

2. 风险投资的发展要符合比较优势

在促进现代经济增长的各种因素中，技术变迁日益重要。没有技术创新，投入要素的边际生产力就会出现递减现象。风险投资是技术创新的“助推器”。风险投资发展作为高度市场化的投资模式，不能脱离一国的资源禀赋条件，各国的技术变迁路径不同，风险投资发展迅速的国家和地区都不同程度地顺应了比较优势规律。

随着技术的不断发展，技术发明或发现已经从以往的极具偶然性的经验发现转变为有目的的控制实验，主要依靠专业人员的科学研究，而且对于R&D的投入越来越大。从发达国家的实践看，R&D一般只有5%最后能取得成功，在这成功的成果中一般又只有大约10%具有市场应用价值。因此，R&D耗资巨大。相比之下，一旦一项技术开发出来，通过购买专利等技术转让方式加以引进，转让费只及研发成本的1/3左右，如果再考虑那些没有成功以及虽成功却不具备市场应用价值的研发所耗费的资源，则通过购买技术的方式实现的技术进化的实际社会成本要低廉得多。西方发达国家国民经济技术体系处于世界前沿，技术进化只能依靠自己的研发活动。同时这些国家国民素质比较高，有科学创新传统。其资源禀赋一是科技创新力量强，二是资本积累达到非常丰裕的程度，资金成本相对较低，具备开发的条件。因而其风险投资集中在R&D高的信息技术、生物工程、计算机硬件等尖端技术方面。

发展中国家和地区则相反，由于与发达国家相比，技术上的差距比较大，技术进化完全可以引进国外先进的适用技术为主。而且由于资本相对缺乏，技术引进在经济上也比较划算。我国台湾是在学习美国经验的基础上发展风险投资业的，但并没有照搬海外模式，而是根据实际形成了自己的运作模式：风险投资定位不盲目求高求新，而是以半导体、资讯、电子等中度技术作为发展方向。到现在，台湾的这些行业在国际市场上占有很大的份额，如资讯电子业有9种产品占据五成以上的世界市场份额，半导体仅台积电和联电两企业在国际代工市场上所占份额就超过60%。印度避开高科技中对资本要求高的硬件领域，大力扶持相对而言具有劳动密集型和智力密集型特征的软件业。其国内风险投资大量投入这一行业，使印度成为世界软件最大生产国和出口国。印度在全球软件开发市场中占有16.7%的份额，在美国市场中所占比重已达60%。风险投资业取得了巨大成功。

3. 项目/企业的成长性是风险投资关注的主要动因

风险投资是一种支持创业的投资制度创新，其最终目的是获取收益，其定位应该是具有商业前景的创新活动或技术，此项目必须具有高增长潜力，不是看此项目是否是高新技术。因此，无论是高科技型的朝阳产业，还是科技含量低的传统产业，只要能获得高额回报，都会成为风险投资的对象。美国风险投资扶持的企业中既有高科技的微软、英特尔等公司，也有联邦快递等非高科技公司。而我国台湾地区的风险投资直接定位于中度技术，同样取得了成功，这一点对我国的风险投资业尤其具有启示作用。我国从引入风险投资概念的那天起，就赋予它发展我国高新技术产业的责任，这无疑违背了风险投资的本性。至于风险投资大部分投向高新技术，是因为高新技术一般成长性好，但风险也高，因此各国根据自己的需要和经济技术条件，利用公共政策引导风险资本的投向。

4. 风险投资是中小企业生成和发展的“孵化器”，中小企业的发展又反过来促进了风险投资的发展

中小企业是一国经济中最具活力的因素，一个经济体能否持久展现活力，在很大程度上要看有没有形成中小企业不断涌现、逐渐成长并持续发展成为国民经济新的增长点的良性机制。而风险投资独特的制度安排使其成为中小企业的“孵化器”。同时，由于不断涌现的中小企业对资金产生强烈的需求，而传统的金融体系对此存在缺失，于是市场催生出这种新的投资制度安排。中小企业往往是开展技术与服务创新的园地，处于研究与开发阶段的高新技术在产业化初始阶段以中小企业为主体，创新企业都是中小型企业。风险投资在支持新兴中小企业发展的过程中不断壮大。如第一家现代风险投资公司——美国研究和发展公司正是看到了新兴中小企业缺乏资本这一形势而成立的。台湾风险投资之所以发展得那么好，也与中小企业数量占据很大比重有关。而欧洲的中小企业就不够发达，它们更倾向于发展大企业、大财团。

5. 风险投资公司发展具有区域集中性

从世界各国的实践看，风险投资绝大部分投向了高新技术，变成了高新技术企业资金的主要来源。由于高新技术产业存在“洼地效应”，要求智力资源丰富、市场机制成熟、支持环境优良，致使风险投资存在区域集中性。如美国的大风险投资公司有1/3以上建在硅谷或在硅谷设立了办事处，其他风险投资也与硅谷的活动有关，硅谷成为美国风险资本活动的中心。1997年美国130亿美元的风险投资中有一半以上投向加州硅谷、麻省128号公路地区，而1999年全美风险资本筹集金额为360亿美元，硅谷所在地加州地区达到182亿美元。加拿大渥太华附近的“北硅谷”、中国台湾的新竹工业园等地都是风险投资的集中地。

为什么会形成风险投资的区域集中性呢？原因如下：第一，风险投资的地域集中与高科技集群的分布有紧密关系。随着知识经济的来临，经济发展更多地依赖知识的生产、组织、传播和应用。创新能力是影响高科技技术、风险投资发展的关键性因素，而区域环境内是否具备一个不断成长并不断产生新知识的中心，对创新非常重要。区域内部的教育条件、人才密集程度和质量对区域创新能力有很大影响。如在硅谷，斯坦福大学及一些高科技企业是重要的知识创新中心，每年开发出大量的新技术，仅1996年专利量就达到3 036项，研究开发的活跃对风险资本产生了强烈的需求。第二，产业基础和企业模式。新技术、新理念产生后，需要良好的高科技产业配套环境。硅谷是技术多元化的经济环境，有完善而集中的产业体系，同时硅谷的企业模式是以中小企业为主，鼓励创新。第三，良好的投资环境。风险投资与一般投资最大的不同是它不仅提供资本，还直接参与管理。由于地域距离影响着监管和参与成本、相互寻找和信息成本，所以风险投资表现出区域集中性。第四，具有独特的人文环境。创新精神首要的就是鼓励冒险和宽容失败，其次就是勇于接受新事物、追求自我价值，以及要求员工具有创业精神。这些人文环境构成了风险投资产生与发展的土壤。

可以说，一个国家和地区创业活动的频率与其民族的冒险、创新精神有关，而创业活动的质量与其创业企业的创新能力、国家政策和整体科技实力有关。要健康发展风险投资业就必须从自身实际出发，形成有特色的发展模式。

第8章

我国风险投资的发展历程与现状分析

自1985年《中共中央关于科学技术体制改革的决定》第一次提出“对于变化迅速、风险较大的高技术开发工作，可设立创业投资给以支持”以来，随着市场经济体制改革的推进和经济政策等宏观经济环境的变化，中国的风险投资经历了实践探索、逐步兴起和快速发展的阶段，于2001年步入了理性调整阶段。从2004年开始，随着我国资本市场的发展，特别是近几年中小板市场、创业板市场、新三板市场及地方股权交易中心的建立，多层次资本市场初具雏形，“大众创业、万众创新”蔚然成风，风险投资得到了飞速发展。本章在回顾我国风险投资发展历程的基础上，对我国风险投资的现状进行了深入的分析，并探讨了发展中存在的问题及原因。

8.1 我国风险投资发展历程回顾

1. 实践探索阶段（1985—1996）：单一投资主体（政府）示范和引导

1985年发布的《中共中央关于科学技术体制改革的决定》，标志着我国风险投资业的开端。此后，国务院陆续发布了一些建立风险投资基金和风险投资公司的政策和规定，提出以风险投资的方式支持技术创新，促进高科技产业的发展。在此背景下，1986年成立了第一家全国性专营风险投资机构——中国新技术创业投资公司（CVIC）。此后，一些地方和部门相继成立了以科技融资为主要业务的各类投资公司，如广州技术创业公司、江苏高新技术投资公司及中国经济技术投资担保公司等。这些公司自成立之日起就以崭新的经营机制进行运作，积极帮助了一大批具有独创性和超前性的高科技企业，对我国高科技产业的发展起了重要的推动作用。但由于观念及体制上的障碍，科技体制改革与经济体制改革不配套，再加上融资渠道不通畅、资本市场欠发达、契约关系不健全、分配制度不合理及知识产权不明确等原因，致使我国风险投资业的发展极为缓慢。

20世纪90年代以后，政府对我国风险投资发展过程中存在的问题极为重视，自1991年起先后颁布了《国家高新技术开发区若干政策的暂行规定》

《中华人民共和国促进科技成果转化法》等一系列法规，及时纠正了风险投资发展过程中出现的问题，促进了风险投资的规范发展。到 1996 年年底，全国共有风险投资机构 24 家，资金总量 47.1 亿元。但是这些风险投资机构基本上都是由政府投资和管理的，因此，普遍存在着投资主体单一和缺乏有效的退出渠道的问题，风险投资业的发展并不尽如人意，只能说是刚刚起步。

2. 逐步兴起阶段（1997—1998）：多元投资主体探索

1997 年，以美国为代表的新经济得到了快速发展，风险投资在推动技术创新和经济增长中的作用日益突出，一些发展中国家纷纷效仿。在此背景下，我国加大了对风险投资的扶持力度，特别是 1998 年中国民主建国会中央委员会提出的《关于加快发展我国风险投资事业》的提案（简称"一号提案"），不仅引发了理论界研究风险投资的热潮，更促进了全社会在该领域多元化的实践探索，除政府出资外，许多大公司、大企业及证券公司也涉足风险投资领域，境外风险投资基金也加大了在中国的投入。随着各界对风险投资的进一步重视，全国风险投资机构的数量和资金规模得到了快速增长。1997 年和 1998 年两年间，我国风险投资机构的增长率分别高达 58.3% 和 57.9%，年新增资本额达 36.5 亿元和 63.7 亿元，到 1998 年年底，风险资本总量达到了 147.3 亿元（王松奇等，2003）。

3. 快速发展阶段（1999—2000）：多元投资主体兴起

从 1999 年开始，随着我国宏观经济环境的进一步改善和政府的高度重视，这个时期的风险投资出现了强劲的高速增长态势。1999 年，全国新增风险投资机构 36 家，增长率高达 60%；2000 年的增长势头更猛，全国新增风险投资机构 110 家，总量为 206 家，增长率高达 114.6%；1999 年资本总量较 1998 年增长 74.3%，2000 年又增长了 70.1%。截至 2000 年年底，全国风险投资机构达到 206 家，资本总量超过了 436 亿元（王松奇等，2003）。

这一时期风险投资的发展速度如此之快，很重要的原因是国民经济的持续高速增长以及政府的各项鼓励和扶持政策、措施。1999 年，我国先后出台了《关于促进科技成果转化的若干规定》《关于加强技术创新，发展高科技，实现产业化的决定》及《关于建立风险投资机制的若干意见》等，这些法规和政策的适时推出，对风险投资的发展起到了积极的引导和促进作用。另外，我国许多公司到境外上市取得了巨大成功，也对我国风险投资的发展起到了推动作用。同时，更多的境外风险投资公司在这一时期进入中国，并且投资偏好也发生了明显的变化，从原来侧重投资于企业扩张期、成熟期和企业技术改造项目，逐步转向投资于我国迅速发展的信息产业，并针对处于创建期、成长期的软件企业进行了一系列的投资。

总之，在这一时期，社会各界对风险投资的发展充满了信心，我国风险投资呈现出前所未有的良好发展态势。

4. 调整阶段（2001—2003）：投资热情受挫

在世界经济发展减缓及国际风险投资退潮的影响下，从2001年开始，我国风险投资发展进入了调整期。从国际上看，随着美国经济增长速度减缓和各国资本市场的持续低迷，尤其是美国NASDAQ指数的大幅下跌，风险投资的筹资额和企业IPO都日趋萎缩。从国内看，创业市场的设立遥遥无期，投资者的热情受到了挫伤，而且投资者没有看到令人信服的风险投资成功案例，一大批前期的风险资本又被深度套牢。一方面没有增量资金加入，一方面存量资金没有盘活，因此风险投资的下降就不足为怪了。表现为风险投资机构和资本总额增长幅度的急剧下降，新筹集资本额远远低于1999年和2000年。有资料显示，2001年新增风险投资机构仅60家，2002年仅增加30家，增幅分别为29.1%和11.3%，新增资本额2001年为95.3亿元、2002年为49.5亿元，增幅分别为21.8%和9.3%。

经历了2001年的低潮和2002年的调整，2003年我国风险投资又得到了恢复性的发展，到2003年年底，资金总额又达到近77亿美元（639.1亿元人民币）（Zero2 IPO Group清科创业投资中心报告，2004）。

5. 高速发展阶段（2004年至今）：飞速发展

随着我国经济增长的加快，资本市场得到了飞速发展，尤其是以创业板市场的建立为标志，我国逐步形成了包括主板市场、创业板市场、新三板市场及区域性股权交易市场的多层次资本市场体系，为风险投资提供了不同层次的退出渠道。同时，由于我国经济发展走入发展的新常态，企业融资方式从以债务融资为主的间接融资方式转变为以股权融资为主的直接融资方式，经济结构的调整和合理化成为主要的手段，“大众创业、万众创新”成为经济转型的重要推手和经济发展的新引擎，“互联网+”成为国家战略，互联网、大数据、云计算、健康及环保成为资本投资的热点，这又反过来为风险投资的发展提供了坚实的基础。因此，风险投资得到了“井喷式”的发展。中国2014年的风险投资总额达到155亿美元，创下自道琼斯2006年开始统计这一数据以来的最高纪录，两倍于2011年创下的73亿美元的最高纪录（道琼斯风险资源，2014）。

8.2 我国风险投资发展的现状分析

经过二十几年的探索和努力，我国风险投资取得了较大的成绩，为将来风险投资事业的发展打下了良好的基础。下面通过对我国风险投资的基本情况进行透彻分析，以求对我国风险投资业的现状有一个全面的了解。

8.2.1 风险投资机构和风险资本总量分析

表 8－1 反映了我国 2004—2013 年风险投资机构和资本额的变化情况。

表 8－1 中国风险投资机构和资本总量、增量及其变化（2004—2013 年）

项目	年份									
	2004	2005	2006	2007	2008	2009	2010	2011	2012	2013
风险投资基金（家）	257	277	312	331	410	495	720	860	942	1 095
较上年增长（%）	－4.8	7.7	12.6	6.09	23.9	20.7	45.5	19.4	9.5	19
风险投资管理机构（家）	47	42	33	52	54	81	147	236	241	313
较上年增长（%）	－	－10.6	－21.4	57.6	3.8	50	81.5	60.5	2.1	29.9
当年新募集基金（家）	17	27	35	76	88	99	238	171	136	215

资料来源：王元等主编：《中国创业风险投资发展报告 2014》，北京：经济管理出版社 2014 年版。

从表 8－1 可以看出我国风险投资机构和风险资本总量、增量和增长率的变化情况。中国风险投资机构数量和风险资本总额呈逐年递增态势，2013 年，中国风险投资机构达到 1 408 家，较 2012 年增加 225 家，增长 19.02%。近几年风险投资之所以得到了飞速发展，与中小板市场、创业板市场及新三板市场的建立和繁荣有很大关系，同时也同政府加大支持创业力度和扶持“互联网＋”的政策密切相关。

8.2.2 风险资本的来源结构、机构性质和组织形式

1. 风险资本的来源结构

风险投资是一种新的投资制度安排，是一种金融制度的创新。在我国，制度创新的主体是政府。政府要启动风险投资，除了一系列政策法规等制度基本建设外，还需要投入一部分资金作为示范。因此，我国风险投资机构都有很浓厚的政府色彩，大部分是政府主办或是政府直接、间接投资的。在风险投资刚开始试点时，政府的介入是不可缺少的。这一方面可以提高风险投资基金的信誉，增加其他投资者的信心和安全感；另一方面可以提供启动资金，以此为基础再吸纳民间资金，起到启动、组织和放大的作用，而且还可以有效利用政府掌握的信息、人才等资源，进行适当的政策支持，有助于一套完善的风险投资体系的建立。但是政府的直接投资不仅难以形成大规模的风险投资基金，且往往由于政府资金的软约束性质和其缺乏谋求高风险、高

收益投资组合的动力，缺乏监督自律的约束机制而导致资金使用的低效和滥投放。

近年来，随着我国经济体制改革的深化，风险投资运行机制趋于规范，风险投资的资金来源逐步多元化，包括政府资本、国内企业资本（也称民间资本）、外资机构资本、金融机构资本及其他资本。表 8－2 反映了 2006—2013 年我国风险投资资本来源的情况。

表 8－2　中国风险投资资本来源（2006—2013 年）

单位：%

类型	2006	2007	2008	2009	2010	2011	2012	2013
政府资本（含事业单位）	19.7	20.0	13.4	19.3	18.5	12.7	11.78	11.4
国有独资投资机构	17.5	16.0	23.6	22.6	20.3	20.5	18.81	17.51
非上市公司	30.5	43.0	42.9	32.4	33.3	40.6	34.03	41.81
上市公司	4.2	3.0	3.9	3.9	2.4	2.3	4.63	3.61
非银行金融机构	2.5	1.0	0.2	0.1	2.9	1.7	1.49	0.26
银行	7.5	5.0	1.1	3.2	1.2	0.2	0.57	1.17
外资	5.7	3.0	3.6	5.4	3.9	2.8	5.13	3.18
个人	4.8	6.0	6.9	10.1	14.9	13.7	18.87	17.45
其他	7.5	3.0	4.3	2.9	2.5	5.5	4.69	3.61

资料来源：王元等主编：《中国创业风险投资发展报告》（2007—2014 年），北京：经济管理出版社。

从表 8－2 可以看出：①政府资本所占比重呈下降趋势，国内企业资本呈快速上升趋势，考虑到国内企业绝大部分是国有企业，可见在我国风险资本结构中，国有资本占有相当大的比重，而养老基金、家族基金、保险、捐助基金等欧美市场成熟的机构投资者的比例仍然较低，难以成为主流；②外资在我国一直占有较大比重，外资不仅为我国风险投资发展提供资金，而且还带来丰富成熟的投资经验，培养和造就了一批优秀的风险投资管理人才和创业人才；③自然人出资比例上升较快，且多以天使资本形式出现，主要投资创业企业的初创期，有力地推进了“大众创业”。

2. 风险投资机构的性质及组织形式

风险投资机构的性质决定于资本的性质。在风险投资发展的早期阶段，政府资本占绝大部分，近几年情况有较大变化。根据出资人的性质和出资比例，目前我国风险投资机构的性质可分为四种类型：第一类是国有独资的风险投资机构，其资金基本上由地方财政直接提供；第二类是政府参股的风险投资机构，其资金一部分由地方财政提供，另一部分由国内其他机构、自然人提供；第三类是国内企业设立的风险投资机构，其资金来源是国内企业、金融机构和其他机构及自然人；第四类是外资独资或合资风险投资机构及其他类型，这部分包括在境外注册、境内开展业务的机构。表 8－3 反映了我国不同性质的风险投资机构的占比情况。

表 8－3　2013 年中国不同性质的风险投资机构的占比情况

国有独资	17.78%
政府参股	11.4%
国内企业	65.3%
外资独资合资及其他	5.52%

资料来源：王元等主编：《中国创业风险投资发展报告 2014》，北京：经济管理出版社 2014 年版。

从表 8－3 可以看出，我国风险投资机构的性质呈现出多样化的格局，其中国内企业设立的风险投资机构已成主流，国有独资机构不再占绝对优势（已从 1999 年的 80% 降为 2013 年的 17.78%），这与 1999 年国家七部委提出的“建立中国风险投资体系的基本原则，有效调动社会资本参与风险投资的积极性”有关。

从风险资本的组织形式来看，绝大部分风险投资机构采取公司制的组织形式，有限合伙制逐年增加。据中国人民大学风险投资中心 2004 年的调查，发现在被调查的 77 家风险投资机构中，只有两家采取风险投资基金的形式，两家属于事业单位而实行企业化管理，其余全部为有限责任公司或股份有限公司。到 2010 年，从风险投资企业类型来看，有限责任公司占 89.87%，股份有限公司占 4.43%，两者合计，公司制创业投资企业仍然占 94.3%；有限合伙制呈现逐年增加的趋势，但占比仍仅为 3.8%，到了 2013 年，这个比例超过了 5%。可见，公司制仍是我国风险投资机构的主要组织形式。

3. 风险投资机构资金管理规模

经过十多年的发展，我国风险投资机构管理的资金已经达到了相当的规模。根据 2013 年年底的数据，我国风险投资机构（包括风险投资基金和风险投资管理机构）共 1 408 家，平均每个风险投资机构管理的资金规模为 2.54 亿元人民币，管理机构的管理资金规模大多集中在 5 000 万～2 亿元。表 8－4 显示的是 2013 年我国风险投资机构管理的资金规模的基本分布。

表 8－4　2013 年中国风险投资机构资金管理规模的基本分布

资本额	投资机构数（家）	百分比（%）
5 000 万元以下	317	22.8
5 000 万～1 亿元	344	24.7
1 亿～2 亿元	311	22.3
2 亿～5 亿元	279	20
5 亿元以上	142	10.2

资料来源：刘曼红等著：《风险投资与中国金融体制改革》，北京：中国金融出版社 2002 年版；王元等主编：《中国创业风险投资发展报告 2014》，北京：经济管理出版社 2014 年版。

从表 8－4 可以看出，我国管理资金规模在 2 亿元以下的风险投资机构所占比例超过 2/3，2 亿元以上的比例不及 1/3。而资金规模比较小的风险投资机构大都成立于 1997—1998 年间，且多为政府出资成立。后期成立的风险投资机构资金比较大，如 1999 年成立的深圳市创新投资公司，注册资本 16 亿元，管理资本达 30 亿元。到 2013 年，国内创业风险投资管理机构中，最大管理资金为 130 亿元，超过 50 亿元的有 7 家；在创业风险投资基金中，最大管理资金规模为 287 亿元，超过 100 亿元的有 5 家，超过 50 亿元的有 4 家。这一现象符合风险投资的发展趋势，一个风险投资机构必须要达到一定规模，这样既可以通过组合投资分散风险，又可以保证为所投资的项目提供后续资金。

8.3　我国风险投资机构的投资情况分析

上一节从机构与资本的角度，对风险投资宏观层面进行了分析。这里将在此基础上，着重从操作层面分析风险投资的方向和方式、投资阶段、投资后的管理及退出等内容。

8.3.1　风险投资的投资方式与管理服务

风险投资是典型的权益投资方式，我国的风险投资也是以直接股权为主要投资方式。根据我国的实践，我国风险投资方式除了直接股权投资外还有贷款贴息和贷款担保两种方式。

直接股权投资，指风险投资机构将资金以权益资本方式投入创业企业，在创业企业占有股权并享受相应股东权益的投资方式。

贷款贴息，指创业企业向银行或其他金融机构申请贷款，由风险投资机构承担部分贷款利息，以此作为投资方式。风险投资机构的收益就是在一定期限后将获得稍高于其所承担贴息部分的收入。贷款贴息属于债权投资方式。

贷款担保，指由于创业企业处于发展的初期，无法提供合适的抵押或质押品，因而难以申请贷款，于是风险投资机构为该企业申请贷款提供担保，担保机构收取一定的担保费用。贷款担保属于一种服务性的投资方式。

根据中国人民大学风险投资中心的调查，被调查的77家风险投资机构都在从事直接股权投资业务，其中有3家风险投资机构同时从事贷款贴息业务，9家风险投资机构同时从事贷款担保业务。可见，直接股权投资是中国风险投资的主要投资方式，有的机构还进行贷款贴息和贷款担保业务。实际上，它们都是国有独资风险投资机构，承担着部分的政策性业务。

风险投资机构不仅投入资金，同时还提供增值管理服务，这是风险投资的特点。一般而言，风险投资机构往往有一定的投资行业偏好，他们对其偏好的行业有着深刻的理解与把握。同时，风险投资机构拥有足够的企业管理专家，能为被投资企业提供高质量的管理服务。

从另一个角度看，风险投资机构参与企业管理是其控制风险的重要方式。由于风险投资机构和创业企业存在着委托代理问题，二者的目标函数并不完全一致，代理人有可能为了自己的利益而损害委托人的利益，因而作为委托人的风险投资机构除了一系列激励制约的制度安排外，还常常通过参加董事会、派驻高层管理人员及财务主管等手段制约和监督创业企业。在我国，风险投资机构所采用的最普遍的方式是委派董事参与管理。

8.3.2 风险投资的行业分布

风险投资机构在选择投资对象时，主要考虑的是投资对象的成长性、创新性、市场前景及管理团队等情况。因而，高增长、高风险、高收益的高科技项目一直是风险投资的重点领域。其中的小型科技企业由于技术创新效率高，企业的组织结构更能适应市场的变化，企业规模小、成长空间大而备受风险投资机构青睐。近几年我国风险投资关注点有所变化，一些传统产业由于有盈利和发展的稳定性，而且在我国有较大的发展比较优势，经营有效的话，增长前景也非常可观。如2013年我国风险投资投入传统产业（传统产业包括制造业、农业和其他传统非科技企业，其余是高新科学技术）的占到了38.7%，不再一味求高求新。当然，风险投资的绝大多数（61.3%）还是投资于高科技产业，且在高科技产业中也有侧重。表8－5是我国风险投资机构所投资的行业的分布情况。

表8-5　中国风险投资项目的行业分布：投资金额与投资项目（2012—2013年）

单位:%

行业	2013		2012	
	投资金额	投资项目	投资金额	投资项目
医药保健	9.99	10.04	4.85	6.18
新材料工业	7.61	7.13	7.81	8.76
新能源及高效节能技术	6.75	8.69	7.19	7.2
金融保险业	6.54	10.12	5.42	4.2
传统制造业	6.03	7.19	10.1	8.82
软件产业	5.32	2.02	2.41	3.12
传媒与文化娱乐	5.24	6.16	6.35	5.28
光电子与光机电一体化	4.89	4.62	3.49	3.78
其他制造业	4.67	5.3	4.83	4.98
IT服务业	4.17	3.58	3.14	3.42
生物科技	4.17	2.27	2.8	4.8
环保工程	3.95	2.89	2.81	3.06
网络产业	3.74	1.9	2.05	2.82
其他行业	3.74	2.65	7.62	7.26
农林牧副渔	3.66	6.33	6.07	4.74
消费产品与服务	3.45	5	6.27	3.54
通信设备	3.16	3.11	3.63	3.72
半导体	2.51	1.4	1.44	1.44
科技服务	1.94	1.02	1.64	2.58
社会服务	1.87	1.86	1.09	2.34
计算机硬件产业	1.22	0.68	1.1	1.5
建筑业	1.22	1.32	1.94	1.62
交通运输仓储和邮政业	1.15	2.57	0.35	0.24
其他IT产业	1.01	0.36	1.68	1.92
采掘业	0.57	0.51	1.3	0.48
批发和零售业	0.36	0.5	0.85	0.72
核应用技术	0.29	0.17	0.24	0.48

（续上表）

行业	2013		2012	
	投资金额	投资项目	投资金额	投资项目
房地产	0.29	0.21	1.24	0.54
水电煤气	0.29	0.25	0.29	0.42

资料来源：王元等主编：《中国创业风险投资发展报告 2014》，北京：经济管理出版社 2014 年版。

从风险投资项目的行业分布来看，在 2013 年，医药保健、新材料工业、新能源及高效节能技术、软件产业、光电子与光机电一体化、IT 服务业、生物科技、环保工程、网络产业等行业因其具有较高的科技含量、符合国家产业发展方向而吸引了众多的风险投资，上述 9 个行业集中了当年风险投资量的 50.59%，投资项目的 43.14%。我们看到，传统制造业也得到了风险投资的大力支持。虽然其不属于高新技术产业，但是这类制造业面临转型升级，由于风险投资的介入，大大提高了产品的技术含量和附加价值。世界产业分工的强化、国际产业和技术转移趋势的加强，加上传统产业正处于新一轮结构性调整过程中，使得传统产业日益受到风险投资的重视（见表 8－6），传统产业占比从 2003 年的 26.9%，不断上升，到 2013 年达 38.7%。相反，前几年非常热的 IT 服务业受关注度有所下降，2004 年占 9.9%，2013 年仅占 4.17%。同时，传统产业很多已经成熟，预期利润较有保障，投资风险较小，这说明风险投资机构日趋理性。

表 8－6　中国风险投资项目的年度行业分布：高新技术产业与传统产业（2003—2013 年）

单位：%

行业	年份										
	2003	2004	2005	2006	2007	2008	2009	2010	2011	2012	2013
高新技术产业	73.1	76.7	78.3	67.9	65.5	63.2	67.7	67	53.4	55.3	61.3
传统产业	26.9	23.3	21.7	32.1	34.5	36.8	32.3	33	46.6	44.7	38.7

资料来源：王元等主编：《中国创业风险投资发展报告 2014》，北京：经济管理出版社 2014 年版。

8.3.3　风险投资阶段分布

企业的生命周期大致可分为五个阶段，即种子阶段、起步阶段、成长阶段、成熟阶段以及重建阶段。在企业成长的不同阶段，随着信息、资产规模等约束条件的变化及风险的不同，企业对资本需求也有着不同的特点。一般情况下，越是处于早期阶段的企业，投资风险就越大，但是一旦企业成功，回报也越大；越是后期，投资的风险越小，回报率也就越接近于传统渠道的投融资回报率。我国风险投资阶段的分布体现了风险投资的上述特点。表8-7反映了我国风险投资在企业发展各个阶段的投资比例。

表8-7 中国风险投资项目所处阶段分布：企业发展（2003—2013年）

单位：%

阶段	年份										
	2003	2004	2005	2006	2007	2008	2009	2010	2011	2012	2013
种子阶段	13	15.8	15.4	37.4	26.6	19.3	32.2	19.9	9.7	12.3	18.4
起步阶段	19.3	20.6	30.1	21.3	18.9	30.2	20.3	27	22.7	28.7	32.5
成长(扩展)阶段	49.5	47.8	41	30	36.6	34	35.2	40.9	48.3	45	38.2
成熟(过渡)阶段	18.2	15.5	11.9	7.7	12.4	12.1	9	10	16.7	13.2	10
重建阶段	0	0.3	1.6	3.6	5.4	4.4	3.3	2.2	2.6	0.8	0.9

资料来源：根据王元等主编的《中国创业风险投资发展报告2013》和《中国创业风险投资发展报告2014》及中国人民大学风险投资中心报告等相关资料整理。

从表8-7可以看出，我国风险投资的阶段分布比较合理。风险投资主要集中在中间阶段，即起步阶段和成长阶段，对两端（种子阶段和重建阶段）的投资相对较少，这种分布态势与国外大体相当，基本上符合风险投资的规律。

分段投资是风险投资的一种惯常投资策略，是风险投资家所能采用的最有力的控制机制。分阶段注入资本使风险投资家能够收集信息，监控企业进程，并保持定期退出低质投资项目的选择权（Gompers和Lerner，1999）。单一投资轮次时间越短，风险投资家对企业进程的监控活动越频繁，收集信息的需求越强烈。中国风险投资家在进行风险投资时，基本上也是采取这种方式，但是投资轮次较少，而且注重首轮投资，因而对创业企业监控较为弱化。在表8-8中，我们看到，中国风险投资项目的首轮投资占主导地位，从2002年到2013年，首轮投资占比多数都在70%以上，后续投资占比多数低于30%。这与美国等发达国家风险投资的投资方式存在巨大的差别。统计显示，美国2013年的首轮投资金额占比仅为17.28%，大多数为后续投资。

表 8-8 中国风险投资的首轮投资和后续投资（2002—2013 年）

单位:%

行业	年份											
	2002	2003	2004	2005	2006	2007	2008	2009	2010	2011	2012	2013
首轮投资	83.3	72.1	67.2	70.8	77	83.1	84.5	82.7	86.2	83.4	80.1	77.5
后续投资	16.7	27.9	32.8	29.2	23	16.9	15.5	17.3	13.8	16.6	19.9	22.5

资料来源：王元等主编：《中国创业风险投资发展报告 2014》，北京：经济管理出版社 2014 年版。

8.3.4 我国风险投资的业绩及退出方式分析

风险投资机构的经营业绩，主要通过其盈利状况反映出来。而能否有理想的业绩，除了要看创业企业的经营状况外，更重要的是看风险资本能否从创业企业中成功退出。风险资本的退出是风险投资循环的最后一个环节，是实现风险资本增值的基本前提，是风险投资机构盈利的主要手段。只有成功退出，投资收益才得以实现，资本才得以投向新的项目。

由于资本市场发展的推动，中国风险投资退出收益总体上持续增加，取得了较好的效果，这反过来又推动了风险投资的活跃。表 8-9 反映了中国 2007 年到 2013 年风险投资退出的收入情况，总体上收益较好。

表 8-9 中国风险投资项目退出的收入分布（2007—2013 年）

单位:%

年份	收入规模				
	100 万元以下	100 万～500 万元	500 万～1 000 万元	1 000 万～2 000 万元	2 000 万元以上
2007	37.2	27.9	9.3	11.6	14
2008	36.5	24.6	11.1	9.5	18.3
2009	26.8	27.5	15.7	12.4	17.6
2010	27.3	19.7	13.7	13.7	25.7
2011	22.9	24.1	11	10.6	31.4
2012	19.2	17.1	10.5	17.4	35.8
2013	21.8	19.8	10.6	11.8	35.9

资料来源：王元等主编：《中国创业风险投资发展报告 2013》和《中国创业风险投资发展报告 2014》，北京：经济管理出版社。

国际通行的风险资本退出方式有IPO、企业并购、股权回购、破产清算等。其中IPO是最受欢迎的退出方式，收益率较高，给风险投资机构带来的回报最大，有利于激励企业核心层考虑企业的长期发展；并购方式对投资的回收最为迅速和便捷，并且可选择股票作为支付形式，可以减轻并购方的财务压力；股权回购方式作为一种备用手段，能够使风险投资基本保本；破产清算是在风险投资失败时及时止损的有效方法。

对于中国目前的风险投资退出方式问题，国内一些学者也有过相关研究。很多专家学者倾向于大力发展创业板市场，或者通过兼并收购的方式实现中国风险资本的退出。有学者曾经选择了浙江、上海、深圳、北京、天津、沈阳、重庆、武汉等地的30家风险投资公司的90位相关成员对预期的风险投资退出方式进行调研，所调研的风险投资公司在近年内都支持过1~3项风险投资项目（创业企业），其中4家支持过3项风险项目，9家支持过2项风险项目，17家支持过1项风险项目。调研的具体成员是风险投资公司的总经理、副总经理和高级管理人员。这些人可以说是风险投资领域的专家，他们不仅具有丰富的风险投资理论知识，而且在风险投资公司的组建、风险投资运作和创业企业管理方面也有较多的实践经验，因此他们的意见大致可以代表国内较为普遍的看法（见表8-10）。可见，中国风险投资企业将上市与股权转让作为退出的首要选择。

表8-10　我国风险投资预期的退出方式分析

风险投资预期的几种退出方式	专家选择的人数（比重）	排列位次
主板市场	3（3%）	⑧
二板市场	21（23%）	①
场外市场	10（12%）	⑤
买壳上市	13（14%）	④
境外上市	5（5%）	⑦
创业企业回购	14（16%）	③
第二期收购	6（7%）	⑥
企业购并	18（20%）	②
破产清算	0	⑨

资料来源：范柏乃、沈荣芳：《中国风险投资退出机制及相关法律制度研究》，《证券市场导报》，2000年第9期。

上面是针对企业的预期退出的意向性调查。然而现实情况是，由于我国证券市场发展的滞后，尤其是审批制的股票发行制度的阻碍，企业通过IPO上市很困难，风险投资退出渠道并不通畅，中国的风险投资机构难以像国外那样较为容易地通过资本增值实现高额收益。

这个情况在最近几年有所改观，特别是随着2004年中小板市场和2009年创业板市场的建立，我国多层次资本市场已初步形成主板、中小板、创业板及中小企业股权转让（新三板）的构架，通过IPO实现退出的风险投资项目不断增加，从2003年的5.4%，增加到2012年的29.4%。IPO退出方式的收益最为可观，投资收益约为投资总额的5倍，最高实现收益高达9倍。2013年受国内资本市场IPO暂停、海外上市渠道狭窄等持续利空因素的影响，中国企业IPO有所下降，但占比还是有24.3%；回购收益也有所下滑，仅为44.8%。尽管如此，从表8－11中可以看到，中国风险投资的退出方式中占主要的还是并购和回购，接近2/3。上市方式的比例过低与我国资本市场不发达，尤其是与证券市场发行制度关系极大。

表8－11　中国风险投资的退出方式分布（2003—2013年）

单位：%

年份	退出方式				
	上市	并购	回购	清算	其他
2003	5.4	40.4	36.3	14.9	3
2004	12.4	55.3	27.6	4.7	0
2005	11.9	44.4	33.3	10.4	0
2006	12.7	28.4	30.4	7.8	20.6
2007	24.2	29	27.4	5.6	13.7
2008	22.7	23.2	34.8	9.2	10.1
2009	25.3	33	35.3	6.3	0
2010	29.8	28.6	32.8	6.9	1.9
2011	29.4	30	32.3	3.2	5.1
2012	29.4	18.9	45	6.7	0
2013	24.3	26.3	44.8	4.6	0

资料来源：王元等主编：《中国创业风险投资发展报告2014》，北京：经济管理出版社2014年版。

表8－12比较了中国风险投资不同退出方式的绩效表现。从历年不同退出方式的绩效表现来看，IPO退出方式收益最为可观，投资收益是投资额的至

少5倍，并购退出方式次之；在大部分情况下，股份回购未能实现收益，投资收益存在部分亏损，清算则更次之，有较大投资损失。因而，风险投资行业的投资收益主要是由少数成功的上市退出项目来弥补多数项目的损失。

表8－12 中国风险投资不同退出方式的绩效比较（2004—2013年）

单位：%

年份	退出渠道			
	上市	并购	回购	清算
2004	159.81	9.23	－38.18	－41.03
2005	419.25	－20.56	20.53	－61.4
2006	491.45	27.35	－30.81	－53.63
2007	436.07	－15.37	－26.8	－42.63
2008	916.66	28.35	－41.98	－29.13
2009	327.75	4.74	－29.47	－42.66
2010	736.68	44.95	－29.47	－42.66
2011	799.38	44.16	－30.51	65.37
2012	486.1	162.23	29.18	－15.34
2013	448.03	24.09	－34.28	－43.47

资料来源：王元等主编：《中国创业风险投资发展报告2014》，北京：经济管理出版社2014年版。

8.4 当前我国风险投资发展中存在的问题及原因分析

前面对我国风险投资发展的情况进行了全面的分析，应该说由于美国高科技经济的示范效应和我国政府的大力推动，风险投资业在我国发展的成绩显著且积累了丰富的经验。同时也应看到，由于我国风险投资尚处于不成熟阶段，许多相关问题并未得到根本解决，发展过程中存在不少疑点和难点，这些也是阻碍我国风险投资更快发展的原因。具体表现在以下几个方面：

1. 资金来源有限，制约了风险投资规模的形成

风险投资在中国的出现是国家为了发展高新技术产业而大力推动的，是一种自上而下的行为，非市场自发形成的。风险投资资金一开始主要是政府提供的，民间资金并没有启动。政府的能力毕竟有限，因此，从风险投资的总量来看，资金缺口仍非常大。

我国风险资本的来源主要是财政拨款、银行贷款及国有企业的投入。这三部分占了风险资本总额的六成以上。正因为如此，我国风险投资机构也绝大部分是国有性质的。据中国人民大学2004年的调查，在我国风险投资机构中，国有股份制占67%，民营机构占15%，外商独资和中外合资占18%。而这些国有风险投资机构大多是地方政府创办和资助的，其目的是为了发展本地的高科技产业，搞活地方经济。风险投资资本绝大部分来源于政府，也限制了风险投资规模的形成。受国家和地方的财力和职能所限，风险投资公司规模小，如在全国96家创业中心中的平均资本额不足100万元，1998年以前建立的风险投资公司注册资本平均不到1亿元。风险投资没有一定的规模，无法使用组合投资工具分散单个项目的风险。风险投资资金来源大多有政府背景，一方面使得风险资本来源渠道过于狭窄，限制了我国风险投资的资金规模，同时投资主体过于单一，将行政因素强加于风险投资市场，导致市场运作的低效率；另一方面，政府过多投资，也使风险得不到有效分散。这种情况近几年有了较大的改变，如在2013年，我国风险投资的资本来源中，非上市公司和上市公司合计占比为46.42%，政府和国有独资合计占比29.18%，呈大幅下降的趋势。不过养老金、保险等欧美市场上成熟的机构投资者，在我国占比依然较低；而目前西方各主要国家的风险资本中，来自公积金、养老金及私人机构等非政府机构的资金占到了90%，来自官方的只占一小部分，约为8%（Gompers和Lerner，2002）。

2. 风险投资机构和创业企业治理机制不完善，缺乏相应的激励和约束机制

风险投资是一种特殊的投资制度，在资本提供者与风险投资机构、风险投资机构与创业企业之间存在两个层次的委托代理关系，因此，为了克服因信息不对称而导致的逆向选择和道德风险，在运作过程中必须有完善的激励和约束机制。而我国许多风险投资机构基本上沿用传统的国有企业管理模式，还没有建立起适合风险投资运行的激励和约束机制，主要表现在：一是经理人掌握日常投资决策权及管理权，但他们并未持有公司股份，不拥有企业的所有权，那么经理人与投资者就有利益冲突的可能，因而他们可能会受到利益关系的影响而做出不利于公司的决策；二是会出现大股东对公司进行操作的情况，由于多数风险投资公司是以政府或大公司为主建立的，很容易形成大股东操纵，经常出现在挑选和管理项目时，不依市场原则运作的情况；三是造成风险投资机构的人员素质、管理经验的缺乏，大部分投资公司对投资项目疏于后期跟踪和辅导，也不能提供管理服务，从而无法与国际上有实力的风险投资机构竞争。

3. 风险投资退出机制尚未真正建立，风险资本出口不畅

风险投资不同于实业投资的本质特点在于，它是一种有别于普通股权投

资的循环投资、长期投资、参与被投资企业实际管理的权益投资。风险投资正是通过这种循环投资和对创业企业的实际管理，实现超常的股权投资收益。这种主动承担风险的投资动机，客观上要求经济社会为风险投资提供一个合适的退出方式和通畅的退出渠道。可以说，退出机制是风险投资的核心环节。没有便捷的退出渠道，风险投资无法资本增值和良性循环，也无法吸引投资人进入风险投资领域。风险投资主要是通过转让被投资企业股权的方式实现资本增值，其主要的撤出方式有两种，一种方式是上市，另一种方式是企业间的购并。但这两种方式在我国目前都进行得不顺畅，这是因为：第一，在我国的金融市场上，尽管多层次的资本市场初具雏形，但是资本市场的制度建设仍然滞后，尤其是发行制度改革推进缓慢，注册证迟迟难以推出，企业上市门槛过高，加之企业并购方面的诸多限制，企业申请 IPO 并不容易。也就是说，风险投资通过上市实现撤出所占比例仍然过低。曾有一项调查表明，“多层次资本市场不完善”是制约我国风险投资行业发展的最主要障碍（王元等，2014）。第二，国外企业间的购并主要通过股权置换的方式进行，我国企业间的购并难以股权置换，只能通过现金收购，大大增加了购并的难度，使得我国风险投资很难通过购并实现撤出。第三，国外大企业主要通过购并实现扩张，但是我国大企业包括上市公司的实力相对较弱，具备购并能力的企业更为有限。没有撤出渠道，投资人无法获利，甚至被“套牢”，结果导致民间资本参与风险投资的积极性受到抑制。尽管创业板不是风险投资的唯一撤出渠道，但是相关研究表明，很长一段时间，创业板市场企业上市门槛过高，企业 IPO 困难，是导致我国风险投资发展速度缓慢，民间投资热情衰退等现象的主要原因。

对风险投资机构来说，即使投资成功，若增值资本无法变现，也只能成为股权资本而变为沉淀资金，无法给予投资者回报，这样风险投资公司就无法扩大规模并进行下一轮投资循环。

4. 我国相关的法规制度滞后，阻碍了风险投资的形成和发展

由于风险投资具有不同于一般投资行为的金融运作机制，因此国外对有关风险投资的问题都有专门的法律依据。但在我国现有的经济法规中，还存在许多不适应风险投资运作，甚至与风险投资运作相冲突的内容。国外经验表明，有限合伙制是适应风险投资发展的制度创新，是最能降低投资者代理成本、激励风险资本管理者的制度安排。2006 年修订的《合伙企业法》增加了有限合伙制的相关内容，为风险投资的发展提供了法律保障。但是，有限合伙制在实践中还是面临诸多问题，比如，《证券法》第 166 条规定：“投资者申请开立账户，必须持有证明中国公民身份或中国法人资格的合法证件。”这个规定限制了有限合伙制风险投资企业开设证券账户（成为拟上市公司持

有人）。这说明，与有限合伙制的实施相配套的制度还有待完善。又如，在我国《公司法》中还有对投资公司注册资本及其认缴规定、对外投资限制、技术入股规定等众多限制。国外一般对合伙企业资本规模不作要求，这样就为一些拥有创新能力但缺乏资金的人从事创业活动创造了条件，而且对法人成为合伙人也不加限制，有利于扩大创业规模。然而这些在我国都有严格的限制，从而也增加了融资成本和承担高风险的风险投资机构的运营风险。而在风险投资运作过程中，实行承诺制的分段投资的方式，有利于处理风险投资机构与创业企业之间的特殊委托代理关系，单一的资本注入制度在很大程度上制约了风险投资的作用。

总之，我国风险投资法律的缺陷主要在于还没有形成一个协调完善的法律体系，无论是风险资本的筹资、投资、运作管理、退资等运作过程，还是在支持风险投资发展的税收、知识产权保护、多层次资本市场体系等方面都还存在一系列的问题，限制了风险投资的创新和进一步发展。

5. 我国高技术产业回报不足，无法吸引风险资本的形成

马克思在分析资本的形成时指出："资本害怕利润不足或缺少利润，就像自然害怕真空一样。"受国家政策引导，我国风险投资八成是投资于高技术，但高技术产业并没有带来预期的高收益。且我国现有的科技水平和创新能力及相应的产业化能力远远落后于发达国家，可以说这方面不是我国的比较优势，因此一味追逐所谓的高技术，并没有给风险投资带来期望中的高收益，更影响了投资者的热情。因此，我国高技术企业投资回报不足是风险投资发展过程中更深层次的障碍之一。2013 年中国风险投资行业调查表明，"缺乏好项目"是制约风险投资行业发展的主要障碍，具体表现为创业企业在科技实力和创新水平等方面的不足，以及高科技产业水平制约等（王元等，2014）。

首先，从世界各国的科技创新能力来看，我国的科技实力明显相对较弱，创新能力不强，特别是一些核心技术和关键设备，且竞争力不足。根据美国彭博社最新公布的"2016 年世界各国创新指数排名"，韩国、德国、瑞典、日本、新加坡、芬兰、美国等排在前十位，作为全球第二大经济体的中国排名第 21 位。这些年来，我国在"专利活动""研发强度"和"高科技密度"等方面的排名有大幅上升，2015 年中国专利申请量超过 200 万件，专利数量上远超欧美，连续五年成为世界第一，然而专利的质量却并不高。兰德公司报告指出，中国很多专利数据并不具有技术或经济价值，一部分专利并不能引领创新，因此数量的增加并不能代表质量的提高。这也是制约我国高科技企业生成和发展的核心因素，也是风险资本难以投资中国高科技企业的主要原因。

其次，我国目前高技术产业投资收益不高，缺乏投资吸引力。作为我国

高科技企业代表的上市高科技企业，业绩并不理想。

通过对在深圳交易所上市的以高科技公司为主的创业板与在其他板块上市的公司进行的对比研究可发现（见表8－13），创业板公司平均业绩并不比一般上市公司好，这还包含有优惠政策待遇，如普通公司税率在30%以上，而高科技公司一般为15%。创业板公司在反映企业增长性和经营业绩两个重要的指标——平均净利润增长率和每股收益上并不比主板表现优秀。创业板公司每股平均收益近几年不断下降，2009年首批创业板上市的十家高科技公司的年平均每股收益达0.940元，到2014年下降为0.393元，平均每年下降11.6%，下降幅度远远高于市场平均水平。同样，这类公司的每股净资产及其净资产收益率每年亦都在下降，说明公司的盈利能力不断变差。显然，我国高科技企业无法和国际高科技企业相比，从另一个方面说明，我国高科技产业目前没有进入投入—产出的良性循环，即风险投资的不足制约了高科技产业的发展，而高科技产业的回报也无法满足风险投资的增值要求。正因如此，从2003年开始，中国风险资本在高科技项目的投资方面呈下降趋势，高科技项目从最初的占比73.1%，下降到2013年的61.3%；同期，对传统产业项目的投资从26.9%上升到38.7%（王元等，2014）。这一方便说明中国风险投资家的投资趋于理性，不再一味追求高求新；另一方面，也说明由于创新能力不足，此类科技项目的吸引力在下降。

表8－13　2013年深市创业板与其他板块上市公司的整体业绩情况

板块	平均营业总收入增长率（%）	平均净利润增长率（%）	平均每股收益（元）	平均销售毛利率（%）
全部公司	11.71	17.34	0.39	20.21
主板	8.85	26.65	0.41	18.84
中小板	16.3	5.18	0.37	21
创业板	23.99	10.48	0.37	34.06

资料来源：深交所综合研究所研究报告（2014）。

注：销售毛利率的计算中，已剔除金融行业。

6. 信用体系建设严重滞后，社会信用基础较差

新创企业的信息不透明阻碍了风险资本市场机制的形成。财务制度不健全，如一般中小企业普遍存在两套账，在风险投资机构不控股投资的情况下，风险投资家没有控制权，无法参与投资企业的重大决策，虚假信息可能误导投资者，从而形成更高的管理成本和经营风险。技术信息的不透明性制约了金融资本对技术成果的融合力度。技术的开发使生产者对投资项目具有先天

的独占排他性，而一般的风险投资家本身也会受到专业技术理解等方面的障碍，进一步加大了对项目投资收益和风险认识等方面的分歧，所以风险投资家和项目经营者很难在市场预期收益方面达成共识。可以说，风险投资在很大程度上是建立在相互信任的基础上的，因为创业者在取得风险投资时既没有担保，又没有抵押，仅仅是按照合同规定来共担风险，共享盈利。如果信用体系严重滞后，会严重影响风险投资的正常运作。根据一项调查，风险投资机构认为，社会信用差是影响风险投资发展的最重要因素之一。

总之，尽管我国风险投资在市场环境、政策环境等方面不尽人意，但风险投资家依然能够在不理想的环境中努力寻求发展，为我国风险投资事业的发展打下了较好的基础。据统计，我国风险投资机构在1994年年底时仅有20家，到2013年年底已经有1 408家，约为1994年的70倍；资金总量在1994年年底只有41.7亿元，到2013年年底达到了3 573.9亿元，约为1994年的86倍（王元等，2014），增长是非常显著的。除此以外，风险投资在我国经济发展中发挥着重要作用，表现在以下几个方面：第一，风险投资促进了高新产业的发展，加快了产业结构调整的步伐。风险投资培育了一大批业绩良好的高新技术企业，由于我国风险投资的一半集中在软件、信息通信、生物医药及新材料等几大行业，使我国在高新技术产业方面得到了长足的发展，这与国家产业发展的重点领域也完全一致。第二，风险投资有力地扶植了小企业的发展，有利于扩大就业。促进小企业的发展是扩大就业的最有效途径，而我国风险投资对小企业特别是科技型小企业的扶植作用尤为明显。

通过对我国风险投资情况的分析，我们发现以下几个共同点：其一，政府在发展风险投资事业中发挥了举足轻重的作用，各级政府及国有企业是现阶段中国发起设立风险投资机构的主要力量，政府资金是现阶段风险资本的主要来源；其二，我国风险投资的投资方向主要是高科技产业，主要集中在成长期和初创期的项目；其三，制约我国风险投资发展的主要因素是没有完善的退出渠道、金融市场不发达、社会信用差和法律体系建设滞后。

第9章

我国风险投资发展目标模式探讨

社会经济结构和金融市场结构的差异，产生了不同的组织结构和制度安排，从而形成了不同的风险投资发展模式。这些模式是在不同社会历史背景下、不同经济体系的特定环境中产生和发展起来的。考察并比较分析这些不同发展模式的特征及异同，对思考如何培育和发展适合我国实际的风险投资体系是有益的。

资本市场与创业企业相连接的组织形式及其功能的有效性是创业企业成功的决定因素。按资本市场与创业企业相连接的组织形式划分，风险投资的发展在各国呈现出不同的模式，其中最具代表性的模式包括：以银行为中心的德日模式，特征是各主要银行通过直接或间接方式参与到创业企业中去，成为创业企业的股东；以证券市场为中心的美国模式，该模式下银行作用较小，资本市场与创业企业的连接主要是通过风险资本和封闭式私募基金在发展成熟的资本市场上的运作来实现的；以政府为中心的国家风险资本模式，该模式的特征是国家政策性银行或大企业集团成为创业企业的主要投资者，形成了高度集中和一体化的组织形式（王益、许小松，2000）。前两种模式主要存在于风险资本具有一定规模的发达国家，其发展模式上的差异是由于社会经济结构、金融市场结构和证券市场发育程度的差异而导致的。以色列和我国目前则大体属于以政府为中心的国家风险投资模式。

这些不同的模式是在各国特定的经济结构和社会发展条件下形成的，具有其存在的合理性。然而从运行的结果上看，它们的有效性又是有显著差别的。从宏观的角度分析这些模式的形成条件、特征和有效性，具有十分重要的理论和实践意义。

世界各国风险资本市场的发育程度差别很大，其中以美国的风险资本市场发展历史最长、规模最大、功能最完善。其他各国的风险资本市场，都是近二十年才发展起来的，在发展过程中有许多可供借鉴的经验，但也有不少需要吸取的教训。培育我国的风险资本市场，既要从我国的组织架构、法制状况、治理文化和资本市场的现状出发，更要有一种危机意识和创新精神。通过前文对影响风险资本市场发展的主要因素的分析，然后对照这些因素分析我国目前的有利条件和存在的主要问题，本书认为，我国风险投资的总体目标模式应该是培育一个以市场为导向、以契约为基础的完善的专业化风险投资体系。

9.1 我国风险投资运作主体的培育与发展模式

9.1.1 我国风险投资的目标定位

风险投资的最终目的是为了获取收益，其定位应该是具有商业前景的创新活动或技术，不仅包括高科技型的朝阳产业，也包括传统产业。作为风险投资的对象，高科技行业具有技术含量高、难以模仿、易形成垄断等特点，这是选择高科技行业的主要原因，但也仅此而已。抛开这一层面来讲，风险投资的根本是唯利是图，只要能获得高额回报，无论是不是高科技行业都可以作为投资对象。至于所投资的对象是否重要，那是政府考虑的问题。在美国，风险投资也并不都是把投资定位于高科技行业，有的风险投资关注能源（如石油等）开采。实际上，美国的风险投资真正投入高科技、高风险领域的只占20%，而80%的风险资本投到了高成长性创业领域。美国的风险投资家们看重的是产品的良好市场前景和市场潜力，以及企业是否有高成长性，只要有良好的利润空间，风险投资家都会考虑投资的。

我国的风险投资机构一味追求高新科技，如信息通信、生物工程、新材料、新能源等高科技领域，认为只有这些领域才能取得高收益。但是，从投资回报的角度来讲，我们应认识到以下几点：首先，我国还是发展中国家，高回报行业情况与美国等发达国家不一样；其次，看一个行业是否适合投资，主要是看其市场前景和成长性，而不是技术水平的高低，高技术并不必然带来高商业价值，只有那些能够带来现实的商业价值的科学技术才具有投资价值；最后，我国企业的竞争优势在于成本相对较低，而不是技术先进。很多成功的企业并不是因为他们掌握了高科技，而是因为他们有高超的管理能力、有效的商业模式和低成本优势。很多成功的风险投资公司选择的是“一流的人才，二流的技术”，而不是“一流的技术，二流的人才”。如果只盯着高科技、高利润寻找投资项目，将会坐失许多良好的投资机会。

我国作为一个同时具有发展中、转轨中和大国经济三重特征的国家，既面临一般发展中国家所必然面临的实现工业化等历史重任，又面临转轨中国家普遍存在的大量企业结构重组和二次创业等问题，还面临大国经济所不可缺少的自主创新和技术成果转化等问题。因此，我国风险投资的市场定位不能是简单的“拿来主义”，也不能人为地“赶进窄胡同”加以限制，更不能简单地等同于高新技术投资，而必须根据具体而复杂的国情加以综合和创新。

具体来说，由于我国现阶段仍然处于资本相对稀缺、劳动力相对丰富的经济发展阶段，我国的科技创新能力不足，一味专注资本和知识双重密集的高科技产业不符合我国的资源禀赋的比较优势。因此，风险投资定位于具有高成长性的新兴中小企业和适用技术企业的初次创业，以及具有一定体制和经营管理优势的民营企业、乡镇企业等的二次创业两个层面，不仅符合资源禀赋原则，具有较大的成长空间，能够给风险投资带来高收益，具有现实的可操作性，对我国经济的发展也有着重要意义。

1. 支持新兴中小企业的创立与发展，有利于加速经济发展，促进劳动力就业

经验表明，一个国家或地区的经济能否充满活力，关键要看能否形成一种新兴企业、新兴产业不断涌现的良性经济增长与发展机制。而新兴中小企业能否顺利成长则是良性增长与发展的一个重要方面。因此，无论美国、日本、以色列，还是我国台湾，风险投资普遍地面向新兴中小企业，而不是人为地限制。一直以来，我国城乡经济发展差距巨大，工农业发展不平衡又加剧了城乡差距，同时，由于经济结构转型加速，我国更面临着巨大的就业压力。因此，发展中小企业在我国具有重要的现实意义。“大众创业、万众创新”，鼓励创业已经变成国家战略。我国有13亿多人口、9亿多劳动力，每年高校毕业生、农村转移劳动力、城镇困难人员、退役军人数量庞大，人力资源转化为人力资本的潜力巨大，但就业总量压力较大，结构性矛盾凸显。推进“大众创业、万众创新”，就是要通过转变政府职能，建设服务型政府，营造公平竞争的创业环境，使有梦想、有意愿、有能力的科技人员、高校毕业生、农民工、退役军人、失业人员等各类市场创业主体“如鱼得水”，通过创业增加收入，让更多的人富起来，促进收入分配结构调整，实现创新支持创业、创业带动就业的良性互动发展。但许多有增长潜力的中小企业由于信息不对称严重，又没有必要的抵押担保，因此很难找到合适的融资渠道，特别是风险较高的增长机会所需的股权融资更为短缺。如果能有足够的风险资本支持它们开展创新活动，帮助它们提高企业整体素质，增强竞争力，积极推进企业技术进步，转变产业结构，其必然会在增加财政收入、拓宽就业渠道、促进国民经济发展等方面发挥积极作用。中国的风险投资应该以新兴中小企业为主要服务对象，为中小企业的创立和发展提供资本支持和全方位的管理服务。

2. 支持中小民营企业以引进技术为主、自主研发为辅来取得技术创新，推动民营企业的技术升级和发展

中小民营企业已逐渐成为支撑经济发展的主要动力。据统计，自20世纪初到20世纪70年代，美国科技项目的一半是小企业完成的；80年代以来，

大约70%的科技发明是小企业实现的，小企业的人均创新是大企业的两倍。小型公司每花一美元在研究和开发上，可以两倍于巨型公司的革新项目，每个研发科技人员可以实现两倍于巨型公司的创新成果。与巨型公司相比，小型公司创造革新项目是巨型公司的24倍（蒂蒙斯等，2004）。小企业在产品创新、服务创新、工艺创新和管理创新中的贡献率分别是32%、38%、17%和12%。所以，中小企业在科技开发和科技成果转化中的作用很大。

我国中小企业在引进技术、积极推进科技成果产业化等方面起着重要作用。许多中小企业利用劳动力成本优势，在引进技术和发展高科技产业里劳动力相对密集的区段取得了巨大成功，如东莞的电子产业就是在引进的基础上加以创新，现在成为我国电子产品的重要产地。但是，据相关资料，占国家经济近70%的中小企业（包括科技型企业），使用的金融资源不足30%。因资金不足，许多科技型企业无法完成产品开发和规模化生产，故而在市场激烈竞争的现实和没有知识产权保护的制度下，只能面对产品被仿制、知识产权被侵占、企业被淘汰出局的结局。因此，支持具有创新活力的中小企业尤其是民营科技型企业是推动我国高技术产业发展的动力所在。

3. 扶持民营企业等非国有企业的二次创业和结构升级

自20世纪80年代以来，风险投资的范围正在扩大，不仅处于创立与发展阶段的新兴企业是风险投资的对象，现有企业的二次创业也已成为风险资本的投资领域。我国改革开放以来，民营企业等非国有企业发展迅速，但近几年来，随着短缺经济的基本结束和国内市场的日趋饱和，非国有经济的发展受到了很大影响。它们迫切需要通过技术创新、技术改造等，实现二次创业。我国风险投资可以将民营企业等非国有经济的二次创业作为一个重要的切入点，加以扶持。由于非国有经济在制度安排、经营管理和市场营销等方面已经形成了一定优势，相对而言风险较小，一旦成功，收益同样可观。风险投资介入非国有经济的二次创业，既有利于非国有经济的结构调整，又有利于风险投资的初期探索和日后发展。

综上所述，风险投资作为一种支持创业的投资制度，其目的就是资本增值。基于我国的经济基础和特点，仅仅把风险投资定位于高新技术产业是不全面的。片面求新、求高不仅不利于一般新兴中小企业的创建、发展及适用型技术的应用、创新，也不利于风险投资的发展，很可能使风险投资从一开始就被局限于一个狭窄且风险集中的领域，从长远来讲，也不利于高新技术的发展。

9.1.2 我国当前风险投资资本来源的现实选择

我国应该构造多元化模式的投资者结构，逐步由政府主导向“民营官助”

为主的模式转变（成思危等，2000）。要大力支持大型企业集团及高科技企业参与风险投资，放宽对保险基金、信托投资、养老基金、捐赠基金等机构投资者介入风险资本运营的限制，多方面动员民间闲置资金，在扩大风险投资资金来源的同时，促进风险投资出资者结构多元化。在此基础上，逐步将原有的以政府主导型风险投资机构为主的模式向以“民营官助”风险投资机构为主的模式转变。

从2004年开始，我国一系列的金融体制改革措施陆续出台，风险资本来源呈现出多元化特征。传统金融机构不断涉足风险投资基金等股权投资基金领域。社保基金从2004年开始投资股权投资基金。2008年4月，国务院批准全国社保基金投资于经发改委批准的产业基金和在发改委备案的市场化股权投资基金，总体投资比例不超过全国社保基金总资产（按成本计）的10%。此后，社保基金加快了配置股权投资基金的步伐。而对股权投资基金的资产配置，也为社保基金带来了较为可观的收益。根据社保基金官方网站披露的信息，社保基金于2010年开始在年度报告中披露股权投资基金的收益情况，当年该值仅为3 494万元。到2014年，社保基金股权投资基金收益为13.34亿元，年均复合增长率为248%；同期社保基金的总收入年均复合增长率为145%。2010年9月，保监会发布了《保险资金投资股权暂行办法》，允许保险公司投资于股权投资管理机构发起设立的股权投资基金等相关金融产品，保险资金投资股权基金首度开闸。与保险资金运用整体的监管政策类似，保险投资股权基金的监管也是一个逐步放开、不断市场化的过程。保险资金量大、期限长、流动性较低的特点使其一直是风险投资类股权基金争先募资的理想对象。而随着保险资金运用监管政策的不断放开，市场对保险资金投资于风险投资基金充满期待。根据保监会2012年7月发布的《关于保险资金投资股权和不动产有关问题的通知》，保险机构10%的总资产可用于投资未上市企业股权、股权投资基金等相关金融产品。截至2015年6月末，我国保险总资产为11.43万亿元。按照监管政策，保险机构可将1.14万亿的险资配置于未上市企业股权、股权投资基金类资产。然而，保险资金投资于股权基金显得非常谨慎，据投中研究院调研所获得的信息，截至2015年6月末，保险向股权基金投资仅为650亿元，在1.14万亿险资可配股权资产中占比仅为5.7%（杜善友、杨恒，2015）。

就企业而言，传统产业中的国有大中型企业和20世纪80年代末、90年代初崛起的一批民营企业是募集资本的最佳选择。前者正处于产品结构转型和企业组织结构转型的关键时期，吸收他们的资本参与风险投资基金，一是可以解决其闲置资金的运用问题；二是可以通过参与基金决策，提高他们的资本运作能力；三是可以通过基金发现项目，培育创业企业的功能，寻找新的经济增长点（一旦发现与自己的长远发展战略相关的企业，就可以在基金退出投资后，予以整体收购）。如果募集对象是上市公司，则对基金而言，今后还有可能为基金项目借壳上市找到现成的合作伙伴。因此，募集实业企业的资本，不失为一种双赢的选择。我国目前有许多非政府出资的风险投资公司就是通过募集国有大中型企业尤其是上市公司的闲置资本而设立的。例如，原北大招商创业投资公司（现中科招商创业投资公司）就是通过募集六家上市公司的资本而设立的。我国20世纪80年代末、90年代初崛起的一批民营企业在创业之初，主要是由于机制上的优势，加上当时正处于短缺经济时期，企业得以迅速发展。不少企业在经过一段时期的原始积累后，已经形成一定规模。但进入过剩经济之后，这些企业普遍面临一个“钱不知该往哪儿投”的问题。一些文化层次虽低但富有远见卓识的民营企业家也开始寻求通过参与风险投资基金来提高资本运作能力，发现新的经济增长点。因此，这些企业也同样不失为风险投资基金募集资金的好选择。不少民营性质较强的风险投资公司（如浙江的万向风险投资公司），就主要是通过募集民营企业的资本而设立的。

就个人资金而言，截至2013年年末，全国居民储蓄规模已经超过40万亿元。尽管一般居民的资金不适合作为风险投资，但据统计，目前我国居民储蓄中有80%是由20%的相对富有的个人持有的。如果将这20%富有个人的储蓄中的10%募集来从事风险投资，就是3.2万亿元。而且，我国将在相当长的一个时期处于低利率状态，当前从事证券投资的机会又并不见好，因此，风险投资基金对这部分民间资金应该是有吸引力的。然而，问题的关键是，由于法律法规体系不健全，鼓励民间资本进入风险投资领域的进入机制还并没有建立起来，导致民间资本有进入愿意却又望而却步。

就外资而言，随着信息经济的发展和世界经济一体化进程的加快，国外资本输出正在从最初的债务资本输出向直接投资发展。在直接投资中，也已经不再局限于通过跨国投资来东道主国家投资办厂这种单一的形式了。为了分享东道主国家经济发展中最具活力的成分，越来越多的产业集团（如微软、英特尔）倾向于以风险投资的方式投资于属于创新型经济范畴的创业企业。中国是世界最大的市场之一，加之目前正处于经济结构转型新时期，存在着大量的投资机会，因此，对境外创业资本也同样具有吸引力。但目前最大的问题仍然是进入机制不畅，不仅缺乏必要的法律保障，反而因为双重征税和《外商投资产业指导目录》而构成了政策和法律上的障碍。

至于政府资金，则主要来源于地方财政。尽管国家设有科技型中小企业创新基金，但该基金主要定位于尚没有体现出商业前景的创新项目，是一种典型的按社会效益最大化原则运作的创新投资，因此，并不能将其算作风险投资范畴。目前，地方财政之所以是我国风险投资资本的重要来源，一方面是由于地方政府普遍拥有发展高新技术产业的内在动力；另一方面，在税收政策统一由中央政府调控的情况下，地方政府要想扶持风险投资发展，最直接的办法就是增加财政投入。尽管政府直接出资组建风险投资公司，由于存在产权主体缺位问题，较难建立起适应风险投资内在要求的风险约束机制和收益激励机制，但在法律体系不健全的条件下，鼓励和引导民间资本进入风险投资仍是必要的。尤其是从 1997 年开始，我国深圳、上海、江苏、山东等省市纷纷开展了以政府资金吸引民间资金进入风险投资领域的有益探索，就更是值得总结和推广的。其中，一些地方根据自身实际，在民间资金不敢大举进入风险投资领域的情况下，先由政府资金占大股，待运作成功后再以增资扩股方式吸收民间资金加盟，同样可以较好地发挥政府资金的放大作用。因此，对于成思危先生的“支持而不控股，引导而不干预”这一著名论断，重在理解其精神实质，而不宜不分阶段、不讲具体条件地盲目引用。在风险投资发展初期，由于民间资金不敢进入，政府出资多一点，甚至多到控股的比例也是不得已而为之；但在政府出资组建的风险投资公司形成了示范效应，风险投资环境逐步改善之后，政府资金就不仅不宜控股，而且连参股也没有必要了。

政府引导基金形式就是政府参与风险投资的有效方式。2008 年，由国家发改委、财政部和商务部联合发布的《关于创业投资引导基金规范设立与运作的指导意见》中指出：“创业投资引导基金是指由政府设立并按市场化方式运作的政策性基金，主要通过扶持创业投资企业发展，引导社会资金进入创业投资领域。引导基金本身不直接从事创业投资业务。”从广义上来说，引导基金是由政府设立的政策性基金，政府的产业引导基金、创业投资引导基金以及科技型中小企业创新基金等都属于引导基金。狭义上的引导基金主要是指政府创业投资引导基金。作为政府引导基金应具备以下三个特点：第一，非营利性。引导基金是不以盈利为目的的政策性基金，并非商业性基金。第二，不直接参与创业投资。引导基金“主要通过扶持创业投资企业发展，引导社会资金进入创业投资领域”，其本身并不直接参与创业投资。第三，市场化、有偿方式运作。引导基金应按照市场化的有偿方式运作，而不是通过政府拨款、贴息等无偿方式运作。从发展历程来看，中国创业投资引导基金的发展经历了探索起步（2002—2006 年）、快速发展（2007—2008 年），以及规范化设立与运作（2009 年至今）三个历史阶段。2008 年至 2011 年，我国先后发布了《关于创业投资引导基金规范设立与运作的指导意见》《科技型中小企业创业投资引导基金股权投资收入收缴暂行办法》和《新兴产业创投计划参股创业投资基金管理暂行办法》。这三个文件的颁布，为引导基金的设立和运行提供了实质性的指导。各地方政府迅速做出反应和对策，设立了一批地方引导基金，制定了一系列地方实施办法，使引导基金进入了一个繁荣时期。

9.1.3 风险投资组织模式的选择

在风险投资的发展过程中，出现过许多种机构组织形式，每一种形式的出现都是对当时经济环境和法律制度的适应，都有内在的法律价值和合理性。在我国的实践中，风险投资机构所采用的主要是公司制和有限合伙制，特别是2006年修订的《合伙企业法》增加了促进有限合伙制的相关条款，使有限合伙制风险投资形式有了长足发展。但是，由于有限合伙制在我国实践较晚，诸多配套制度没有完善，相应的商业规则和商业观念还未形成，同时有限合伙制风险投资组织形式客观上需要完善活跃的风险投资市场，完备的信用和法律法规体系，受制于我国的整体宏观环境，有限合伙制的发展仍然需要经历一定的阶段；公司制风险投资组织形式在一段时间内仍将以其相对成熟的运作经验居于风险投资市场的主导地位。在今后，随着相关法律条件的具备，可逐步发展有限合伙制基金形式。但在公司制风险投资机构中，也需注重法人治理结构的设计，构造出资人对于风险资本运作者的有效的激励与约束机制。这体现在：①出资人除派人员参加风险投资机构的董事会、监事会外，在作为风险资本运作责任人的高层经理人员的选择上，均采用专家聘任制，将资本运作权交给风险投资专家，实行所有权与经营权分离的治理结构。②在风险投资机构高层经理人员的报酬体系中，包括按投资额提取一定比例管理费所转化的工资、投资净收入的比例提成及被投资企业中的股份期权等部分。③将高层经理人员的自身利益与基金投资控制权的运用挂钩，为此规定高层经理人员的收入必须向监管机构如实申报，并将其中的一定比例以股权资本方式投入被投资企业，且这些资本的退出有期限限制。④风险投资机构的高层管理人员不得从事任何与本行业有竞争性或有关联交易嫌疑的活动，否则将承担法律责任。

9.2 风险投资内在机制的模式建构

9.2.1 构造风险投资项目遴选机制

项目遴选过程本质上就是价值发现与风险过滤的过程，它是成功运作一个风险投资项目的重要前提。风险投资运营必须从一开始就注重投资的质量，通过对商业计划的严格过滤，设置较高的收益率，防止低质量信息披露而导致的逆向选择。

1. 国外风险投资项目遴选标准

美国经济学家 Tyebjee 和 Bruno（1984）针对美国风险投资机构进行过调

查，发现它们在进行项目筛选时，最看重的是管理团队的素质、产品的市场潜力及产品的独特性。而风险投资专家 Frederick R. Adler 则指出，他的公司在评价一个风险项目时采用的指标依次是：①创业企业具有长期获巨利的潜力；②创业企业要在合适的时候拥有合适的技术，产品过于先进或不够先进，技术容易被复制，尤其是具有强大分销渠道的大竞争对手存在等情况都是要小心的；③企业具有潜在的高利润；④管理等其他方面。

有些学者在调查研究的基础上，提出了风险投资项目遴选标准的“三大规律”。它们是：第一，不选择超过两种风险因素以上的项目。一个创业项目从初创到发育成熟常会遇到多种风险因素，包括研发风险、产品风险、市场风险、经营风险、信用风险及企业成长风险等，如果一个项目存在两种以上的风险因素，一般就不应该投资。第二，挑选的项目必须具有良好的市场前景、优秀的管理团队以及产品必须具有独特性。第三，投资总考核值最大的项目，即在收益和风险相同的情况下，风险投资家将选择那些总考核值最高的创业项目。

可见，国外风险投资机构在选择项目时，非常看重项目的成长潜力和市场前景及公司的管理素质，而并不刻意追逐高新技术。同时也不会为风险而冒险，而是尽可能地趋利避险，因此非常注重通过严格的项目遴选事先排除风险。

2. 我国风险投资机构项目遴选标准

根据中国科学技术促进发展中心 2003 年及北京创业投资协会 2001 年的调查，发现我国风险投资机构挑选项目的标准依次是：市场前景、管理团队、技术先进性、技术成熟度等。其中，约有 37% 的风险投资机构认为，市场前景的好坏或者可否预测，是他们投资决策时所考虑的首选因素；好的管理团队是项目成功实施的关键所在，有近 30% 的风险投资机构持有这一观点；20% 的风险投资机构对技术的先进性和成熟度也非常看重；而对有关市场竞争的因素则关注较少（不到 8%）。

可见，我国风险投资项目遴选的决策标准与国外有较大差异。首先，国外的选择顺序是管理、市场和产品的独特性，而我国则把市场放在最重要的位置，将管理置于次席。这也折射出与发达国家规范的市场相比，中国市场环境还很不完善，无序的市场竞争和相对较高的准入门槛，导致市场开拓难度很大，因而风险投资家普遍对创业企业市场前景抱有忧虑。至于管理团队考虑少了一些，这与我国风险投资项目来源中相当部分是亲朋好友推荐有关。而且传统重人际关系的文化特点，往往使得我国风险投资机构对创业项目的管理团队缺乏理性而客观的分析。其次，我国风险投资机构很关注技术的先进性，而国外更看重企业的成长性和产品的独特性。这在很大程度上是受“风险投资就是高科技投资”，“风险投资只有投资高科技才能获高收益”这类惯性思维的影响。

3. 构造我国风险投资项目遴选机制

我国应在借鉴国外项目遴选、评估机制的基础上，通过加强实践调研，针对投资项目的特点，从成长性、企业能力和宏观环境等方面建立起成熟、系统的项目评价指标体系和基本的评估、遴选模型，以作为国内风险投资机构项目投资决策的依据。同时，还应严格制定并实践从初审、约见、审慎调查到确定投资意向的完整程序，实现项目评估、遴选的规范运作。这其中首先是创业项目的潜在价值，即项目必须符合下列标准：一是创业企业的产品不仅能够满足市场的有效需求，还能满足市场的潜在需求，即产品最好能够创造出新的市场，并且具有独占性；二是企业的营销模式适应产品的生产与销售的需要；三是管理团队的素质能够确保企业高效运行。其次，还要有一个项目市场，完善的项目遴选机制是以成熟的项目市场为依托的。最后，在我国，应注重培育项目市场的中介机构。中介机构一方面为资金所有者寻找合适的项目，另一方面为项目引入资金。中介机构能够为项目提供战略制定、产品定位、市场研究、财务分析、资金筹措、经营管理等一系列服务，并为项目直接引入资金。相关中介机构的活跃能有效地沟通资金所有者和项目所有者，促进项目市场的培育。

9.2.2 构建风险资本微观监控机制

这里所说的微观监控机制，指风险投资机构为创业企业管理层提供合适的激励、约束等措施的一系列相关机制。我国目前亟待建构这一机制，并可以从以下几个方面着手：一是加强企业产权制度的建设，保证创业企业产权明晰。二是注重风险投资方式的选择和金融工具结构的设计。在我国，首要的还是确定股权投资作为基本的投资方式，以在风险投资起步阶段凸显其与贷款、担保等形式的不同。普通股和优先股的形式都可以考虑。可以发展可转换优先股，增加风险投资机构获取收益和参与监督的灵活性。三是通过对现行的相关法律规定做出调整，可以允许风险投资机构在一定情况下要求创业企业赎回其持有的优先股或普通股股份，以强化对创业企业经理层经营管理的约束。四是通过建立有效的创业企业法人治理结构，强化对创业企业经理层的激励与约束。在激励机制方面，完善对创业企业经理层的报酬设计，引入股权及期权安排等制度创新，通过给予职业经理人一定份额的企业股权和允许其在实现某一特定经营目标时享有股份期权，将企业中的关键人物与企业的发展前景紧紧绑在一起。在约束机制方面，风险投资机构应通过协议确保其代表进入风险企业董事会、监事会，并在其中占据重要地位。由此，风险投资机构有权参与制定企业战略及重大决策，并在筹集新的资金和联系上下游厂商、客户等方面发挥积极作用。尤为重要的是，风险投资机构应能够通过更换、解雇高层管理人员来强化监督控制，甚至直接介入日常管理。

9.2.3 引入分段投资机制

风险资本分段投资是风险投资家所能采用的最有力的控制机制。风险投资家定期对创业企业的前景进行评估，单一投资轮次时间越短，风险投资家对企业进程的监控活动就越频繁，收集信息的需要就越强烈。研究表明，分段投资是风险投资家能够收集信息，监控企业进程，并保持定期退出低质投资项目的选择权（Gompers 和 Lerner，2001）。

风险投资机构应高度重视协议机制，在制定协议时，应对投资方式和创业企业经理层的若干特定行为做出详细要求。例如，要求创业企业定期提供财务资料和经营管理记录，要求创业企业将流动比例、负债比例及资产净值等指标维持在一定水平，以及禁止创业企业在未经风险投资机构允许的情况下进行并购活动或改变其核心业务等。此外，应推广周期性评估、分段投资的做法。我国的风险投资注重首轮投资，从 2002 年到 2013 年，其占比一直超过 70%，最高的 2010 年达 86.2%，后续投资低于 30%，这与美国等发达国家风险投资的投资方式存在着巨大的差异。统计显示，美国 2013 年首轮投资占比仅为 17.28%，大多数为后续投资（王元等，2014）。风险投资机构分阶段向创业企业注入资金，在每两轮融资之间，充分利用各方面的信息资源重新“考察”创业企业，若发现创业企业经营状况不佳或企业经理层有“滥用资金”的行为，就可以拒绝继续投资或采取其他的惩罚性措施。

9.3 风险投资退出机制的构建

风险资本的“出口”问题是国内风险投资发展的重大难题。在借鉴国外风险投资退出经验的基础上，结合目前我国资本市场的发育程度，既要考虑近期需要，又要兼顾长期发展，我国风险投资的退出渠道应当建立在多层次、有效、完善的资本市场的基础上。多层次资本市场是对现代资本市场复杂形态的一种表述，是资本市场有机联系的各种要素的总和。经过多年努力，我国资本市场体系涵盖主板、中小板和创业板、新三板、地方股权交易中心的“一二三四”格局基本确立，多层次资本市场的基本形成，为风险投资的退出提供了多种选择。

9.3.1 目前我国风险投资可供选择的退出渠道

尽管在国外常用股权转让、IPO、企业回购等退出方式，但结合我国的现实情况，由于专业的创业家队伍和经理人市场还没有完全形成，借助于所投资企业被整体收购的方式来实现风险投资的退出通常受到创业者的抵制；由于创业者普遍缺乏资金实力和融资渠道，故通过所投资企业回购的方式实现风险投资退出也较难成为主流形式。因此，目前我国现实的风险投资退出方式除了清算之外，也只能主要依靠IPO、股权转让及买“壳”上市的方式了。

1. 通过IPO实现风险投资退出的途径

尽管我国多层次资本市场体系已基本形成，但一些基本制度建设滞后，尤其是发行制度不完善，因此，IPO退出受到了一些限制，主要是通过以下三种具体方式进行：

第一种方式是创业企业在国内主板市场、中小板市场、创业板市场和新三板市场公开上市，风险投资通过公开市场股转让退出。在证券市场首次公开上市有重要意义：一是通过公开市场更为客观地评价所投资企业的价值，提供了股权定价的依据；二是风险投资公司所持股份上市公开流通，实现风险投资的成功退出；三是有利于提升风险投资公司的声誉，对其后续融资有重要影响；四是IPO是风险投资退出的最理想的方式，收益率高，有利于激励核心层考虑企业的长远发展。从2010年到2013年，选择通过IPO方式退出的风险投资占比分别为29.8%、29.4%、29.4%、24.3%（王元等，2014）。

第二种方式是利用海外证券市场尤其是创业板市场首次公开上市。内地创业企业在海外证券市场上市，不仅可以扩大利用外资的规模，而且有利于按国际惯例与标准规范内地风险投资的运作经营，拓宽内地相对狭窄的退出渠道。同时，由于国内市场上市的高门槛和审批制的影响，很多代表新经济活力的企业无法在国内市场公开上市，去海外上市成为无奈的选择，如阿里巴巴、腾讯等。当然，在海外市场首次公开上市，不仅要面临不了解海外证券市场情况的问题，而且融资成本也十分昂贵（通常是所融资金的20%～30%），但对风险投资机构尤其是有海外背景的风险投资机构而言，推动所投资的风险企业到海外证券市场上市，也是一个不错的选择。近几年，由于中国股票市场IPO的暂停或因为上市制度的制约，如上市门槛过高、审批制度不健全等情况，很多创业企业只能选择海外市场，从2010年到2013年，选择境外证券市场上市的企业占比不断增加，分别为2.56%、5.88%、3.48%、7.09%，其中就有最能代表我国经济活力的一批企业，如阿里巴巴、腾讯、京东等。

第三种方式是利用“壳”资源实现上市。风险投资主体可以对IPO作一些变通，利用“壳”资源取得利益，笔者认为这是目前比较实际的风险投资退出方式。据统计，有14%的创业企业选择了买“壳”上市。

风险投资主体可以预先取得对某些“壳”上市公司的控制权、支配权，一旦接受风险资本的企业孵化成熟，即可以将所投入的风险资本以至更多的资本注入或转入“壳”化的上市公司中，从而完成风险投资的回报与增值过程，即买“壳”上市（如下图所示）。这种方式目前比较普遍，是国内高科技风险企业在国内证券市场上市融资的主要途径，如托普软件收购“川长征”，科利华收购“阿钢”都是典型案例。另外，还有很多高科技企业通过与上市公司股权互换，直接向上市公司注入资产和项目以获得上市公司的股份，实现借“壳”上市的目的，并通过对上市公司的重组和二级市场运作以及扩股融资，实现资本的变现和增值。这种方式在中国当前“壳”资源相对稀缺的现状下，可以作为风险资本变现退出的一种选择。即使在将来，中国自己的创业板市场已相对成熟，上市资源也不可能一下子放开，“壳”资源仍然有其存在的价值。另外，这种方式还省去了申请上市的众多复杂程序和相应的成本费用。

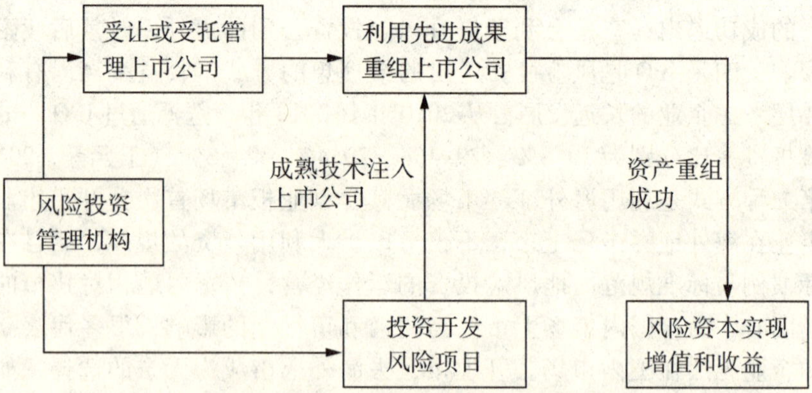

风险投资与“壳”资源的结合模式图

2. 通过并购方式将所持股份转让给上市公司等战略投资者

目前，我国正处于经济结构转型时期，许多传统产业领域的企业面临通过产品创新实现企业再创业的问题。因此，如果风险投资公司所投资企业的产品有较好的市场前景和增长潜力，那么对于正在进行再创业的传统企业而言，会有较大的吸引力。同时，我国证券市场上的企业已具备一定规模，但由于历史原因，绝大多数上市公司属传统产业，它们募集的资金急需出路，因而是受让风险投资公司所持股份的最佳选择。经过二十多年的经济高速增长，我国有一批实力较强的大型企业集团，它们在并购市场上扮演着重要的角色。对它们来说，可以同行业进行兼并收购，保持技术领先地位；也可以跨行业购并以满足多样化经营的需要。对风险投资机构来说，并购方式不仅最迅速、操作简便，并且可以股票交换作为支付方式，减轻并购方的财务压力。

并购方式虽然有很大的优越性，但是在中国实行仍然有很大的障碍需要克服，主要有以下几个方面：

（1）创业企业的产权不明晰。

在产权交易市场上，创业企业出售的主要是其股权，所以要想以企业出售的方式实现风险资本的退出，首先要解决产权问题。我国的不少创业企业尤其是高科技企业脱胎于高校、研究机构或传统企业，它们与原单位的产权关系模糊；即使是典型的创业企业，由于没有适宜的法律和社会基础，只能被迫套用计划经济时期实行的划分企业类型的传统模式，即按行政隶属关系和所有制性质来确定企业的类型，无法在法律的基础上用合同的形式来界定创业者之间、创业者与投资者之间的权利和义务，造成与众多中小企业一样产权不明晰。这是创业企业产权问题的根本原因。

（2）产权评估机构和产权交易市场不发达。

我国企业产权交易主要是在地方性证券交易市场完成的。这些地方性证券交易市场由各地方政府建立，设立的初衷是让其取代政府的职能，以市场方式盘活资产存量，推动经济结构调整。但由于产权交易机构的运作既无法律依据，又无经验可借鉴，从而使产权交易机构的发展陷入了徘徊不前的状态，并引发了许多问题：①产权交易无法形成市场，到产权交易机构登记挂牌的往往只是产权出售方，而无受让方或受让方极少；②产权交易机构大多隶属于各地不同的行政部门，在实际产权交易中，往往遇到来自其他行政部门的强大阻力，而且往往借助行政力量来促成双方达成协议；③管理人员素质低下，交易机构的领导大多还是政府官员或准政府官员，无市场压力和创新主动性。为此，政府于1998年4月下发《国务院办公厅转发证监会关于清理整顿场外非法股票交易市场的通知》，下令原则上关闭区域性产权交易市场。在这种情况下，众多的中小企业无法再进行产权的交易买卖，创业企业试图通过产权交易市场出售股权来实现退出的途径也被切断。从2002年开始，随着我国金融体制的深化改革和多层次资本市场的发展，我国产权交易市场也得到了飞速发展，逐渐形成了省级/副省级、地市级、县级三级市场。其中北京产权交易所、天津产权交易中心、上海联合产权交易所、重庆联合产权交易所是国务院指定的中央企业资产权益进场交易场所。其他省级/副省级市场也主要服务本省，地市级服务本地市，县级服务本行政区域范围。但是成交量仍然清淡，股权转让还是不流畅。

要大力推进并购的方式，一方面创业企业在成立之初，就应严格按照现代企业制度的要求，建立产权清晰的企业，从一开始就避免因产权不清晰所带来的问题；另一方面要完善企业产权交易市场、建立产权评估机构。将区域性的股权交易市场一关了之并不是最佳选择，应该在清理整顿的基础上，设立并逐步开放全国性的、为中小企业融资服务的股权交易市场，发挥其有利的一方面，消除其不利的影响。同时，有必要尽快制定《风险投资法》，并对一些现有法律条文加以修改。

9.3.2 恢复和发展柜台交易市场，使风险投资随时通过上柜实现股权流通

在世界各国证券市场的发展历程中，证券商柜台交易市场（又称店头交易市场，Over-The-Counter Market）是资本市场发展中的一个重要组成部分。所谓柜台交易市场，是指在证券商开设的柜台上进行交易活动。其交易的证券主要是按照证券法公开发行但未在证券交易所上市的证券。其功能主要是扩大资本发行市场，为企业提供筹资渠道，为集中交易市场提供预备，为高风险及特殊产业的股票提供交易场所，为达不到集中交易市场上市标准的股票预留缓动的交易市场。在我国台湾，柜台交易市场既是其资本市场的一部分，也是其鲜明特点：柜台交易市场对促进中小企业发展有着重要作用，1995 年公开上柜发行的公司达到 141 家，筹集资金达 2 471 亿新台币。柜台交易市场的发展使风险资本所扶持的企业可以随时通过“上柜”实现股权流通，同时也为企业到集中交易市场（证券交易所）提供准备。

在我国发展柜台交易市场，无论是从支持风险投资、建立退出渠道，还是优化我国资本市场结构来说，都很有必要。首先，它可减轻对主板市场的过分依赖，为中小企业尤其是创业企业直接开辟一条融资渠道；其次，可以为创业板积累上市企业资源，培育创业企业和积累经验。创业企业先在场外市场进行上市交易，使其资产价值获得初步的市场评价，有助于企业的规范运作。柜台交易作为上市前企业机制的培育和准备过程，不仅有利于提高上市企业的质量，而且也有利于建立上市企业的淘汰机制。

在我国，曾经有许多柜台交易市场，但由于管理的不规范，先后都关闭了。目前我国大陆借鉴台湾地区的经验，结合我国风险投资发展的现状和现实需要，在利用原有柜台交易系统、网络和资源条件的基础上，正在逐步恢复和重建柜台交易市场，现在已经形成了以北京、深圳等为代表的十几家地方股权交易中心，成为风险投资退出方式的次优选择。这样，既为投资者和创业企业提供了一个交易场所，也为将来转板到创业板、主板市场提供了大量企业资源和重要的监管经验。当然，在恢复和发展柜台交易市场的同时，我国必须首先进行制度建设，如制定全国统一的规则，包括发行规则、上市规则、交易规则和监管规则等；及时建立统一的、符合规范的行情显示系统、交易系统、资金清算和股权登记过户系统等。

9.3.3 创业板是疏通我国风险投资退出渠道的关键环节

创业板市场又称二板市场，是风险投资退出的主要渠道，其服务对象、上市标准、交易制度等方面不同于主板市场。创业板市场主要为成长型新兴中小企业提供融资服务，是以促进高科技产业发展为宗旨的创新股票市场。

从国际经验看，创业板对风险投资的发展有重要意义：直接为风险投资提供一条最有效的退出渠道；作为多层次资本市场体系的重要中间环节，为风险投资股权的私下转让提供价格参照，并为私下转让的接受方提供最终退出通道。可见，创业板既是疏通我国风险投资退出渠道的关键环节，也是我国多层次资本体系的重要部分。

我国的创业板市场是为了适应创业和创新的需要而设立的新市场，与主板市场只接纳成熟的、已形成足够规模的企业不同，创业板市场以成长型的创业企业为服务对象，重点支持具有自主创新能力的企业上市。我国创业板市场的定位是“服务成长型创业企业，重点支持自主创新企业”，创业板上市企业要求具有“两高六新”的特点，即：成长性高、科技含量高；新经济、新农业、新材料、新能源、新服务、新商业模式。创业板的设立和运作，为风险投资提供了一个良好的退出途径。但受客观历史条件等各方面因素的制约，在市场设立之初，没有也不可能进行全方位的总体设计和规划，在上市条件、交易机制、监管制度等方面，离经典的创业板市场（如美国的NASDAQ市场）还存在较大距离。我国的创业板市场在功能和制度创新方面先天不足，大批优质企业被排除在外，风险投资利用该渠道实现退出效果甚微。因此，从长期来看，必须建立主要服务于风险投资发展的真正的创业板股票市场。设立创业板股票市场主要是为风险投资提供“出口”或投资回报实现的机制，提高风险投资的流动性和效率，促使风险投资进入良性循环和大规模扩张。科学有效地借鉴我国主板市场和国际创业板市场的经验教训，充分利用后发优势，建立一个功能完善、制度创新的创业板市场是非常重要的。

针对现在创业板市场的制度缺陷及其危害，我们在改革和完善创业板市场时应遵循以下“三个有利于”原则来进行制度创新：有利于创业板市场资源配置功能发挥的制度安排，有利于形成相对完善的公司治理结构的制度安排，有利于增加市场流动性的制度安排。创业板市场应主要体现如下功能：一是为处于初创期的中小企业利用证券市场进行股权融资提供一个平台，二是为风险投资的退出提供一个市场、一个渠道，三是为创业企业提供一个价值发现和价格确认的场所，四是优化资源配置和规范创业企业经营管理。

全球范围内的创业板的市场定位基本一致，都无一例外地服务于高成长性的中小企业，并为风险资本的退出提供通道，但因不同的市场运作模式而表现出不同的绩效。根据创业板市场与主板市场之间的依存关系，全球创业板市场的基本模式可细分为三种：独立市场模式、附属市场模式以及以欧洲EURO-NM为代表的新市场模式。

独立市场模式是指创业板市场拥有独立于主板市场的交易系统、监管系统和上市标准，完全是另外一个市场。采用这种模式的有美国NASDAQ、欧洲EASDAQ、日本JASDAQ以及我国台湾的OTC市场等。附属市场模式是指创业板市场附属于主板市场，与主板市场拥有共同的交易系统、监管标准和监察队伍，所不同的只是上市标准的差别。附属市场模式又分为“一所两板平行式”和“附属递进式”。“一所两板平行式”的主要特点是与主板市场平行运作，无高低之分，使用同一组织、管理、交易及监管系统；“附属递进式”的主要特点是创业板是主板的附属市场，企业上市一段时间后必须申请到主板市场。英国的AIM、新加坡的SESDAQ和我国香港的创业板均采用了此种模式。如香港创业板是香港联交所在主板市场之外建立的一个附属市场，两个市场均由香港联交所负责经营运作，并有相同的运作程序。这种设立模式的优点是可以利用现有交易所的人力、设施、管理经验、组织网络和市场运作网络，从而减少成本。但两个市场缺乏竞争关系，容易导致创业板仅仅作为主板的附属市场而存在，将影响创业板市场发展。如香港创业板首批挂牌公司之一的浩伦农业科技集团申请将其股票由创业板转往主板市场挂牌。新市场模式由联合若干已经存在的小盘股市场的交易系统而形成，其会员市场达成最低运作标准，具有实时的市场行情，承认彼此的会员资格。典型的是欧洲的EURO-NM市场。这是一个专门为高成长性公司设计的各个股票市场间的网络，由法国、荷兰、德国、比利时、瑞士新市场等5个股票市场组成。欧洲新市场的目的是要建立一个完全统一的泛欧洲高成长股市网络，网络上的任何一点都可以取得全欧洲的信息和实现交易。其中德国新市场由法兰克福证券交易所于1997年3月10日成立，是欧洲创业板市场中运作最成功的。

从不同模式的创业板市场的运作绩效来看，比较成功的创业板市场往往是独立型市场，而大多数的附属型创业板市场没有达到预期的效果，市场规模较小，交易也不够活跃。如果我们以NASDAQ、香港创业板以及欧洲EURO-NM为三种模式的代表，分别从上市公司数量、总市值、平均市盈率、日均交易量以及正式会员数这5个指标来比较三种模式的运作绩效，便不难发现，以美国NASDAQ为代表的独立市场模式最为成功，而附属市场模式的绩效最差。

不同模式的创业板市场在运作绩效方面差异较大，其原因是多方面的，归纳起来主要有有：

第一，创业板市场与主板市场之间竞争秩序与竞争规则的制度安排不同。

在独立市场模式下，竞争机制得以在公平公正的秩序和规则下展开。相对于主板市场，创业板市场尽管起步晚、初始规模小，但优势是面对新兴产业和中小企业，门槛较低，未来发展潜力巨大。因此，如果展开公平竞争，创业板市场的成长速度往往更快，能够通过不断创新而扩大后发优势。但在附属市场模式下，创业板市场的成长性更多地被主板市场所利用，如附属市场模式下，创业板市场中的科技企业随着规模的扩大和盈利能力的提升随时有可能被转至主板市场交易，在一定程度上削弱了创业板市场的活力。

第二，创业板市场所处经济体的产业结构和技术实力有别。美国 NASDAQ 堪称运作最为成功的创业板市场，德国的新市场也成绩不俗，而英国、日本和我国香港的创业板市场则一直低迷。这与其所在国家或地区的经济发展水平、产业结构状况和科技实力密切相关。美国的高新技术企业实力强劲、产业升级速度大大领先于英国和日本，从而为 NASDAQ 市场提供了大量素质一流的蓝筹高科技公司，促进了创业板市场的繁荣；德国的技术水平和经济实力在欧洲首屈一指，支持了本国创业板市场的兴旺；而英国、日本的产业升级步伐就相对缓慢，创业板市场得不到经济基础的强力支撑；同样，我国香港地区也缺乏充足的创业板上市公司资源。

中外主要创业板市场的发展经验表明，创业板的独立运作以及与主板市场之间的良性竞争，无论对创业板自身还是主板的发展都有积极的促进作用，特别是独立模式的创业板，更利于提高创业板上市企业的质量，是成功的创业板市场所普遍采用的设立模式。

而就我国资本市场来说，出于严加监管的需要与创业板市场的发展紧迫性，深圳证券交易所采用了附属设立模式之“一所两板平行式”，即在深交所主板市场之外设立一个具有相对独立的运行制度、发展目标、组织架构、上市标准及交易机制的创业板市场。

经过二十几年的运作，我国创业板市场为成长性企业融资和风险投资的退出发挥了重要作用，但受客观历史条件等各方面因素的制约，在市场设立之初，没有也不可能进行全方位的总体设计和规划，在上市条件、交易机制、监管制度等方面，离经典式的创业板市场（如美国的 NASDAQ 市场）还存在较大距离。而且，我国的创业板市场在功能和制度创新方面先天不足，大批优秀的企业被排除在外，风险投资利用该渠道实现退出效果甚微。因此，从长期看，必须建立主要服务于风险投资发展的真正的创业板股票市场。设立创业板股票市场主要是为风险投资提供“出口”或投资回报实现的机制，提高风险投资的流动性和效率，促使风险投资进入良性循环和大规模扩张。科学有效地借鉴我国主板市场和国际创业板市场的经验教训，充分利用后发优势，创立一个功能完善、制度创新的创业板市场是非常必要的。

综上所述，资本市场对风险投资的最重要的支持体现在为风险资本提供退出渠道，以减少流动性风险，促进风险资本的良性循环。具体来说，风险投资的逐利本性和其阶段性投入的特点决定了风险投资的健康发展需要一个多层次、高流动性的资本市场。对我国来说，风险投资退出机制的目标模式就是构建由柜台交易市场、创业板市场、主板市场及私募市场构成的一个条件不同、规则各异的多层次资本市场体系，使处于不同发展阶段的风险资本可根据需要以 IPO、出售等方式退出，其中出售包括 M&A（又称一期购并，即风险企业由其他公司收购兼并）、金融收购（又称二期收购，即风险企业由另一家风险投资机构收购）、管理层回购（MBO）等多种方式。可考虑的途径有：完善上海、深圳两个证券交易所；规范发展上海、深圳、武汉、北京等地的区域性产权交易所，并联网形成全国统一的产权交易网络体系；尽快建立规范、监管严格的创业板市场；调整相关政策，积极发展私募市场；充分利用海外证券市场，鼓励企业境外上市，为风险投资提供新的退出途径。这样多层次的资本市场为风险投资提供了多元的退出渠道，能大大增加风险资本的流动性和活跃度。同时，风险投资多元的退出渠道也意味着风险企业多元的融资渠道，可解决风险企业发展过程中连续的、呈几何级数增长的资金投入需求。由此可见，建立完善的资本市场体系，保证风险投资顺利地进入和退出是风险投资业发展的重要前提条件。

第 10 章

我国风险投资发展的支持环境分析

风险投资作为一种以高成长性企业为投资对象的权益资本，在推动企业的生成和技术创新，乃至推动经济高速发展等方面都起着重要的作用。建立一套高效率的风险投资机制不仅取决于风险投资机构及创业企业，更需要一个良好的支持环境使之健康成长。国内外的经验证明，风险投资机制与制度、法律、文化、人才、市场环境等因素密切相关，是整个国家经济、科技水平和制度发展到一定阶段的产物。因此，构建一个适合风险投资业生存和发展的良好的支持环境，是我国风险投资机制顺利运作的必要条件。风险投资的支持环境泛指与风险投资内部运行系统发生信息、能量、资源交换，并以此促进风险投资发展的各方面的因素，主要包括社会经济文化环境、政策环境、法律环境、资本市场、人才环境、产权制度环境等。这些环境并非孤立存在，它们之间相互联系、相互影响又相互促进，共同构成一个有机统一支持体系，共同推动风险投资的正常运转和发展。

美国学者 Bygrave 和 Timmons（1992）曾对美国风险资本市场的外部环境进行了全面的审视和考察。他们提出，风险投资业的内核由资本、人、产品和服务市场以及支撑组织构成。他们围绕这一内核构建了四个外部环境模型，即政府政策环境模型（包括教育、社会保障、科学发展计划、产业组织法律法规、资本市场法律法规）、文化/社会价值环境模型（包括企业家的示范效应、对经验和成绩的认可、社会对失败的宽容、对企业家精神的鼓励、雇员工作的流动性、投资者的积极参与）、人才环境模型（私人研究机构、政府研究机构、文化价值、传授企业家精神的师资队伍、大公司和大学）、地区环境模型（地区基础设施、地区商业环境/政策、毗邻的资源、工业的组合与集中）。下面结合我国实际，就政策法规环境、人才环境、产权制度环境、文化环境等方面展开讨论。

10.1 风险投资的政策环境分析

风险投资本质上是市场行为而非政府行为，与自由市场的“动物精神”

密切相关，但由于风险投资具有极大的外部性和不确定性，以及运行过程中产生的信息不对称，也会发生市场失灵的情况，以及投资项目的溢出效应，因此风险投资的发展离不开政府的引导和政策扶持。政策是由政府制定的一系列的行为准则，用以规范和指导各类经济主体的经济行为。政府环境就是政府对风险投资的支持环境。具体来说，政府行为应当是“制定政策、培育市场”，起到一种“营造气氛、创造环境”的作用。

我国政府应实行优惠政策，建立和完善风险投资的风险补偿机制。风险投资在某种程度上有“公共产品”的性质，一个风险投资项目的成功，会产生很大的外部正效应，因此，政府应采取一些政策，使风险投资的外部正效应内部化。这些优惠政策包括税收优惠、政府补贴、政府采购等财税手段。

综观各国扶持风险投资的优惠政策，财政的资金支持起着关键作用。政府的政策性资金支持是政府为鼓励风险投资的发展，向风险投资者和创业企业提供的一种无偿或低息有偿的补助。政府对创业企业的补助主要是对创业企业的启动资金补助和投资亏损补贴。由政府提供启动资金补助，一方面分担了风险投资者的投资风险，另一方面又对民间风险投资起到一种导向作用，从而能够以少量政府资金来带动大量民间风险资本的投入。为风险投资企业提供各种补助是美国扶持创业企业的重要措施之一，譬如1982年全美科学技术基金为半导体研究提供750万美元的补助金；美国很多州市（如芝加哥市）设立了地方科学基金，专门为从事高技术开发的创业企业提供补贴。政府对创业企业提供亏损补贴是另一种常用的补助方式。如新加坡政府规定，凡投资于高科技的企业，连续亏损三年者，可获得50%的补贴。近年来，我国也有一些相关措施出台，如根据“对创新方式的资助计划”，符合条件的高新技术企业项目可以得到一定的项目经费补助，在必要时也可以向高技术创业企业提供亏损补贴。

创业企业的利润高低和承担风险的大小在很大程度上取决于税收政策，风险投资的发展受政府税率和相对税负的影响。因此，为了鼓励风险投资的发展，各国都对风险投资实行税收优惠政策。例如，美国分别在1978年和1981年两次修改税法，降低了资本收益税，降低了不同资金来源和不同类型投资征收税务的复杂性，减少了风险投资者和创业企业家的高所得税及财产税等，使美国风险投资在20世纪80年代以每年46%的幅度激增。1978年至1994年，美国风险资本总额从40亿美元猛增至350亿美元。

多年的跟踪调查发现，我国风险投资机构都反映税收负担过重，希望得到税收优惠政策。根据有关机构2013年的调查，中国风险投资机构最希望出台的政府激励政策是税收减免类，占比25.4%。为此，国家和地方出台了一系列的税收优惠法规和扶持政策。2007 年，财政部、国家税务总局发布了《关于促进创业投资企业发展有关税务政策的通知》，对创业风险投资机构实行税务优惠政策，对投资支持中小高新技术企业的创业风险投资机构给以税收优惠；2009 年，国家税务总局发布《关于实施创业投资企业所得税优惠问题的通知》，对合伙企业、外商投资创业风险投资企业等明确了税收优惠政策。根据 2013 年的调查，53.5% 的创业风险投资机构税收负担在 10% 以下，21.5% 的创业风险投资机构的税收负担在 10% ~20%，16.7% 的机构税收负担在 20% ~ 30%，仅 8% 的机构承担 30% 以上的高税收负担（王元等，2014）。尽管近几年绝大部分创业风险投资机构税收占比分布于 30% 以下，但仍有一些地区税收优惠政策并未落实，在一定程度上影响了创业风险投资行业的发展。从行业来看，对国家认定的高科技企业主要采用免征营业税、降低增值税、研发费抵税等方法；在地区上，主要是在一些开发区或高科技园区，可以享受所得税减免和返还政策。但对一些影响风险投资根本的税收制度并未触及，这些制度集中体现在两个方面：

（1）多层次纳税问题。

由于我国有限合伙制的法律地位确立不久，相应的商业环境和配套政策还在完善过程中，因而，现阶段风险投资主要采用公司制和基金制，以公司制为主。公司制的税收体制是不透明的，即在纳税主体上要经过公司、股东两个层次。这样对投资者来说，双重税赋增加了其纳税负担，减少了其投资收益。基金制的纳税体制各国不同，在我国，对基金的纳税优惠也不明显。多层次纳税并不只是税收问题，它直接牵涉到对有限合伙制的定位，以及对合伙制如何从法律上保证其透明的税收制度。这两个方面如果不进行改革，仅靠降低税率只能是治标不治本。

（2）递延抵扣问题。

所谓递延抵扣，就是亏损年度的亏损可以折减盈利年份的所得税。创业企业的收益具有不确定性，导致年度之间的收入分配不均，某些年份可能获利颇丰，某些年份可能亏损，特别是企业发展的初期。如果没有亏损年度递延抵扣的规定，与传统投资相比，风险投资者可能要负担更高的税收。近几年，政府正在加大这个方面的立法，2007 年 3 月的《中华人民共和国企业所得税法》规定："创业投资企业从事国家重点扶持和鼓励的创业投资，可以按投资额的一定比例抵扣应纳税所得额。"2007 年 12 月公布的《中华人民共和国企业所得税法实施条例》更明确规定："企业所得税法第三十一条所称抵扣应税所得额，是指创业投资企业采用股权投资方式投资于未上市的中小高新技术企业 2 年以上的，可以按照其投资额的 70% 在股权持有满 2 年的当年抵扣该创业投资企业的应税所得额；当年不足抵扣的，可以在以后纳税年度结转抵扣。”这些法规的实施，大大减轻了风险投资机构的税收负担，推动了风险投资行业的发展。

因此，为鼓励我国风险投资的发展，政府应加大对风险投资的税收优惠力度，将更多的资金吸引到风险投资领域。

除了税收优惠政策外，还应借鉴国际经验，对风险投资企业给予必要的金融支持。一是建立政策性风险投资担保基金，为风险投资公司的投资项目提供部分担保。这样，一方面可以减少可能的项目投资亏损，提高投资组合的收益；另一方面，由于仅仅是对风险投资项目的资本损失提供部分补偿（通常不超过50%），而风险投资自身则必须承担失败项目所造成的大部分损失，故不会影响其建立风险约束机制。二是借鉴美国“参与证券”，设立风险投资融资担保基金。即通过政府财政资金，为民间风险投资机构长期债务融资提供担保，再由风险投资机构将这笔长期债务性资金转变为用于支持企业创业的长期股权性资本。风险投资机构以通过融资担保所筹得的资金进行投资时，所投资项目一旦出现亏损则直接表现为风险投资机构的损失，一旦盈利则直接表现为风险投资机构的资本增值，故并不影响风险约束机制的建立。在我国目前社会公众资金和银行资金不能直接从事风险投资，而敢于冒高风险从事风险投资的机构和个人资金大多十分有限的情况下，可以通过风险投资融资担保基金，间接吸收社会公众资金和银行资金，将之转化为风险投资机构的长期资金，增加风险资本的有效供给。

政府采购是影响创新方向和速度的重要政策工具。通过政府采购部分创业企业的产品，可以有效降低创业企业的市场风险，同时，政府采购也是提供融资的方法之一。在硅谷大发展时期，美国的“政府采购”一直是高科技产业发展的主要动力之一，从而使得电子和信息产业以平均每年15%的速度增长。20世纪60年代，硅谷产品“政府采购”所占比例都在50%以上，大大地刺激了硅谷的发展。因此，可以考虑政府采购时对战略性的高新技术创业企业予以倾斜扶持，对一般的创业企业产品，可以制定出一般性经常性的政府采购政策予以支持，加强政府采购的导向和支持力度。

风险投资的发展离不开政府政策的支持，但是，从长远来看，风险投资的商业目标以及政府职能根本性的矛盾决定了政府不适宜直接加入风险投资业并长期充当投资主体（成思危，1999）。政府宜采取支持而不控制、引导而不干涉的态度，侧重于制定正确的引导性政策，营造良好的政策环境，促进风险投资业的发展。

总之，作为一种新兴的资本市场形态，风险投资的发展需要政府的强力扶持。政府的政策扶持是吸引风险投资，特别是民间投资的主要条件。

10.2 风险投资的产权制度环境分析

产权制度环境是风险资本市场的基础性环境因素。产权的明确界定保证了风险资本市场上交易的受益效应和受损效应都由交易当事人直接承担，这就决定了交易当事人拥有自由交易的权利。市场经济是一种在市场机制作用下以追求尽可能多的利润或经济收益为目标的经济，从根本上说，市场经济的全部活动都是以产权为基础并围绕产权来展开的。市场主体对利益的追求，本质上表现为对产权的追求。追求产权，以其产权获取更多的经济收益从而拥有更多的产权，是风险资本市场上包括创业企业、风险投资机构和风险资本供给者等参与者在内的各类市场主体积极参与市场竞争、创造性地开展风险投资经营活动的动力。这种不懈追求造成了以各种形态财产表现的产权内容的日益丰富和量的迅速扩张，而这种结果反过来又形成了进一步追求的依据。这应该是风险资本市场经济的本质所在，以及它得以持续发展的动力源泉。

经济学理论表明，产权是对经济主体财产行为权利的法律界定。产权制度是关于产权界定、运营、保护等的一系列制度安排和法律规定的总和。产权是为适应现代市场经济发展要求而出现的经济范畴，现代产权制度则是现代市场经济的本质规定。市场经济是一个不同利益取向的经济主体在产权明确界定的条件下进行公平自由交易的经济系统。在市场经济环境下，产权用以界定人们在交易中如何受益、如何受损以及如何补偿的行为权利。现代产权理论认为，产权的本质是一种排他性权利。在排他性权利制度中，各经济主体的权利边界是清晰的。各经济主体具有追求自身利益的权利，但要受到他人权利的约束，即人们的行为不能损害他人的权利。在这种对自己利益的最大化追求和受他人权利制约的制度规制下，经济活动趋于有序和高效。现代社会依靠有效的产权制度，可以为经济增长提供强有力的支持。美国著名经济学家保罗·萨缪尔逊曾在20世纪50年代预言，经济发展最快的地区将是南美洲，因为南美洲资源丰富，劳动力受教育程度较高。但事实证明，20世纪下半叶欧洲和太平洋地区经济发展最快。欧洲和太平洋地区虽然资源相对贫乏，但由于产权制度合理，引致了经济的高速增长。萨缪尔逊认为，他原先的预期所依据的条件并不是经济体制中最基本的东西，产权制度才是经济体制的基本要素。产权决定激励机制和人们的行为方式，因而对经济效率产生重要作用。

产权制度之所以是风险资本市场最基础性的制度环境要素，是因为它从以下几个方面影响或决定着风险资本市场的资源配置效率和制度效率。其一，如果产权是界定明确的，那么交易的受益效应和受损效应将在更大程度上对交易当事人产生影响，即交易当事人完全对自身行为的结果负责，从而减少交易的外部性，提高社会总福利水平。例如，专利法的保护使得风险投资业中的创新收益向发明者集中，从而给予创新活动以有效的激励，并有利于社会进步。其二，现代产权制度是社会信用体系的基础。界定明确的、受法律保护的产权减少了经济活动中的不确定性，使经济当事人的利益预期和法律责任清晰化。风险资本市场上的交易基本上都是信用交易，诸如合同、债权债务、担保、保险、票据等交易活动均要以信用为基础。如果信用缺失，则风险资本市场交易的风险就会增大，欺诈、造假、失信等行为大行其道，造成交易成本上升，市场秩序混乱，经济效率下降。所以说，市场经济是信用经济，而信用体系的健全和完善依赖于产权制度。如果产权界定不清，交易主体的权利、责任、义务缺乏法律的规制，交易就没有安全性可言，经济的运行效率会深受影响。其三，现代产权制度保证了一种自由选择和公平交易的经济关系。产权的明确界定保证了交易的受益效应和受损效应都由交易当事人直接承担，这就决定了交易当事人拥有自由交易的权利。交易当事人根据成本与受益的比较做出是否交易的选择。当大量的交易都在这种条件下进行时，整个风险资本市场上的资源配置就会优化。因此，所谓资源配置优化实乃交易主体通过自由交易行为而受益或避免受损的过程。在这一过程中，产权应当是明确界定的。产权明确界定保证了交易当事人的自由选择、收益激励和受损约束，使资源能够配置在效率更高的使用方式上。

产权也是一种重要的无形公共物品。历史地看，政府若不承担保护产权的职能，出现政府缺位，其他一些东西就会来补位，如讨债公司、黑帮组织或家族势力将运用其自有逻辑来保护产权、解决纠纷，但社会成本高，存在大量社会不公正，且易导致弱肉强食，使社会矛盾激化。长远来看，私人自己保护产权既不经济也不公正，受经济规律支配，早晚会过渡到“重组政府”这一步。产权界定得越清楚，市场上每一行为主体的权责利越明确，越能在制度框架内得到法律的保护；人们对经济活动中各行为主体的行为方式的合理预期越稳定，市场运行越有秩序，坑蒙拐骗、不负责任的事件就越少，交易成本越低，经济效率越高。

缺乏产权法律保护的市场环境必然会严重挫伤高新技术风险投资项目的运作，尤其会影响融资渠道的拓展和畅通，有效供给的不足将直接使高新技术风险投资步履维艰。所以，建立完善的产权法律保护体系是我国风险投资发展的根本前提。

按照熊彼特的创新理论，经济因创新而增长，但技术创新具有外部性。创新固然给社会带来便利和利益，但由于每个人或企业都不希望自己为此支付费用，那么创新成果一旦被其他生产者无偿获得和模仿，创新者的价值得不到补偿时，积极性也将受挫，从而阻碍经济的发展。因此，必须解决创新外部性的负效应问题，即实现技术创新外部性的内在化。产权制度就是使创新者对创新成果具有私有权，使其有权在一定时期独占技术创新的市场收益，而其他人只有通过与创新产权所有人进行市场化的交易，获得技术产权的使用或所有权，来分享技术创新带来的收益，即将技术创新的溢出效应通过法律赋予一定期限内的垄断权而内在化于产权关系中。产权的主要功能就是引导人们实现将外部性较大地内在化的激励。将这些效应内在化是一个过程，它常常要发生产权的分解与流动，从而使得这些效应对所有相互作用的人产生影响。联想集团提出，产权制度是目前影响高科技企业发展和技术创新的关键性问题，各类高科技企业应该根据自己的实际情况，进行产权制度改革，政府则应以法治的思路和手段来支持并积极推进这种改革。

建立归属清晰、权责明确、保护严格、流转顺畅的现代产权制度，是市场经济存在和发展的基础，是完善基本经济制度的内在要求。当前，我国经济社会发展中出现的一些矛盾和问题，都直接或间接地涉及产权问题。建立健全现代产权制度，是实现国民经济持续快速健康发展和社会有序运行的重要保障，同样也是实现风险资本市场健康发展和有序运行的重要保障。中共十六届三中全会通过的《中共中央关于完善社会主义市场经济体制若干问题的决定》将完善以公有制为主体、多种所有制经济共同发展的基本经济制度列为完善社会主义市场经济体制的首要任务。为了完善这一基本经济制度，需要建立健全现代产权制度。现代产权制度有利于维护公有财产权、保护私有财产权，有利于保障风险资本市场所有主体的平等法律地位和发展权利。党中央的文件中对产权及产权制度作了深入透彻的阐述，反映出中国风险资本市场的基础性制度环境已经得到大大的优化和改善。

10.3 风险投资的法制环境分析

法制化建设是适宜风险资本市场发展的制度环境中的关键性要素。在市场经济与法制的相互依赖和相互作用中形成的法治经济，是市场经济高度发展的产物，也是人类对法治社会不断追寻的结果。面对不断激增的经济矛盾与纠葛，模糊的伦理手段已无济于事，机械的行政手段又有碍发展，只有法律手段才可能为其提供既有严格规则又有自由活力的现实道路。严格以法律作为最高准则，坚持法律至上的社会观念，就成了现实的期望。于是，法律开始对市场经济的主体地位予以确认，对市场经济的运行予以调整，对市场经济的发展予以保护。法律对市场经济主体的成立条件、法律资格、权利义务都予以具体规定。法律在市场经济中的主要任务就是保障市场经济的正常运行。

法律制度能够保证风险投资者的利益，各参与主体才会不断去从事风险投资。风险投资的成功除了企业的创新能力（包括科研人才、创新需求等）、资金来源、经营管理外，更重要的是要有一套科学的机制来保证风险投资在技术创新过程中的合理流动。机制的宏观部分指有助于推动风险投资的制度环境，此外的制度就是指法律法规和政策等正式制度。在现代市场经济中，法律和政策对于技术创新的推动作用主要是：有助于建立一种完善的风险投资机制，使资金、技术、管理相结合，最终实现高新技术的产品化或产业化。

法律在科学技术发展的不同条件下可能起着截然相反的作用：或阻碍、延缓科技发展甚至扼杀科技成果；或保障、促进科技进步。风险资本市场与一般资本市场相比，具有较高的不确定性和信息不对称。这种高风险环境需要有一整套相应的法律法规来界定和规范各市场参与者的资格、行为及其相互之间的关系，这样才可能有效地保护投资者的权益，增强投资者的信心，降低风险资本市场风险。

目前，中国政府在推动高新技术产业发展方面有明显的倾斜政策，但与之相配套的法律制度体系还相当欠缺，亟须制定诸如高技术研发和技术创新、科技投入和财税扶持、金融证券参与、知识产权保护、参与国际竞争和国际科技合作等方面的法律制度。关涉风险资本市场的法律法规还有很多，包括投资主体的确认、投资管理机构的组织与管理、风险资本二级市场的组织与监管、企业产权与知识产权的保护、风险投资企业的会计审计制度等。

与支持风险投资发展相适应的法律法规严重欠缺，使得风险投资缺乏明确的法律框架。同时，政府缺乏一整套相对稳定和长期的用于指导风险投资运作的政策与办法，也使风险投资主体无法做到有章可循，权益难以得到保护。一些现行的法律法规，在一定程度上影响着风险投资的实际运作。如1994年开始施行的《公司法》主要针对的是生产型公司，对于风险投资公司这样的以资本运营为主的公司，有相当一部分内容并不适用，比如说对注册公司的规定就很不适合风险投资的发展，风险投资企业的无形资产也无法在其现有的法律框架中得到切实的保障（陈琦伟、冯文伟，2002）。1997年我国通过的《中华人民共和国合伙企业法》，是规范投资者出资方式，协调投资者权利与义务，平衡投资者收益与风险的一部重要的市场主体立法，它理应为我国投资者采纳有限合伙制这种先进、高效的组织形态，吸引民间投资和推进风险投资的发展提供有利的法律保障。但由于立法者和政府官员对有限合伙制还存在认识上的分歧，最后在合伙企业立法中取消了对有限合伙制的规范。风险资本市场主要是风险资本集聚、流通和产权交易的场所，它能使风险资本不断循环增值，既能使投资者获得回报，又能使新的创业企业获得资金支持。若没有相关的法律框架支撑，就难以形成流通市场，风险资本也就发挥不了作用。有鉴于此，2006 年 8 月新修订了《合伙企业法》，并于 2007 年 1 月开始实施。该法律基本解决了多年来中国创业风险投资业基本法律和制度障碍，正式确立了中国的有限合伙机制，给出了有限合伙制的法律“身份”和行为“规范”，如增加了有限合伙制、扩大了合伙人范围、明确了合伙企业不缴纳所得税等，这些都直接或间接为创业风险投资赢得了极大的法律空间。

风险投资涉及向社会公众筹资和向创业企业投资的行为，关涉复杂的契约关系，加之其本身的高风险性质，这些都要求国家为其运行建立一个完备的法律架构。总体而言，其主要构件有三：一是规范风险投资运营机制的法律制度，二是维护或重建信用准则的法律制度，三是保护产权（包括知识产权）的法律制度。

风险资本市场的法律法规既要能有效地降低市场风险，又要有利于市场的发展，其中最关键的是要适应风险资本市场的特点。例如，在理论和实践上都证明了有限合伙制是适应风险资本市场发展的一项制度创新，它最能降低风险投资的运作成本和代理成本，尽管我国有限合伙制推广较快，但配套制度不健全，有限合伙制赖以“生长”和“壮大”的商业文化环境和规则还远未形成，因此需要进一步完善《公司法》《合伙企业法》《基金管理条例》等法律法规，对合伙制进行清晰的界定，对一般合伙人、有限合伙人各自所应承担的经济和法律责任作明确的规定，同时营造出有利于有限合伙制的商业规则和商业观念。又如，风险资本的本质特征是其资本和投资活动的循环流动性，因此应该从法律法规上尽可能减少风险资本所投资企业股份流动的障碍。再如，风险资本的投资对象主要是具有一定知识产权的中小企业，因此需要有一套保护知识产权和反不正当竞争的法律法规。另外，适应风险资本市场信息高度不对称的特点，需要有相应的会计审计制度和规范中介机构的法律法规。

值得注意的是，现行的《证券投资基金法》尽管还有一些不尽人意之处，但它是继《证券法》后我国证券领域的第二部重要法律，它的出台奠定了我国证券投资基金的法律基础。

上述产权制度层面的改革，还折射出与现阶段中国高新技术产业发展息息相关的知识产权问题。高新技术企业大部分是中小型企业，它们在资本、人力、物力上都相对弱小，其所拥有的最大优势资源往往是知识产权，如果这一独有资源被其他企业模仿并利用，则它们就没有任何资源优势可言，并且很快就会被强大的外来模仿者从市场中淘汰掉，创新者的价值将无法补偿，更不会获得高收益。

政府在加快完善知识产权立法的同时，更需要加强法律实施系统的建设，强化执法力度，否则就会导致有法不依、执法不严，法律条文成为一纸空文的情况。国家要从法制经济和信用社会的高度，克服知识产权虚置现象，切实加大知识产权保护力度；同时将知识产权的宣传教育纳入各类学校法律课程，使人们真正认识到侵犯知识产权和侵犯其他财产权一样是违法和可耻的行为。现在政府大力鼓励和支持创新和创业，提出“大众创业、万众创新”的战略。要鼓励创新和创业，尤其是科技领域的创新，必须在关键领域和若干科技发展前沿掌握核心技术和拥有自主知识产权，因此，完善知识产权保护制度显得尤为重要。

另外，一般借贷和投资的价值分析与判断是建立在物质价值基础上的，重视对有形资产的精确计算，而风险投资更加注重无形资产特别是权益的价值，追求的是极不确定的未来的极大资本增值。这种未来极大的增值潜力就是风险投资的战略目标。人们之所以愿意做出这种眼前实现不了收益甚至遭受损失的投资，正是为了换取未来可能的极大增值的权益。风险投资提供的是资本支持，除拥有股权外，往往还约定享有知识产权、未来增资扩股的权利以及投资成功后的经营权甚至产品抢手时的经销权等。权益性是其最基本的属性之一，而且也正因为风险投资拥有的权益性才保证了其投资一旦成功会获得比一般投资大得多的增值。政府应该制定相应的法律以界定和保护风险投资过程中的权益性，建构一个开放型的、关切风险投资权益性的政策规定或法律框架，给创新企业创造一个合适的生存环境和发展空间，切实地帮助创新企业降低技术风险、市场风险和融资成本。总之，建立健全适应风险资本市场特点的一套法律法规是保证其顺利发展的前提条件。

有了相应的法律法规之后，还必须确保建立在此基础上的契约的有效性。风险投资是一种长期的股权投资，风险资本市场各参与者之间特殊的委托代理关系是通过一系列特殊的契约来确定的，其中最主要的是投资者与投资管理者之间的有限合伙契约、投资管理者与企业之间的可转换优先股份契约。只有确保这些契约的有效性，才能降低市场风险，增强投资者的信心，保证风险资本市场的顺利发展。

以法治的理念和方式来提高政府驾驭现代经济的能力，需要政府从中国现实的制度架构、法制状况、治理文化和资本市场的发展现状出发，具体分析制约、影响风险资本市场发展的诸多因素，深入探讨高新科技发展的宏观条件、体制建构、运行机制、承载主体、负面影响及所要求形成的法制环境，根据中国风险资本市场的模式及策略，尽快加强这些方面的法制建设，形成完整的关于风险资本市场经济主体、经济运行、经济宏观调控、社会保障的法律制度，形成一种对于风险资本市场的法治状态，为推动中国风险投资业的发展提供一个良好的法律环境。

10.4 风险投资的产业化基础与企业制度环境分析

风险投资制度是一种将资金、技术、管理与创业精神有机结合起来，在支持创新活动与培育创业企业的过程中使参与者获取超额利润的新型投资制度。它不仅体现了奋斗、创业、开拓、冒险精神，更是一种经营与管理的艺术，这种艺术的源泉则是生动而丰富的创建企业实践。

理论上讲，市场的发展总是依赖于供给与需求双方的增长。从供给方面看，风险投资业的发展需要一定的产业化基础，只有存在一定数量的风险投资机会，风险资本才有足够的选择空间，才有可能产生与高风险相对应的超额利润，刺激风险投资。美国风险投资之所以起步早、发展快、功能齐全，重要原因之一就是其在半导体、计算机、生物技术等领域内的研究与开发基础较强。有了一定的产业基础之后，风险资本从中选择潜力较大的项目进行投资，产生了像数据设备公司、苹果计算机公司等有巨大超额利润的投资项目，从而极大地刺激了美国风险资本市场的发展。当然，从另一个角度来看，高新技术产业与风险资本市场存在着相互促进的关系，不能把前者作为独立外生变量来解释后者，但可以肯定地说，在一个缺乏创新的经济环境中，投资利润已经被平均化，以追求超额利润为主要目标的风险资本不可能有快速的发展。

由于中国长期忽视建立健全创新创业的基础性制度，不仅使得中国的产业发展尤其是高新技术产业的发展缺乏坚实的微观基础，更使得风险投资体制建设没有创业制度支持。其具体表现为：①现行的企业出资制度不适于知识经济条件下的创业要求。例如，中国目前对专利等无形资产在企业中的资本构成有着严格的规定，不利于基于知识创新而创建企业这种知识创业活动的开展。②现行的企业注册制度不适于现代创业经济条件下创建企业的要求。在中国，无论是创建新企业，还是老企业的改制与再创业，都必须经过烦琐的审批与登记过程，严重地影响了创业的效率。因此，要促进创业活动与创业投资活动之间的良性互动，必须努力创造良好的创业环境。

有了一定的产业化基础，还必须具备较成熟的企业制度。从企业组织制度的历史发展过程看，经历了个人业主制企业、合伙制企业和股份制企业三种基本企业制度的演变。风险资本作为一种长期的权益资本，当然要求股份制的企业组织制度与之相对应。不仅如此，作为一种创新的投资方式，风险资本对所投资企业的组织制度还有一些特殊的要求。例如，由于风险投资家承担比企业家更大的风险，因而外部投资者（即风险投资家）往往要求控股权，即使单个风险投资家不处于控股地位，在可转换优先股份合同中也必须被赋予比其所占股份大的权利。又如，在创业企业中，外部投资者不仅要进入董事会，而且要直接参与企业的经营管理。总而言之，高风险环境下的风险资本对所投资企业的组织制度的成熟性有特殊的要求。不成熟的个人业主制、家族制的企业制度，容易产生内部人控制，加大代理成本，同时企业家也不太可能放弃对企业的控制权，因此，这些企业不太可能成为风险资本的投资对象。

10.5 发展风险投资的人才环境分析

任何一种产业的发展，都是多种有形的、无形的生产要素综合作用、共同推进的结果，风险投资作为一种高风险、高收益、高专业化的产业，尤为强调人才资本的能动作用与创造作用。人才是实体层面支撑环境中最具流动性的要素。在风险投资理论中，三类人才构成风险投资业存在的基础：第一类是企业家（Entrepreneur），第二类是风险投资家（Venture Capitalist），第三类是职业经理人（Manager）。其中，风险投资家在整个风险投资运行过程中具有特殊地位。可以说，风险投资业的发展一刻也离不开风险投资家。风险投资家不仅要具有极强的风险意识和获取风险收益的耐心，更需要有高瞻远瞩的投资眼光，能够慧眼识珠选取好的项目进行投资，而且还要能够对创业企业的经营活动提供指导和咨询，推荐人才甚至参与管理。因此，风险投资的健康发展要求一个良好的人才环境，它必须能提供大量风险投资行业所需的高素质人才，还必须具备人才充分自由流动的市场机制和浓厚的创业文化氛围。

1. 高素质的管理人才和技术创新人才

人才是知识和技术的载体，任何知识和技术，都是依靠人去学习、掌握、创造和使用的，从这个意义上讲，人力资源是知识和技术资源最为重要的基础。风险投资业最需要的两类人才是技术创新人才和风险投资家。技术创新人才是创业企业中高新技术成果及项目的开发者和提供者，是推动技术进步、产业变革的核心力量。风险投资业的形成和发展需要大量敢冒高风险寻求高额回报的风险投资家。介入风险投资的这些投资家应是具有较强工程技术基础知识，同时又懂企业管理理论，具有金融投资实践和高科技企业管理实践的综合型人才（刘曼红，1998）。这两类主体敢于冒险、勇于开拓的精神是推动风险投资发展的最为活跃的原动力。

美国充足的人力资本保证了其风险投资业的长期兴旺。美国政府大规模投入教育经费和科研经费，通过开发本国人才与吸引外国高素质人才二者并重的方法，从而拥有了一支规模庞大的从事研究开发的科学家、工程师队伍，在科技创新和高科技孵化方面形成了独特的优势。美国长期发育的市场经济环境也培养和造就了一批成熟老练的风险投资家，这些强大的人才后盾造就了美国风险投资业的繁荣。

我国风险投资业尚不成熟，人才缺乏的问题一直以来是最紧迫的问题。我国目前处于社会主义初级阶段，经济建设和社会发展各方面资金缺口比较大，直接导致我国在科研及科技人才开发方面长期资金投入不足，我国的科研人才无论是实际数量还是需求数量与发达国家比较而言，差距都相当大，这是由我国的基本国情所决定的。目前，我国风险投资公司在成长过程中，一般会出现两种倾向：一是管理者技术偏好构成成长障碍。技术偏好就是管理者素质结构中技术能力强而经营管理能力差，当企业受阻时，只是倾向于通过技术创新来解决问题而不是完善经营管理。二是传统管理思想构成成长障碍。相对于技术偏好，管理者被传统管理思想所束缚，忽略了创业企业中的高风险、高成长性以及日新月异的市场状况所造成的管理方式的特殊性，容易在管理思想、管理方式上简单化（宋旭英、孙志明，2000）。这与我国教育体制的历史性弊端有关，即应试教育思想和专业设置过细，加之缺乏有效的管理人才市场、经理人市场，所以缺乏这种跨领域的通才，难以寻觅到合适的管理者。

由下表可知，中国从事 R&D 活动的科学家和工程师人数稳定增长，到 2000 年达 69. 8 万人/年，比上年增长 31. 43%，仅次于美国（111. 41 万人/年，1997）等发达国家，居世界前列。而从每万名劳动力中从事 R&D 的科学家和工程师人数来看，我国近年来增长不明显，无法与发达国家相比。仅从 1997 年来看，我国每万名劳动力中从事 R&D 活动的科学家和工程师仅 8. 3 人，而发达国家和新兴工业化国家均达到 50 人，排名第一的日本达到 81. 4 人。我国这一指标平均仅相对于中等发达国家的 1/5 和发达国家的 1/9。

中国从事 R&D 的科学家和工程师的人数

项目	年份					
	1995	1996	1997	1998	1999	2000
从事 R&D 的科学家和工程师人数（万人/年）	52. 2	54. 8	58. 87	48. 55	53. 11	69. 8
每万名劳动力中从事 R&D 的科学家和工程师（人/年）	7. 6	7. 9	8. 3	6. 8	7. 6	9. 8

资料来源：国家计委高技术产业发展司编：《中国高技术产业发展报告》，北京：中国计划出版社 2001 年版。

针对上述情况，要解决我国风险投资的人才瓶颈问题，应采取一系列措施，包括：加强对教育产业的投资，重视本国人才资源的开发和激励；制定优惠政策，鼓励留学人员回国创业；进一步改善投资环境，吸引外国优秀的风险投资家和风险投资机构到我国投资等。

2. 合理的人才流动和交流机制及知识的自由流动

高素质人才在风险投资体系中是一种极其珍贵、稀缺的资源，也需要像资本、股权、信息以及其他资源一样，让供求、竞争、价格等市场机制来调节，推动其自由流动，将之优化配置到最能发挥效用的地方。长远来看，人才资源在流动的同时，新技术、新知识也得到广泛的交流、传播、融合、扩散，能提高产业的整体发展水平。

在此方面，美国同样有较好的示范作用，如美国在优秀人才的流动方面，设立经理人市场，如果业绩突出，他们就有可能到更好、更大的公司任职。这种较为宽松的法律环境，使得人才流动频繁，各公司技术人员之间常进行开放性交流，不仅有利于人才寻找最能发挥自己潜能的地方，调动每个人的积极性，而且也促进了信息的流动和知识的传播。

美国风险投资成功的重要原因还包括知识的自由流动和思想市场的发展（科斯，2010）。因为美国每年吸引了大量世界各地的人才，他们都带来知识资产，而且美国具有自由的思想市场，因而有很多创新创意产生。因此，一个高效率的风险投资市场并不仅需要资本的自由流动，还需要知识的自由流动（Tyzoon Tyebjee，2007）。

目前，我国人才资源主要是由政府配置，人才自由合理流动的机制和知识自由流动的制度尚未真正形成。因此，应建立合理的人才流动机制，允许科研人员自由流动，实现人才的合理配置，消除制约人才流动的不利因素，如户籍管理制度等；应建立和完善多层次、有序、合法的人才市场体系，加强宏观调控，最终使人才资源的配置通过市场配置功能得以实现。同时，形成思想和知识自由流动机制，发挥人们的创造性，是实现“大众创业、万众创新”的前提条件。

3. 自由的创业精神

创业精神是一种文化氛围，是风险投资的人力资本赖以形成、壮大的土壤。创业文化的理念是鼓励创新、宽容失败、敢于承担风险。美国人的民族气质是勇于创新，敢于冒险，以创业为乐趣，坦然面对失败并视之为成功的起点。这种创业精神是推动风险投资发展源源不断的内在动力。美国有着成熟的风险投资体系，被称为世界上最大的科技创新中心的硅谷，就很好地例证了这种推动力的作用。

我国有着求稳不求变、不能容忍失败的传统文化和思想，使得投资者和创业者厌恶风险，满足于获取稳定收益，这与风险投资所必需的自由冒险的创业精神明显相悖。因此，应采取长期宣传、从小教育的方式引导创业精神深入人心。更重要的是，政府要创造一个价值驱动的市场机制，引导并激励优秀人才通过创业谋求商业利益，形成并逐步壮大创业群体。

10.6 风险投资发展的社会文化环境分析

作为一种创新的投资制度，风险投资要在一个适宜的文化环境中才能顺利发展。文化因素从多个方面制约、影响着风险投资的发展。首先，风险投资制度的发展需要一种全社会的诚信。从一定意义上讲，风险投资制度是以道德为支撑、产权为基础、法律为保障的现代信用制度。风险投资中的各项权利必须依法行使，各项义务也必须依法履行。但这并不是说，风险投资就不需要道德的力量，须知，法治中的法首先是建立在道德的基础上的。

国内有些学者以政府代言人的角度，就财政、金融、税务和市场准入与市场监管等方面对支撑环境进行了详细的制度设计与安排，其中不乏可操作性的见识，但多少忽视了风险投资业赖以生存和发展的深层次环境——文化、价值取向和经济伦理。有学者提出，由于我国道德的失范和经济伦理的本质欠缺，使得我国现代化进程中出现了“软政权化”和经济政治两大科层的分利集团。这也是改革开放十多年来一系列政策效果不尽如人意的根源所在。因此，如果不能厘清风险投资业所包括的文化及经济伦理意义的内涵，如果不能正视我国与发达国家甚至新兴工业化国家在这方面的巨大差距，如果不能给出一个行之有效的支撑环境培育方案，对中国风险投资业的宏观研究极有可能成为一种纸上谈兵的“屠龙之术”（何清琏，1997）。

诚然，我们通过生产函数模型可以证明技术（知识）对经济增长的贡献率是不断递增的，通过博弈论可以得出风险投资的委托—代理关系可以达到双赢的理想状态，运用信息经济学的分析方法可以证明在风险投资中同样存在着“逆向选择”的问题……然而，它们都不能替代对风险投资中潜在的风险和寻租行为的预警与道德批判。限于篇幅，本文仅就与风险投资论题相关的社会文化环境因素略作分析。

首先，为减低和化解风险投资周期中的“道德风险”，须切实发挥从事风险投资的中介组织的行业自律和舆论监督作用。由于技术、产品、市场、财务等方面存在高度的不确定性，而市场参与者之间又是依靠一定契约相连接，因此要求有较规范的中介服务体系。中介服务的缺位或不规范运作，会限制风险资本市场游戏规则的普遍应用，严重阻碍市场的发展。同时，要发挥证券交易所以及证券、律师、会计师、资产评估等行业协会的自律管理作用，引导和加强新闻媒体对风险资本市场的宣传和监督。

其次，风险投资需要一种勇于冒风险的创业文化。其精髓就是敢于凭借丰富的想象力和创造力，通过建立生产新产品、引进新工艺、开发新资源和采用新组织形式的企业，来实现抱负。这种创业精神在创业企业家和风险投资家身上得到了具体体现。

再次，风险投资的发展需要以人为本的文化氛围。人才在市场上的聚集与竞争是推动风险投资发展的最重要的力量。风险投资家和创业企业家是社会的精英，具有对新产品和新生产方式的创造欲，他们的共同特点是敢于冒风险、勇于开拓，并兼具对科学技术的前瞻力和对市场的敏感嗅觉。这些人才不是天生的，而是在“以人为本”的高科技文化环境中孕育出来的。培育这样的文化环境的着力点主要有：鼓励个人创新，鼓励个人创办企业；尊重知识和人才，提倡人才流动；鼓励专业人才通过创新和建立高新技术企业获取高额报酬；尊重和鼓励科技企业家和风险资本家的个性化发展。

最后，以风险投资周期中的科技成果转化为生产力为例，阐释转化过程的制度环境（包括转化过程中的权益分配机制、市场规则、知识产权保护法以及其他相关法律制度等组成的市场游戏规则的因素）对参与者的重要影响：

（1）制度环境通过市场力量释放行为主体追求利润的原动力。西方经济学理论认为，理性人的行为以追求自身利益最大化为目标。企业投资科研项目开发，是因为科技成果在转化为商品的过程中能为它们带来超额利润；科研人员从事科学研究，是因为他们的劳动能创造价值，科技成果转化为商品后还能为他们带来高额收入；中介机构提供服务，是因为服务行为能为他们带来利益收获；需求者购买成果或投资成果的应用期，是因为科技成果具有使用价值，即通过使用（或参股）技术成果，能为他们带来预期的高额利润回报。总之，追求利益最大化是经济理性人的本性。市场力量在于为经济理性人提供一个有效的驰骋空间，并为满足他们对利益追求的欲望创造制度环境。

（2）制度环境可以通过权益分配机制调整各行为主体的行为。参与科技成果转化过程的各行为主体的利益目标是不完全一致的，如果任由它们的原始力量发挥作用而不加以约束，其在追求自身利益最大化时，势必会损害其他主体的利益。如，科技成果开发单位（政府企事业单位）会利用地位优势在成果产权界定和成果转化的利益分配中，侵害成果生产者的个人利益，以便为自己谋取更多的股权或利益；成果生产者会利用知识、信息、技术优势，损害科技成果开发单位和科技成果转化对象单位的利益，为自己谋取不恰当的利益；中介服务机构则可能利用成果拥有者和成果需求者之间存在的信息不对称（或信息屏蔽），采用欺骗或欺诈等不道德和违法的行为去追求自身利益的最大化。因此，对个体追求自身利益最大化的原始动力必须加以规范。权益分配机制就是通过一系列规则、协议甚至法律等明确界定各行为主体的责、权、利关系，将各行为主体的个别利益与他们所在组织的整体利益有机结合起来，借此最大限度地激发行为主体的主观能动性，以实现转化过程的帕累托最优。

（3）制度环境通过制定知识产权保护法和其他相关法律，规定参与科技成果转化的各行为主体对成果转化所产生垄断利润的收益权，并防止这种权利被社会上的盗版者或剽窃者所侵害，从而极大地刺激行为主体从事科技成果开发及新产品研制的热情。以追求自身利益最大化为目标的经济行为人投资科技成果开发、转化的目的是为了取得超过一般利润的垄断利润，以弥补他们的前期投入所承担的成本和风险。但是，他自己却无法避免或制止其他厂商（甚至是自己合作伙伴中的跳槽者）的仿冒行为，并且，由于仿冒者并未承担成果开发、新产品试制等成本和风险，因此，仿冒产品的价格可以定得很低，从而迫使新技术产品开发者和生产者压低产品价格。这样，科技成果转化所产生的垄断利润迅速消失。

总之，制度环境通过市场力量最大限度地释放出行为主体的创新能量；通过权益分配机制将各行为主体的能量集中起来为系统的整体目标服务；通过产权保护法律和相关法律制度确保系统的利益不受“市场失灵”的侵害。人们的行为在不同的制度环境下也会有完全不同的表现，并导致了完全不同的行为结果。如15世纪后西方国家在科学技术和经济等方面后来居上超过中国和阿拉伯国家，原因是西欧在中世纪中后期建立了一种有利于经济人不断创新的社会机制（即能使资源配置决策权和革新决策权分散化并使成功的革新能获得足够报偿的市场制度）。18世纪发轫于英国的产业革命，也是以这种增长体制的存在作为基础。美国硅谷之所以长盛不衰，128号工业园区之所以昙花一现，也是因为制度和文化环境对知识性创业人才形成的不同影响使然。

风险投资的发展需完善的外部支持环境。这种外部环境包括社会经济环境、人才环境、资本环境、法律环境、政策环境及产权制度等。社会经济环境为风险投资的发展提供各方面条件的基础，人才环境为风险投资提供源源不断的智力支持，资本市场为风险投资提供变现的退出机制并为创业企业提供长远的融资渠道，政策环境为风险投资提供强大的激励机制，法律环境为风险投资的发展提供公平竞争的规范和保障，产权制度为风险投资提供了运行的条件。我国现阶段风险投资环境的建设还很不完善，所以要结合国情，吸收和借鉴美国等发达国家的经验，为我国风险投资的健康发展营造一个良好的外部支持环境。

参考文献

中文部分

［1］熊彼特著，何畏等译：《经济发展理论》，北京：商务印书馆 1990 年版。

［2］谭崇台主编：《发展经济学的新发展》，武汉：武汉大学出版社 2002 年版。

［3］林毅夫著：《新结构经济学》，北京：北京大学出版社 2012 年版。

［4］兹维·博迪、罗伯特·莫顿著，欧阳颖等译：《金融学》，北京：中国人民大学出版社 2000 年版。

［5］米什金著，李扬等译：《货币金融学》，北京：中国人民大学出版社 1998 年版。

［6］朱·弗登博格、让·梯若尔著，黄涛等译：《博弈论》，北京：中国人民大学出版社 2002 年版。

［7］雷蒙德·戈德史密斯著，周朔等译：《金融结构与金融发展》，上海：上海三联书店、上海人民出版社 1994 年版。

［8］谢康、乌家培编：《阿克洛夫、斯彭斯和斯蒂格利茨论文精选》，北京：商务出版社 2002 年版。

［9］汉斯·蓝德斯顿著，李超等译：《全球风险投资研究》，长沙：湖南科技出版社 2010 年版。

［10］保罗·冈珀斯、乔希·勒纳著，宋晓东等译：《风险投资周期》，北京：经济科学出版社 2002 年版。

［11］汤在新、吴超林著：《宏观调控：基础理论与政策分析》，广州：广东经济出版社 2001 年版。

［12］汤敏等主编：《现代经济学前沿专题》（第一集），北京：商务印书馆 1996 年版。

［13］梁定邦著：《中国资本市场前瞻》，北京：北京大学出版社 2001 年版。

［14］约翰·格利、爱德华·肖著，贝多广译：《金融理论中的货币》，

上海：上海三联书店、上海人民出版社1994年版。

[15] 陈郁主编：《所有权、控制权与激励——代理经济学文选》，上海：上海三联书店、上海人民出版社1998年版。

[16] 张维迎著：《企业理论与中国企业改革》，北京：北京大学出版社1999年版。

[17] 张维迎著：《博弈论与信息经济学》，上海：上海三联书店、上海人民出版社2004年版。

[18] 范柏乃著：《创业投资法律制度研究》，北京：机械工业出版社2005年版。

[19] 房四海主编：《风险投资与创业板》，北京：机械工业出版社2010年版。

[20] 赵国祈：《国内风险投资问题研究进展》，《中国软科学》，2000年第5期。

[21] 成思危主编：《科技风险投资论文集》，北京：民主与建设出版社1997年版。

[22] 成思危著：《风险投资论丛》，北京：民主与建设出版社2003年版。

[23] 王益、许小松：《风险资本市场及其运作机制研究》，《证券市场导报》，1999年第6期。

[24] 胡继之、许小松：《资本市场与高科技产业的培育》，深圳证券交易所综合研究所研究报告1998年，研字第0004号。

[25] 刘曼红主编：《风险投资：创新与金融》，北京：中国人民大学出版社1998年版。

[26] 阿玛尔·毕海德著，魏如山译：《新企业的起源与演进》，北京：中国人民大学出版社2004年版。

[27] 张二震、方勇著：《创业板市场与新经济》，北京：经济学科出版社2001年版。

[28] 吴晓求著：《资本市场解释》，北京：中国金融出版社2002年版。

[29] 万解秋、郑红亮主编：《资本市场与投资分析》，上海：复旦大学出版社2002年版。

[30] 青木昌彦著，周黎安译：《比较制度分析》，上海：上海远东出版社2001年版。

[31] 张宗新著：《中国融资制度创新研究》，北京：中国金融出版社2003年版。

[32] 欧洲投资银行著，段永宽译：《创新、技术与金融》，北京：中国审计出版社1993年版。

［33］勒纳著，胡波等译：《风险投资与私人权益资本案例》，北京：经济科学出版社2002年版。

［34］刘志阳著：《创业资本的金融政治经济学》，北京：经济管理出版社2005年版。

［35］方晓霞著：《中国企业融资：制度变迁与行为分析》，北京：北京大学出版社1999年版。

［36］葛建新著：《中国高技术产业融资》，北京：中国计划出版社2000年版。

［37］冯宗宪、谈毅、冯涛、郭杰著：《风险投资理论与制度设计研究》，北京：科学出版社2010年版。

［38］孟宪昌著：《风险投资与高技术企业成长》，成都：西南财经大学出版社2003年版。

［39］张元萍著：《风险投资运行机制与模式》，北京：中国金融出版社2003年版。

［40］吕炜著：《风险投资的经济学考察——制度、原理及中国花应用的研究》，北京：经济科学出版社2001年版。

［41］张捷著：《结构转换期的中小企业金融研究》，北京：经济科学出版社2003年版。

［42］朱卫平著：《企业家本位论——中小企业所有权制度安排研究》，北京：经济科学出版社2004年版。

［43］刘萍萍著：《风险投资运作机理研究——基于契约机制与人力资本的视角》，北京：对外经济贸易大学出版社2009年版。

［44］李庚寅、周显志著：《中国发展中小企业支持系统研究》，北京：经济科学出版社2003年版。

［45］蔡莉、杨如冰著：《风险资本市场的生成与演进研究》，北京：中国社会科学出版社2003年版。

［46］钱水土著：《中国风险投资的发展模式与运行机制研究》，北京：中国社会科学出版社2002年版。

［47］杨华初著：《创业投资理论与应用》，北京：科学出版社2003年版。

［48］刘健钧著：《创业投资原理与方略——对“风险投资”范式的反思与超越》，北京：中国经济出版社2002年版。

［49］刘健钧著：《创业投资制度创新论：对“风险投资”范式的检讨》，北京：经济科学出版社2004年版。

［50］徐宪平著：《中国资本市场中的风险投资》，北京：中国金融出版社2002年版。

［51］陈德棉、蔡莉著：《风险投资：国际比较与经验借鉴》，北京：经济科学出版社 2003 年版。

［52］辜胜阻、徐绪松著：《政府与风险投资》，北京：民主与建设出版社 2001 年版。

［53］张永衡著：《风险投资与产权制度》，北京：经济科学出版社 2002 年版。

［54］卢俊编译：《资本结构理论研究译文集》，上海：上海三联书店、上海人民出版社 2003 年版。

［55］刘曼红、兹维·博迪主编：《风险投资与中国金融体制改革》，北京：中国金融出版社 2002 年版。

［56］刘曼红、陈友忠、廖俊霞著：《中国创投 20 年》，北京：中国发展出版社 2011 年版。

［57］威廉·鲍莫尔著，彭敬等译：《资本主义的增长奇迹》，北京：中信出版社 2004 年版。

［58］杰弗里·蒂蒙斯著，周伟民等译：《创业企业融资》，北京：华夏出版社 2002 年版。

［59］杰弗里·蒂蒙斯、小斯蒂芬·斯皮内利著，周伟民等译：《创业学》，北京：人民邮电出版社 2014 年版。

［60］巴曙松：《创业板市场的推出及其政策趋势》，《西部论丛》，2009 年第 7 期。

［61］王国刚：《风险投资：建立多层次资本市场体系》，《改革》，1998 年第 6 期。

［62］王松奇、李扬、王国刚：《中国创业投资体系研究》，《财贸经济》，1999 年第 1、2 期。

［63］张东生、刘健钧：《论创业投资风险控制的制度安排》，《财贸经济》，2000 年第 3 期。

［64］张东生、刘健钧：《创业投资基金运作机制的制度经济学分析》，《经济研究》，2000 年第 4 期。

［65］辜胜阻等：《美国的风险投资及其对经济发展的作用》，《管理现代化》，1998 年第 2 期。

［66］曾欣：《我国创业投资事业制度缺陷分析》，《投资研究》，2000 年第 3 期。

［67］林毅夫、李永军：《中小金融机构发展与中小企业融资》，《经济研究》，2001 年第 1 期。

［68］王松奇主编：《中国创业投资发展报告 2003》，北京：经济管理出

版社2003年版。

［69］王松奇、王国刚主编：《中国创业投资发展报告2002》，北京：中国财政经济出版社2002年版。

［70］张捷：《中小企业的关系型借贷与银行组织结构》，《经济研究》，2002年第6期。

［71］白钦先、薛誉华著：《各国中小企业政策性金融体系比较》，北京：中国金融出版社2001年版。

［72］台湾“经济部”中小企业厅：《中小企业白皮书》，1998—2000年版。

［73］王建平：《风险投资的不平衡性分析》，《中国软科学》，1999年第6期。

［74］张树中：《从委托代理关系角度分析美国创业资本的组织结构》，《世界经济》，1999年第5期。

［75］熊性美、张圣平：《论我国发展高技术产业的有效融资问题》，《南开学报》，1999年第5期。

［76］齐晓安：《国外风险投资发展研究》，《东北师大学报》，1998年第3期。

［77］洪智敏：《知识经济：对传统经济理论的挑战》，《经济研究》，1998年第5期。

［78］国家经贸委中小企业司、国家统计局工交司及中国企业评价协会课题组：《成长型中小企业发展报告》，2001年4月19日。

［79］李松涛、俞自由：《推动风险投资发展政策手段的分析》，《软科学》，2000年第3期。

［80］何清琏著：《现代化的陷阱》，北京：当代中国出版社1997年版。

［81］王元、张晓原、张志宏等主编：《中国创业风险投资发展报告》（2006年卷至2014年卷，共八卷），北京：经济管理出版社。

［82］赵国祈：《国内风险投资问题研究进展》，《中国软科学》，2000年第5期。

［83］杜善友、杨恒：《2015年私募股权投资基金LP研究报告》，投中研究院专题报告。

［84］保罗·克鲁格曼、张铭：《亚洲奇迹的神话》，《国外社会科学文摘》，1995年7期。

英文部分

［1］William D. Bygrave & Jeffry A. Timmons. *Venture Capital at the cross-*

roads, Boston, Mass: Harvard Business Publishing, 1992.

[2] Paul Gompers & Josh Lerner. An Analysis of Compensation in the U. S. Venture Capital Partnership, University of Chicago and Harvard University Working Paper, 1994.

[3] Bernaed S. Black & Ronald J. Gilson. Venture Capital and the Structure of Capital Markets: Banks versus Stock Markets, *Journal of Financial Economics*, 1998 (47).

[4] Bharat A. Jain & Omesh Kini. Venture Capital Participation and the Post-issue Operating Performance of IPO Firms, *Managerial and Decision Economics*, 1995 (16).

[5] Wright et al. Venture Capital and Manag-ement-led Leveraged Buy-outs: A European Perspective, *Journal of Business Venturing*, 1992 (7).

[6] Yuk-Shee Chen et al. Learning, Corporate Control and Performance Requirements in Venture Capital Contracts, *International Economic Review*, 1990 (2).

[7] Grinblatt, M & C. Y Hwang. Signaling and the Pricing of New Issues, *Journal of Finance*, 1989 (44).

[8] Chisty, Muhammad Rezaul Kaiser. *A Study of Initial Public Offerings of Venture Capital Funded Companies* (*Stock Offering*), Dissertation for Ph. D. Degree, Georgia State University, 1991.

[9] Lerner Josh. The Importance of Patent Scope: An Empirical Analysis, *Rand Journal Economics*, 1994 (25).

[10] Lin Timothy Hsiang. The Selling Choice of Insiders in an Intial Public Offering: A Venture Capital Case, Dissertation for Ph. D. Degree, Arizon State University, 1993.

[11] William A. Sahlman. The Structure and Governance of Venture Capital Organizations, *Journal of Financial Economics*, 1992 (27).

[12] Thomas F. Hellmann. The Allocation of Control Right in Venture Capital Contracts, *Rand Journal of Economics*, 1998 (29).

[13] Stiglitz, J. E. & Weiss A. Credit Rationing in Market with Imperfect Information, *American Economic Review*, 1981 (77).

[14] Dirk Bergemann & Ulrich Hege. Dynamic Venture Capital Financing, Learning, and Moral Hazard, *Journal of Banking & Finance*, 1998 (22).

[15] Tybjee, Tyzoon T. & Albert V. Bruno. A Model of Venture Capitalist Investment Activity. *Management Science*, 1984 (30).

[16] Fried, Vance H. & Hisrich, Robert D. The Venture Capitailist: A Relationship Investor. *California Management Review*, 1995 (37).

[17] Richard L. Florida & Martin Kenney. Venture Capital: Financial Innovation and Technological Change in the USA, *Research Policy*, 1998 (3).

[18] Jeffrey Zygmont. *The VC Way—Investment Secrets from the Wizards of Venture Capital*, Perseus Publishing Cambridge Massachusetts , 2001.

[19] *Venture Capital Journal*. FEB, 1998.

[20] Gompers P. A. & Lerner J. *The Venture Capital Cycle*, MIT, 2002.

[21] Diamond D. Monitoring and Reputation: The Choice between Bank Loans and directly Placed Debt, *Journal of Political Economy*, 1991 (99).

[22] Akerlof G. The Market for Lemons: Quality Uncertainty and the Market Mechanism, *Quarterly Journal of Economics* , 1970 (84).

[23] Shleifer, Andrei & Robert W. , Vishny. Large Shareholders and Corporate Control, *Journal of Political Economy*, 1986 (94).

[24] Shleifer, Andrei & Robert W. , Vishny. A Survey of Corporate Governance, *Journal of Finance*, 1997 (52).

[25] Jensen M. & Meckling W. Theory and the Firm: Managerial Behavior, Agency Cost and Ownership Structure, *Journal of Financial Economics*. 1976 (3).

[26] Norton & Tenenbaum. Specialization Verse Diversification as a Venture Capital Investment Strategy. *Journal of Business Venturing*. 1992.

[27] Berger, A. N & G. Udell, The Economics of Small Business Finance: The Roles of Private Equity and Debt Markets in the Financial Growth Cycle, *Journal of Banking and Finance*, 1998 (22).

[28] Sirri Erik R & Perter Tufano. Competition in the Mutual Industry, *Journal of Finance*, 1998 (53).

[29] Myers Stewart C. & Nicholas S. Majluf. Corporate Financing and Investment Decisions When Firms Have Information That Investors Do Not Have, *Journal of Financial Economics*. 1984 (13).

[30] Myers stewart C. Determinants of Corporate Borrowing, *Journal of Financial Economics*, 1977 (5).

[31] Jensen Michael C. Agency Cost of Free Cash Flow, Corporate Finance and Takeovers, *American Economic Review Papers and Proceedings*, 1986 (76).

[32] Pfirrmann, O. , U. Wupperfeld, and J. Lerner. *Venture Capital and Technology Based Firms: An US-German Comparison*, Physica-Verlag, 1997.

[33] Jeng, L. A & Wells, P. C. The Determinants of Venture Capital Fun-

ding: Evidence across Countries, *Journal of Corporate Finance*, 2000 (6).

[34] Berglof Erik. A Control Theory of Venture Capital Finance, *Journal of Law, Economics and Organization*, 1994 (10).

[35] Rajan Raghuram G & Luigi G Zingales. What Do We Know about Capital Structure? Some Evidence from International Data, *Journal of Finance*, 1995 (50).

[36] Berlin Mitchell. The Thing Venture Capitalists Do, *Business Review*, 1998 (1-2).

后 记

近年来，随着我国资源环境约束日益强化，传统的高投入、高消耗、粗放式发展方式越来越难以为继，经济发展进入新常态，必须从要素驱动、投资驱动转向创新驱动。推进“大众创业、万众创新”，就是要打造经济增长新引擎、形成新动力。“大众创业、万众创新”的“双创”事业已进入最好的历史发展时期，在十三五规划中，“双创”是中国未来经济发展重要的引擎。据报道，中国目前每天平均有 1.2 万家企业诞生，其中约 96% 都是小微企业，这从一个侧面反映出中国政府对“双创”重视程度之高、政策力度之大、参与力度之广、规模建设之快都是前所未有的。中国从 2015 年开始发展各种创业服务平台，孵化器、加速器、创业社区等已如雨后春笋般出现，也从一个侧面反映出中国创新创业热潮确实是汹涌澎湃。要有效推动创新创业，特别是提高创业的成功率，发挥风险投资这种支持创业的独特资本制度，显得尤为关键。因此，对风险投资与创业企业融资进行系统的研究，非常有意义。

由于工作的关系，本人从 2000 年开始就接触风险投资，并把它作为博士论文的选题，这些年一直留意收集相关信息，追踪前沿理论研究，同时也从事过风险投资和创业实践，最近在高校进行有关风险投资与创业企业融资的教学，积累了较为丰富的相关知识和实践经验，现在把关于风险投资、创业的这些思考和体会进行提炼和总结，希望跟大家一起分享、交流和探讨。

在本书即将付梓之际，我要特别向我的导师汤在新教授致以深深的怀念和衷心感谢！当时以风险投资作为博士论文选题时，得到了汤老师的鼓励和支持，在写作过程中始终得到了汤老师的悉心指导和热忱关怀，从选题、体系的构思、观点的提炼和把握以及初稿的写作和修改，到最后文稿的形成，都倾注了导师的心血。汤老师虽已过世，但他严谨的治学方法、诲人不倦的治学精神、求真求实的科学态度使我受益终生。同时，我还要感谢多年来给予我和家人无微不至的关爱的师母孙玉萍老师！

特别感谢武汉大学颜鹏飞教授、罗永宽教授，暨南大学吴立广教授、刘德学教授，北京大学黄桂田教授，华南师范大学吴超林教授，深圳大学钟坚教授。在我攻读博士学位期间，他们在学习上给予我教诲、鼓励和支持，在进行相关研究时，他们都给予了无私的指导，并给出了实质性建议。可以说，他们所给予的帮助与指教是我完成学业的重要保障。

另外，还要对在我求学期间给予我多方面支持和帮助的朋友们表示衷心的感谢！他们是：张岚女士、闫炘博士、黄新根博士、黄安根先生、深圳腾百胜投资公司董事长饶建文先生等！

对付耀博士、蔡彤博士、刘红红博士、王兵博士等学友给予我的帮助和鼓励表示衷心的感谢。感谢家人的理解、支持和承担！

最后，本书的出版得益于暨南大学的支持，在此，深表谢意！衷心感谢暨南大学出版社的柳煦女士及其同事，她们提出了不少修改意见，付出了辛勤的劳动！

尹福生

2016 年 4 月